中華文物通史

 國立歷史博物館
National Museum of History

序

　　關於「中華文物通史」一詞之概念，是本館在民國八十七年初規劃「中華文物通史展」時首先提出並落實的。它有兩層意義：其一是以歷代文化遺存爲主體，來呈現及述說中華歷史演進和發展的過程；就此意義而言，文物本身等於文字，只是這部「中華通史」是用文物寫出來的，不同於一般用文字寫的通史。其二是以我們熟知的歷史知識爲背景，去認識和欣賞各時代各地區的文物製作或美術創作成果，進而體會先民的智慧及勞動結晶；就此意義言，文物相當於一種歷史變遷的訊息，它在總體歷史脈絡中又自我構成爲一個具有圖像意義的歷史世界。

　　眾所周知，我們過去所認識的歷史文化多以文字所記載者爲主要對象，其詮釋依據亦多偏重文字的表述；而當代人對自身文化的了解，則又常誤以爲透過藝術展覽或表演等各種形式便可掌握其精髓。如果我們對照自己的生活經驗，設想古人可能身處的種種情境，我們會發現我們向來所習以爲常的諸種理解文化的方式可能卻是最人爲化的方式；換言之，許多爲文字所一再傳抄和強調者，或許正是真實的古代世界中最邊緣的東西。因此，要真正的認識一種文化，既需要掌握可視可觸的任何文字符號和圖像實存，更需要進一步去解讀其背後隱在的精神與內涵。

　　中華文化是世界公認的人類重要遺產之一。在過去一個世紀以來，我們或困於國家處境的艱難，或警於西方文化的優勢，對自己的歷史文化傳統總不能以一種理性的心態和前瞻的視野去看待，乃至我們兩、三代的人在認識自己所屬的文化遺產時，總不脫民族精神教育的格局，這對中華文化之所以必需珍視及理解的重要價值，無疑是一種缺憾。

　　一個民族的歷史文化之所以有必需尊重與維護的價值，除了它本身具有增進民族自信心與國家認同感的現實功能外，最重要的還應該是它具有普世性的內涵。我們認爲在我們經歷百餘年國危世傾的長期動亂環境後，昂首面對新世紀的來臨時，如何正確與深入的去理解我們文化的根源，及其發展歷程與特性，進而尋繹其超越時空的普世性意義，是必要且刻不容緩的。

　　中華歷史文化源遠流長，內容十分豐富，值得我們以不同的面向去解讀它。而此種解讀工作則幾乎在中華文化初露曙光的黎明時刻，便有許多聖哲在進行。孔子曰：「夏禮我能言之，杞不足徵也；殷禮我能言之，宋不足徵也。文獻不足故也，足則我能徵之矣。」孟子則稱「孔子成春秋而亂臣賊子懼」。禮樂詩書本是古聖先賢解讀文化傳承的成果，而它們本身又成了文化傳

承的構成部分。世界上所有重要的文化都是如此，一面在不知不覺的創造中成長，一面則在有意識的不斷解讀中獲得延續和充實；創造和解讀原就是一種無休止的互動工程，沒有創造自無由產生解讀，而喪失解讀能力的文化，也必然沒有創造力可言。

我們對於我們與生俱來的中華歷史文化，今日應有的態度已不再是要激情的歌頌它或美化它，也不需如過去大動盪時期少數人那般痛心疾首的批判它；我們真正需要的是如何正確且深入的去解讀它。就博物館的教育和學術功能而言，它除了必須運用大量而有系統的實物資料去參與我們當代人對傳統歷史文化的解讀工程外，更負有責無旁貸的社會傳播使命。本館自建館以來，即無時無刻亟思開闢一部份展覽室，以中華歷史為經、中華文物為緯，多元且精確的提供各時期各地域的文化遺產與各階層民眾進行具有文化解讀意義的對話。這幾年來，本館收藏漸豐，研究也日漸周延，因於民國八十七年臺灣光復節完成並正式開放三樓的「中華文物通史」展覽室，不定期的分區分批展示本館所藏的中華文物及美術品，並配以相關的研究資料；而現在由本館同仁集體編寫的這本「中華文物通史」，則是此項常態性展覽的進一步推廣。它與現場的實物展示一樣，都扮演著與社會大眾共同關心傳統文化、理解歷史精神，及追尋我們民族為世界人類所締造之普世價值的橋樑作用。

這是一本遲來的書，但不是唯一的書，更不是最後一本書，它同與他同名稱的展覽一樣，是屬於我們全民共有的知性場域。它所解讀的歷史文化意涵，值得所有關心人類文化遺產與文明前途的人們重視。

國立歷史博物館館長

黃光男　謹識

目　　錄

導言：從文物看中華歷史

　　中華歷史綿亙八千餘年，自新石器時代以來便不斷有各種文明製作，傳世的文物既精且富；晚近隨著考古發掘，出土的器物更多。由於資料豐富，傳統上由文字記載所建構起來的歷史勢需再根據我們所見的地下實物重作補充或修正。因此現今的歷史知識誠不能僅以文獻為滿足，而傳統上只被視為文獻輔助的歷代文物自也不能再純從美術工藝史的範疇去認知。

　　國立歷史博物館是政府遷臺後創設的第一所公共博物館，其宗旨在藉博物館的功能保存並傳播優美歷史文化。今為落實此項功能，乃特規劃中華文物通史常態展覽系列，以館藏歷代文物美術為經，相關研究成果為緯，期使民眾對中華歷史文化能有較深刻、直接之欣會與體認。其標示分新石器時代、夏商周、秦漢、魏晉南北朝、隋唐、五代宋遼金夏元、明清及中華民國七個時期；文物內容涵蓋青銅器、陶器、玉器、石刻、書畫、瓷器、漆器、織繡等範疇。其貫穿之精義有三：

　　第一，要表現中華文化的人文思想及精神。文物本身原是文明之產物，故曰禮樂儀制是謂文。一代器物有一代之制，縱然形式不同，然其背後的人文精神總是連貫的。中華文物於此特別顯著。

　　第二，要呈顯中華歷史演進的社會性。文物是社會的共同資產，其創作雖有分工之不同，然總是群力之產物，固不必強以唯物史觀的進化觀點視之。中華文物流傳有緒，而歷代社會形質變化不同，它的社會性是很清楚的。

　　第三，要說明中華藝術之美。中華藝術為中華文化重要構成部分，它是古人生活情思的體現，而其深蘊的美感則無時空限制；中華文物無處不美，是現代人最可珍視的精神遺產。

　　本書之編著，固為配合此項展覽，然亦是一部中華文物及美術發展史之作；其目的同樣是欲透過歷代文物及美術之發展變遷來認識中華歷史文化的內涵與精神。

多元的新石器文化

　　中國的新石器時代文明遍布整個東亞大陸，從東北遼河流域、華北的內蒙古草原，到黃河及長江流域，乃至東南沿海以迄珠江流域，都有新石器時代文明的遺址。其存在年代最早的距今一萬年左右，最晚亦距今三千五百年。其中以黃河流域最為重要，它包括分布在今寧夏、甘肅及青海地區的馬家窯和齊家文化；陝西和河南的裴李崗、仰韶、龍山文化；山東的北辛、大汶口文化，及後期龍山文化。由遺址的分布地層關係來看，整個黃河流域的新石器時代文化似乎都有關聯，這是世界上其他地區所沒有的現象。

　　長江流域的新石器時代文明以漢水流域的大溪、屈家嶺文化，和長江下游的河姆渡、馬家浜、良渚文化為代表。至於珠江流域則有今廣東境內的石峽文化。而內蒙古到遼寧一帶的紅山文化則是中國北邊草原上的另一支新石

器時代文明。

上述這些新石器時代文明的共同特點是都以農業作爲主要生產方式。例如發現於陝西西安的半坡村遺址，距今約六千年左右，屬仰韶文化早期，其聚落組織已非常進步，顯示當地的農業文明已存在相當長的時期。又發現於浙江的河姆渡文化，是世界上最早的人工稻作栽培區；與它有繼承關係的良渚文化則更進步，出土了許多與農業生產有關的手工藝製作。

除了石器以外，陶器是新石器時代最重要的用具。仰韶文化有盤、壺、鼎、缽、尖底壺等；龍山文化有鼎、鬲、碗、簋、豆、盤、甗、甑等。視不同地區和不同文化層而有所差異，其中鼎和鬲是中國新石器時代所特有的器具。仰韶文化的陶器全是用手捏製，大多繪有紅黑兩色的幾何紋或魚、鳥、人面紋，亦稱爲「彩陶」。龍山文化則多爲輪製的黑色陶，胎較薄，故稱「黑陶」。另外在一些地區也出現灰陶、紅陶、夾砂紅陶等，更晚的時期還有白陶。陶器的發明是人類生產方式的一大革命，中國新石器時代擁有大量且精美的陶器，這也說明中國自新石器時代起，便是世界先進文明的地區之一。

燦爛的夏商周文物

夏、商、周三代是中國王朝體系的開端。所謂「殷因於夏禮，所損益可知也。」「周監於二代，郁郁乎文哉！」三代的文化遞嬗關係是一脈相承的。

文獻上記載的夏王朝係起源於今黃河上游的汾河流域，考古上則迄未定論，不過已有多數學者認爲發現於河南西北部及山西西南部的二里頭文化及王城崗文化可能即是夏代遺址。這兩處遺址均發現陶器和青銅器，更重要的是有城堡建築殘跡，顯現該處曾建立過超部落的政權組織。

商王朝起源於黃河中游地區，鄭州二里崗遺址是商代早期的代表，安陽殷墟是商代晚期代表。兩地不僅出土了大量陶土、玉石、青銅、骨蚌等器具用品，還有大規模的宮室及墓葬遺跡。殷墟出土的龜甲獸骨及部分銅器上並有許多文字和圖案，具體有徵地保留了商代歷史文化記錄。

代商而起的周，文物更燦爛備致。現今考古發掘的周代文化遺址近百處，遍布華北、華中及華南，對照文獻記載，周代國勢之隆與文化之盛有超乎後人想像者。

周代文物隨著周代的國勢變遷而有不同的形式與內容。西周時期（1066B.C.~723B.C.）的文物製作基本上沿著商代的傳統發展，青銅器仍是最重要的禮器，但沒有像商代那樣厚重繁縟，造形比較簡樸大方。此時社會已有顯著的階層分化，出土的玉器說明周人和商人一樣很講究生活情趣；周人尤其視玉爲身分象徵，有一定的製作儀軌。陶器則爲一般民眾的用品。

東周時期（722B.C.~221B.C.）諸侯國興起，文化的差異性也十分顯著。大體上以春秋時代（722B.C~481B.C）的改變最多，如青銅器，儘管仍作爲禮器，但用途卻非常廣，器形也多，此時已使用鐵器和金屬貨幣，故銅器的世俗氣味日趨加強。陶器使用普遍，甚至有仿青銅形式製作並替代青銅器者。戰國時代（480B.C.~221B.C.）的文物精巧，鎏金錯金的青銅器非常流行，而脫臘法的普遍運用則爲中國古代青銅藝術創造另一個高峰。陶器出現純藝術化的作品，而陶俑則成爲常見的陪葬物。漆器大量發現於南方的楚地，紋飾精美，質地堅薄，在日用上有取代青銅器之勢。

經過數百年的列國競爭，中華文化圈逐漸擴大，從前的氏族性的文化差別終日趨消融，惟存地區性的差異而已。在這一點上，春秋戰國時代的文物變遷與當時百家爭鳴的學術思想發展動勢是一致的。

宏教彝倫的漢魏美術

秦漢文物規整而有序，寓人倫教化於寫實創作之中；演進到魏晉南北朝則發生突破性的變化。就文化史的發展言，秦漢建立了一種開創性的規模，而魏晉南北朝則爲此種文化規模注入了深刻內涵。這是不可分割的連續時代。

最能表現秦漢時代精神的文物是建築。從現今可見的遺址殘闕、地下墓葬、陶塑模型、墓室圖畫、畫像磚石和磚瓦等遺物來看，所謂「體象乎天地，經緯乎陰陽」的天人合一思想無不處處顯現在社會各階層之中。由於流行厚葬，因此許多秦漢墓塚中的陪葬品基本就是秦漢時代人們的現實生活寫照。其中畫像磚石最爲生動，舉凡漢人田獵、庖廚、歌舞、讌樂，乃至精神信仰等，無不刻畫。又如大量的陶俑陶塑，內容琳琅滿目，大至車馬儀仗，小至個人珍玩，應有盡有。此外還有很多銅錢、銅印，具體地說明漢代人民樂生戀世之意態。神仙迷信思想是兩漢時代特有的風氣，然而源自西漢盛時的儒家積極入世思想則貫穿整個漢代的文物製作。所謂「圖天地山川神靈琦瑋譎詭及古賢聖怪物行事」，正是秦漢奠定的藝文教化規模。

魏晉開始，原本統一而強大的帝國瓦解，亂世之下人倫不彰，高明之士乃轉而尋求內在精神之解脫，於是一種自覺性的人文主義代替了已日趨僵化的傳統儒教。所謂風神、氣韻等，指的便是這種內在美感的追求。它表現在工藝美術上則是各式各樣的佛道雕刻。

魏晉南北朝的佛道雕刻固然在一定程度上反映了此時期中外藝術宗教交流情況，但在文化史上的意義則是它體現當時人們對自身生命深沈的感受。試看那些佛像雕刻，那一個不是一刀一劃地寄託著萬千生靈的無告與慰藉？這種佛陀世容是空前絕後的。佛道雕塑後世無代不有，但沒有像魏南北朝這般感人心腸的。魏晉的人文精髓以此爲大端，它可以跟三代的青銅器、秦漢的墓葬、唐宋的詩畫，及明清的戲曲小說比美，同是中華文物的瓌寶。

就中華美術文物的發展言，秦漢奠定了一個天寬地闊的規模，魏晉南北朝則賦予它生命與內容；這個時代所創發的各種文藝形式及美學思想，在往後很長一段時間內一直爲人們所遵循和發揮。

開創典範的隋唐藝術

隋唐是中華世界繼秦漢之後再度建立的大帝國，由於政治措施進步，社會經濟繁榮開放，文化藝術的發展亦極宏富。

從工藝美術方面來看，自漢代以來建立起的民族傳統工藝，經過魏晉南北朝，吸收了不少外國文化因素，豐富了傳統藝術的形式、風格及表現方法，到了唐代乃產生出形神兼備、氣勢磅礴的制作。其特點是：(1)裝飾豐富：如各種器物表面紋飾逐漸脫離傳統的動物及幾何紋，而大量採用花草、植物紋，呈現波斯式樣的圖案，使裝飾藝術更增生活性。(2)內容寫實：如各種石刻塑像，顏面均極圓潤飽滿，身長比例亦合理，精神上全由神性變成了

現世人；而多彩多姿的「唐三彩」，簡直就是唐時各民族各階層人民現實生活的描寫。(3)技法成熟：許多起源於古代的美術技法，如雕刻的刀法、繪畫的線描和著色、書法的點捺等，到唐代均有突破性的發展，乃至被後世奉爲典範。

　　初唐及盛唐的文物美術具有一種煥然求備、全面發展的蓬勃氣象，適與當時安定繁盛的政治經濟環境相映照：中唐以後國勢凌夷，士大夫階層瀰漫著即時行樂思想，於是宴舞玩樂、山林隱逸、神佛迷信等等題材，紛紛成爲藝術創作的對象。如在繪畫方面，山水畫與花鳥畫逐漸受到重視而成爲獨立畫種；至於傳統的宮廷畫也以描繪仕女鞍馬遊獵等貴族的閒情逸趣爲能事，置帝王將相功業於不顧。又如工藝製作，早期反映現實風土人情的域外形象器物，現在則變成了爲滿足人們喜好新奇心理而刻意製作的加工品，此從許多金銀器皿和陶器的裝飾及造形可以看出。當時陶瓷已是「天下無貴賤通用之」；爲了精益求精，同時供應海內外市場需要，陶工無不挖空心思在造形及手法上多作變化；而全國各地窯場林立，產品之多與精更達空前。陶瓷的普遍化與商品化是唐末社會經濟產生結構性的發展之結果，這在中華文物史上有其特殊意義。

深蘊人文內涵的宋元文物

　　五十代國藩鎮割據，社會經濟型態發生很大改變。宋朝建國後，特別標榜文治精神，其典章文物乃繼唐而有發展。

　　由於科舉制度改進和鞏固，士大夫階層成爲政治、社會的中堅，自然也主導了文化的發展。更重要的是活版印刷的發明，使文化傳播較從前普及，卒至興起了一個庶民時代。

　　最能表現宋代文化內涵的是繪畫。北宋之初繼五代時期的畫院基礎而有所更張，在帝王的提倡下，畫藝迅速超邁前代。舉凡山水、花鳥、樓台、風俗人物，無不理法兼備，既反映社會現實，也刻劃著作者心靈。理學興起以後，宋人的美學思想偏重詩情畫意的表現，於是講究筆墨韻味和作家精神修養的「文人畫」崛起，成爲此後中國繪畫的主流。

　　宋代文人的興趣是多方面的，他們除了關心國事，講論安邦民生大計外，於各種科學知識也很留意。如沈括著《夢溪筆談》，記錄了許多物理知識，是中國科學史上的重要成就。又如歐陽修撰有《集古錄》，有系統地考辨古代器物形制沿革，開啓了宋代的博古之風。在這樣的風氣影響下，宋代的美術工藝非常發達，如瓷器製作，其釉色溫潤優雅，造形端麗大方，也相當程度地反映宋人追求幽玄靜謐的含蓄美。又如絲織錦繡，宋代盛行結合書畫鏤雕的緙絲藝術，爲傳統刺繡增添光彩。再如漆雕，以「剔紅」和「戧金」爲最精，不僅施於日常用品，也表現在樂器的製作上。其他如筆墨紙硯竹石牙刻等文房清玩，在文士的指導和要求下，也無不充滿著藝術趣味。

　　遼、金及西夏長期逼臨中原，也吸收了許多宋朝的文物制度。如遼境普遍流行宋產的白瓷，其轄地的耀州青瓷更與南方的影青比美。金人對宋文物尤其欽羨，金章宗本人便是書畫名手，其賦詩染翰、雅歌儒服的藝文修養較漢人君主尤有過之。元代蒙古人尤重工藝，匠戶地位特殊；由於中西交通暢行，許多西方文物美術製作的原料和技術傳來，使元代的工藝獨具特色。白

地藍花的青花瓷和琺瑯器便在此時產生，而金銀器皿及織錦繡毯的製作更日趨多樣。但是在蒙古統治下的漢人文士精神意趣則大不相同，他們為逃避現狀，更寄情筆墨山水，始則以復古為貴，繼則以簡率為高；另外還有一大批知識份子遯跡市井，專事戲曲小說創作及改良。這些既反映時代變遷，也增添了中華文化的新內容。

活潑的明清工藝

　　明清兩代，中國長期統一，典章文物保存完整，在美術工藝的表現上，有沒落保守的一面，也有孳生興旺力求革新的一面。

　　就保守性言，主要是指脫離現實、缺乏生命的一些創作。例如繪畫，無論是明初的浙派、吳派，乃至後來標榜「南宗」正傳的各門各派，都是以臨摹古人為能事，少有自己的創作發明；清初四王尤其嚴重，專在筆墨煙雲上下功夫，直到中葉以後才有所謂「揚州八怪」另闢蹊徑，然而其格局仍不脫傳統藩籬。

　　比起上述沒落的文人畫來，結合小說戲曲和民間年節習俗活動的木刻版畫則比較有新意。完成於明末的《十竹齋畫譜》和清初的《芥子園畫傳》都有很高的成就，它們標誌著通俗文藝已經崛起，士大夫長期把持的古典時代即將過去。

　　就創新而言，明清的科學知識較前人進步不少，如《天工開物》、《本草綱目》、《農政全書》等重要科學著作都完成於這個時代。相應的若干工藝在傳統的基礎上頗能精益求精而突顯出時代特色。例如陶瓷，自唐代長沙窯釉下彩繪盛行以後，單釉瓷逐漸不再居於主流，乃至到了明清兩代完全是多種釉色的彩瓷天下；有名的成化鬥彩、萬曆五彩，及清初發明的琺瑯彩瓷與粉彩等，都是繼宋元青花瓷之後的傑出工藝。又如絲織，此項藝術流傳已久，至明清愈見發揚；當時京都及各省均設有專門作坊，織工是專門行業，興起於明代的雙面繡最稱精巧，而上海顧氏一族的作品結合書畫名跡尤其驚絕；清代亦多別開生面之作，影響歷久不衰。在世界工藝史上這是直追陶瓷的中國另一項重要製作。

　　牙竹、金銀、珠玉、漆器等細雕和鑲嵌工藝亦美。明人楊明著有《髹漆錄》，總結傳統漆藝製作經驗，說明當時漆藝之發達。牙竹雕刻和金銀鑲嵌多是為了賞玩，前者流行於文人士大夫間，後者則為皇室貴冑所用，都是社會專業分工成熟後的產物。

　　園林建築是明清比較有內涵的文物遺產。由於社會長期安定，城市經濟興起，原來只有皇家貴族才享受得起的造園藝術也逐漸成為士大夫及一般富豪的愛好。江南最為盛行，迄今仍有名園千處，無論格局布置、家具陳設、額匾舖排，乃至草木池石、亭閣窗欄，莫不精心設計雕琢。這些幽雅美麗的庭園通常是文人富紳的文會之所，代代相傳的結果所保留的名人勝跡亦多，因此也可說是明清人文藝術的製造場所。既體現了中國傳統空間美學的理想，也灌溉了綿延不絕的華夏藝文情思。

　　明清是中華傳統文化集大成的時代，其文物製作內容項目十分豐富且多樣，然基本格局仍是傳統的。有些美術創作甚至徒留形式，缺乏相應的現實生氣，這與明清時代活潑的社會情景似不協調。推究其因，主要是傳統的政

治制度未改，新的文化機能未生也。

推陳布新的民國美術

辛亥革命以後，政治社會風氣開放，學術文化乃能一脫傳統桎梏而向全新的局面演進發展，不過其過程卻非常辛苦。

首先是美術。由於受到清末維新運動的影響，民初的思想家自始即注意美育的功能，在此情況下許多創作者也劍及履及地投身各種美推廣活動。除了引進西洋美術外，復自覺地興起改革國畫運動。其中以西畫為基礎進而欲融合中西之長的代表人物有徐悲鴻、劉海粟和林風眠等。而謹守傳統水墨理法但能灌注新的內容和氣象者則有黃賓虹、齊白石、張大千等。此外平津、上海和廣州等風氣先進地區的畫家亦能各據條件地融合中外，會通古今，在近代中國畫壇上開宗立派。

書法篆刻是中國特有的藝術，清末以來即備受藝壇寵視，各家理論及實踐並競。民國繼其遺緒，而在民族主義的衝擊下更受珍惜和發揚。沈曾植、吳昌碩、李瑞清、曾熙是為民初四大書家，而後起的于右任、馬公愚及沈尹默等更為精到；其中于右任提倡標準草書，對書法藝術的普及至有貢獻。篆刻本與書畫一體，故如吳昌碩、齊白石等這方面造詣亦高；創於一九一三年的西泠印社對篆刻藝術的傳承發揚尤大；活躍於抗日戰爭期間的方介堪則集歷代印學大成，被譽為「篆刻藝術中的張大千」。

版畫也有長足發展，由於平民教育的需要，甚受新文化運動者提倡，後來更變成左翼文藝的宣傳工具；其描繪現實民生疾苦與地方風土民情的內容感人至深。與木刻版畫有關聯的各種絹印和石印美術也流通於社會各階層，以畫報或月份牌的形式出現，專畫社會生活題材，兼及諷刺現狀或平民浪漫夢想。這些都是民國時期重要的文化資產。大體而言，民國時期的文藝風格都有明顯的新舊文化交替烙痕，所謂「時運交移，質文代變」正是這個時代的反映。相較於動亂不安的大陸，臺灣則擁有較佳的環境；其文化傳統本源於中華，日本的殖民統治並不曾斬斷此種文化血脈關係，此由連橫、蔣渭水、林獻堂諸氏畢生事業和奮鬥史蹟即可得知，其尋根溯祖文獻歷歷在目，良可發人深省。而今日海峽兩岸分立，數千年優美中華文物又隨進步之教育學術移鼎匯萃繁榮發煌於茲，故如何繼承充實使之光耀於世界又在我輩也！

中華文化自新石器時代算起，綿延不絕至少八千年。以影響幅度論，整個東亞地區幾乎都為其所涵蓋，至今猶被視為是亞太地區不可分割的共同結構要素之一。因此，中華文化不但是中華民族的遺產，也是世界人類共有的資產。

考古資料表明，以東亞大陸為主要地區的中華世界，在距今七千年以前就已發展出多元而密集的文化活動。若干先民遺址和精美文物顯示中國的王朝組織起甚早，其實際規模有超過傳統文獻所記述者。夏商周固開其緒，而炎黃之說亦非無據。

秦漢時代，典章制度俱在，傳世及出土的文物嚴整而有氣魄，其透露的禮樂精神具體說明中華文化的根基所在。迨至魏晉，人物風流之際，藝文美術發展更臻空前；而域外文化交流浸潤之下，中華文化內容愈見豐富，循至

產生了多民族多文化相融合的隋唐大帝國。歷代以來，論及文物美術創作源流必稱漢唐，證以書畫雕塑陶瓷等真跡實物，足以令人信服。

五代宋元以後，社會結構不同從前，文人書畫之受推重適反映此種轉變；而百工競藝，系統理論結合著大量器物製作流傳下來，更說明近世的庶民文化已在中華世界逐漸形成。及至明清，士庶界線愈泯，工藝美術益形多元，惟在內涵上則不逮形式之發達，此亦顯現傳統文化摶造之物質及精神憑藉極待突破和更新。民國建立以來，社會開放，人文氣象勇邁，在新的世界觀和歷史感衝擊下，文物制度掙脫舊思維與舊格局，以有別於傳統的形式與內容呈現於我們這個時代。

中華文化從摶成到演變，然後由演變至更新，在在顯示一種廣博宏富的進取精神。記曰：「以進為文」，中華文物之美善即繫於此，而中華歷史精神亦賴此以發揚。

新石器時代

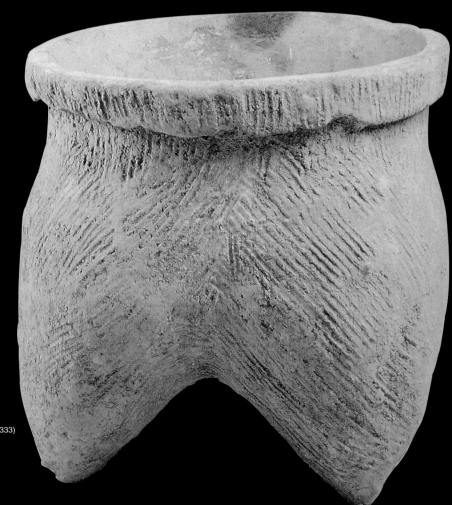

灰陶鬲 ／高10公分
新石器時代晚期出土
國立歷史博物館藏(77-333)

新石器時代

中國的新石器時代文明大約始於距今一萬年前，考古研究證明，此時居住在中國大地上的人類所用的石製工具係以磨製為主，有些並搭配骨角器和木器使用，形式和種類豐富且複雜。

新石器時代的考古文化遺址很多，迄今連台灣在內至少在三千處以上，分布於南北各個區域，而以黃河流域最密集。與舊石器時代不同的是，新石器時代的人們不再到處遷移，也不棲息在洞穴裡面，而是選擇水資源充沛但安全的山地平原交接地帶做為居住地；他們雖仍過著漁獵和採集的生活，但也逐漸懂得耕種，以至到新石器時代晚期農業成為主要的生活方式。

與農業一同出現的新石器時代文明特徵，最重要的是聚落的形成，黃河流域及長江流域都發現很多新石器時代的聚落遺址，為我們提供了探討人類原始社會組織及生活型態的線索。在物質文明方面，新石器時代最重要的發明就是陶器，最早是一些夾砂的素面粗陶，不久即出現有顏色的彩陶，後來更發明了輪製磨光的薄胎黑陶。這些陶器的形式和飾樣因時因地而有不同，既表現了文化的共通性，也顯示了各地區文化在發展過程中所涵有的差異性。

中國的新石器時代文明延續時間相當長，分佈地區也非常廣，過去一般都認為黃河流域的中原地區是發源地，然隨著各地考古發掘與研究，現在都知道其起源和發展是多元的；即使是黃河流域，其本身也可以分為好幾種類型，不能一概而論。至於長江流域、遼河流域，及華南和東南沿海地區，也各有其傳承特點。雖然如此，但各地區的文化共同點仍很多，且愈到晚期愈明顯，此可解釋為各地區的文化自始即互相進行交流，而這種交流有日益頻繁及密切的趨勢：交流多了，文化的共相面也益形擴大，文化內涵也得到充實，日後的中華文化便是在這個基礎上發達起來的。

彩陶文化

考古資料顯示，在距今一萬年前的江西萬年縣大源仙人洞遺址就有成形的陶器，雖然出土時都是破碎的陶片，但可以肯定是當時人們有意製作的器物，這些陶片的質地多是砂質紅土，厚薄不均，表面飾有繩紋及方格紋，能辨認出器形的有罐、壺，和豆。另外，在距今九千年前左右的湖南澧縣彭頭山遺址，發現的陶器更多，器表多飾拍印或壓印的繩紋，也有戳印的指甲紋及刻劃的平行線紋，器形以罐和碗為主，有火燒的痕跡，顯然是作為炊具使用。彭頭山還發現住屋遺址及碳化的穀類遺存，說明陶器的發明與人類定居的生活方式很有關係。

彩陶的起源

彩陶的起源迄今仍是謎，有學者認為陝西華縣老官台遺址出土的一種口沿塗上紅色寬帶紋的陶罐，可能就是中國彩陶的始祖。老官台文化年代距今約七千八百年到七千年前，是關

中地區最早的新石器文化，它的陶器仍以繩紋陶爲主。不過到了距今約六千七百年前左右的半坡文化中，便有眞正的彩陶了。

　　所謂眞正的彩陶，是指一種質地較細（紅泥）、火候較高（約攝氏950～1050度），在器表外層或裡層以礦物顏料先塗上彩飾，再加上一層陶衣，然後入窯燒製而成旳陶器；這類陶器以手製爲主，但多經過慢輪修整磨平，可以作飲食器和盛儲器用。如果從半坡文化算起，它在中國出現的時間則持續約二千年，分布地區西起甘肅河西走廊及青海東部；北到內蒙古南境；東到山東及遼河以西，與江蘇北部的淮河流域；南達秦嶺及漢水流域。結合時間和地區看，它從關中平原的東部開始，然後逐漸向兩側擴展，經過一番地區與地區之間的交流及影響後，形成各具地方特色的類型及內涵，而以隴東和山東境內最爲發達；晚期則變成西北一支獨秀的局面。其發展適與黃河流域新石器時代文化的擴張相一致。

關中地區的彩陶

　　半坡文化是在老官台文化的基礎上發展起來的新石器早期偏晚文化，首先發現於陝西西安市的半坡村；同類型的遺址主要分布於關中平原的渭河流域和甘肅東部一帶，如臨潼姜

1. 雙唇弇口尖頂瓶 ／ 高24公分
豫西類型，屬新石器時代中期，可汲水，便於攜帶。
國立歷史博物館藏(85-220)

2. 雙魚紋彩陶鉢 ／ 高20公分 口徑36公分
半坡類型，國立歷史博物館藏(85-704)

寨、華縣元君廟、寶雞北首嶺，和甘肅秦安大地灣等遺址都屬於半坡文化類型。其彩陶器以鉢、盆、直口尖底瓶，和小口細頸大腹平底壺爲代表，其紋飾除在一些鉢的口沿塗以一圈紅彩外，都是黑彩，或繪於器物內壁，或繪於外壁的上部。紋樣多動物形象，如人面魚紋、寫實魚紋，及由魚紋變形的三角紋、菱形紋、方塊紋等，另有鹿紋、波折紋，和人面紋。比較特別的是北首嶺的彩陶，用色多達五色，可視爲此一類型的晚期特徵。

豫西彩陶

　　河南陝縣的廟底溝文化是另一種類型，其年代較半坡略晚，分布地區則以豫西和晉南一帶爲主；但向西可達甘、青東部，向北則到內蒙古南部及河套地區，向南到漢水流域，東面可達洛陽。過去被視爲中原彩陶文化代表的河南澠池縣的仰韶文化遺址，和山西夏縣西陰村遺址即屬於這個類型。其典型的彩陶器有斂口曲腹鉢、卷沿曲腹盆、曲腹碗、雙唇弇口尖底瓶、平底瓶、斂口鼓腹罐等。彩繪部位多在鉢和盆的口沿及腹部外壁，不像半坡的彩陶有繪於器物內壁者；紋飾風格和半坡類型好用勁直的線、面組合也有所不同，而多用弧線，富有圓潤的流暢感。最常見的是由條紋、渦紋、三角渦紋和圓點紋等組成的植

3. 勾葉紋彩陶盆 ／高19公分 口徑32公分
廟底溝類型，國立歷史博物館藏(85-614)

物紋，成帶狀繪於器物的上半部，圖案變化極為豐富美麗。此外，還有鳥紋、蛙紋等動物紋飾；有些陶器上還有鳥頭和蜥蜴等堆塑裝飾。方格紋是晚期的主要紋飾，先用間隔形式，再於間隔內填上斜十字的交叉方格，看起來就像編織的一樣，這應該是從原始陶器上的籃紋演變運用來的。

廟底溝類型的彩陶影響層面很大。向東，它影響到鄭、洛地區的中原彩陶；向西，它促成了甘肅地區彩陶文化的興起。遂使黃河中上游的新石器時代文化連成一片。

中原彩陶

中原地區的彩陶主要分布在河南中部及南部，可以鄭州的大河村及洛陽的王灣類型為代表，兩地遺址的年代皆在距今六千年到五千年前之間。其早期彩陶多以白色或淡黃色為地，繪黑色或棕色的單彩，雙彩較少；紋飾以弧線三角紋、勾葉紋、直線紋和圓點紋為主，施於盆、缽、器座上部，內外壁都有。中晚期則盛行白彩為地，而繪紅黑或紅棕的雙色彩，紋飾趨於繁縟，主要有睫毛紋、月牙紋、三角圓點紋、鋸齒紋、同心圓紋、六角星紋、菱形紋、古錢紋、太陽紋，和X形、S形紋等。陶器形制非常多樣，有鼎、罐、甑、缽、盆、甕、杯、豆、小口尖底瓶、大口尖底罐，和器蓋等；其中大口尖底罐出土

數量之多，器形之大，為其他彩陶文化遺址所罕見。

西北地區的彩陶

甘肅地區的彩陶以臨洮縣的馬家窯文化為代表，距今五千三百年到四千年前；實際分布範圍非常廣泛，東起涇、渭河上游，西至黃河上游龍羊峽附近，北入寧夏清水河流域，南達四川汶江流域汶川縣地區。出土的彩陶無論質或量均居各地之冠。其早期階段以石嶺下類型為代表，紋飾特徵接近廟底溝，多旋花卷草紋及弧線三角勾葉紋，以黑彩為主，多繪於碗、盆器的內外。中期階段以馬家窯遺址為代表，典型器形有侈口長頸雙耳瓶、卷緣鼓腹盆、斂口深腹甕、侈口有肩尖底瓶等。常見紋飾有卷草紋、蝌蚪形紋、蛙形紋、水浪紋四種，及圓點紋和凹弧形三角紋。底色多為橙黃色，紋飾則以單一黑彩為主，少數用黑紅或黑白雙色。構圖講究平衡對稱，繁中帶簡，絢爛而充滿協調之美。它與中原彩陶紋飾最不一樣之處，是中原彩陶紋飾無論動物、植物紋或幾何紋，一件器物都只取材其中一種紋飾；且馬家窯則是多種圖案紋樣兼施一器，而都經過便化組合，構成一種統一體，其藝術水準是其他地區彩陶難以向背的。半山和馬廠兩種類型是晚期代表。半山類型器型以壺、罐較多，紋飾以幾何紋為主；常用黑、紅兩色繪成鋸齒狀或魚網狀的圖案，空隙處則填繪動物或植物的象生紋，無論俯看或側看，畫面均完整飽滿。惟此時器物與圖案的關係似也出現規格化，如鋸齒紋多見於壺、罐的肩部和腹部；網紋則多見於盆的內壁及壺的上腹部，少見於長頸壺及瓶。馬廠類型器型亦以壺、罐為多，但罐形器的雙耳變大；紋飾變化極繁，罕見兩器一模一樣的圖案，亦以

幾何紋爲主，回紋是它特有的紋飾。此外，它還發展出繪塑相結合的陶藝，如葫蘆形的陶罐、提梁罐、人首壺、兩性人像壺等，造形相當別緻。

根據不完全的統計，馬家窯文化已發掘的遺址有四百多處，其中有陶窯遺址一百餘座，墓葬遺址一千六百多座，不同類型的房屋遺址五十餘座，出土各種文化遺物約六萬件。僅就彩陶而論，便相當程度的反映出當時人們的生活水準及文化內涵，如青海大通縣上孫家寨曾出一件陶盆，盆壁內側繪有三組少女舞蹈圖案，很形像的反映當時的部落生活；又大量的旋渦紋和網紋也應是當時漁獵生活的反映。這些彩陶多數出於墓葬中，似乎也代表一種財富；其製作絕對是專業化的，馬家窯的陶窯遺址中便發現製陶的熟料和餘料，還有研磨顏料的石板及調色用的陶碟，很不簡單。

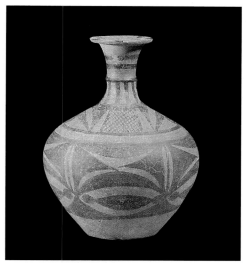

4. 弧線三角勾葉紋彩陶細頸瓶 ／ 高22公分 口徑7公分
　石嶺下類型，為典型的馬家窯系彩陶。
　國立歷史博物館藏(85-299)

5. 花葉水波紋彩陶雙耳罐 ／ 高28.5公分 口徑10.8公分
　馬家窯類型，為典型的馬家窯系彩陶。
　國立歷史博物館藏(85-604)

6. 鋸齒方格紋凸頸彩陶罐 ／ 高20公分 口徑10.5公分
　半山類型，國立歷史博物館藏(85-289)

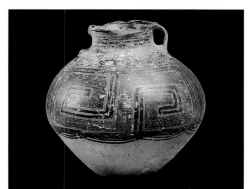

7. 回紋彩陶雙耳罐 ／ 高17.3公分 口徑8公分
　馬廠類型，一耳損壞，為馬家窯系彩陶晚期代表。
　國立歷史博物館藏(77-464)

8. 鳥型壺 ／ 高14公分 口徑5公分
　馬廠類型，國立歷史博物館藏(82-157)

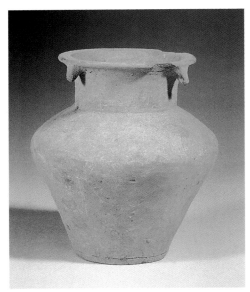

9. 紅陶背壺 / 高18公分 口徑12公分
　 大汶口類型，一側扁平，可繫於腰，
　 為大汶口文化特有的陶器。
　 國立歷史博物館藏(82-603)

黃河下游地區的彩陶

黃河下游的彩陶也很發達，不過其來源與黃河中、上游不同，器型和紋飾的風格也不大一樣，以地區言主要可分豫北冀南和山東兩種類型。

豫北冀南的彩陶以河南安陽縣的後崗及大司空遺址所出為代表。這兩處遺址年代均距今六千四百年到六千二百年前之間，與半坡文化的年代相當；其文化內涵係自河北武安縣的磁山文化而來。後崗彩陶以斂口圓腹圓底缽、斂口卷唇弧腹盆為特色；紋飾極簡單，主要用四至六條垂直平形線順口沿而下組成間隔排列，也有只在器口沿塗一道或數道紅或黑色的寬條紋而已。大司空的彩陶則以斂口鼓肩斜腹平底缽、直口內弧折腹平底盆、斂口高折領深腹罐為主；紋飾有弧線三角形搭配平行線或同心曲線組成的幾何圖案，還有蝶鬚紋和眼睫毛紋等。就遺址整體年代考察，後崗和大司空文化時代都很早，但僅就兩地出土的彩陶論，卻不太早；因為它們都有像龍山文化過渡的特徵。（註1）

山東地區的彩陶文化代表是大汶口文化，它首先發現於山東泰安縣的大汶口遺址，分布範圍包括山東全境及蘇北、皖北、豫東等地；年代距今六千三百年到四千四百年前。它的前身是北辛文化和青蓮崗文化，兩者均已出現彩陶，北辛的彩陶較原始，僅在器口繪一圈黑色或紅色的紋飾；青蓮崗以單色彩為主，有雙弧線、八卦形紋等圖案。大汶口的彩陶除了繼承這些特點外，更發展出新的風格。其典型器形為三足器，如鼎和鬹；另外還有背壺，小口、高領，腹部一側扁平，有對稱的雙耳，可以繫於腰間，是大汶口文化特有的陶器。彩飾以外彩為主，以紅、黑、白色為多，次為黃、褐、青、灰等；紋樣有網格紋、花朵紋、八角星紋、旋渦紋、回字紋、水波紋、回旋勾連紋，和菱形紋、三角形紋等十餘種。多先用黑彩繪出輪廓，再加以填色；有些則是在器物燒成後才上彩，而變成了彩繪陶。每一種圖案所裝飾的器類及其部位似有一定規則，常採用兩層或多層花紋帶組成一個整體圖案，線條充滿力量感，極富魅力。

除了黃河流域以外，長江中上游地區的大溪和屈家嶺文化，及東北遼河流域的紅山文化也有為數可觀並各具特色的彩陶。其中大溪和屈家嶺文

10. 紅陶圈足豆 / 高12公分 口徑34公分
　 紅山類型，國立歷史博物館藏(85-283)

化以地近中原，故一般認為其彩陶係
當地文化與中原文化交流的產物；至
於遼河流域的紅山文化則為北亞草原
文化與黃河彩陶文化相互影響之後產
生的一種新的混合文化，惟彩陶在該
地區並未占主要地位。（蘇啓明撰）

註1：一般認為後崗彩陶紋飾較簡，故發展在前。但有學
　　　者進一步分析，發覺後崗彩陶製作均很細膩，其紋
　　　飾只是彩陶文化晚期趨於簡化的共同現象之一，不
　　　宜據以判定其年代即屬早期。參見鄭為，《中國彩
　　　陶藝術》，台北，東華書局印行，民國七十八年，頁
　　　二二～二三。

黑陶文化

　　黑陶文化又稱「龍山文化」，它首
先發現於山東章丘縣龍山鎮的城子
崖，爾後在整個黃河流域都有類似的
文化遺存被發現；在許多黃河中游的
彩陶文化遺址中，更發現它直接疊壓
在彩陶文化的上層，因此一般認為龍
山文化或黑陶文化是繼彩陶文化後的
一種新興文化；雖然也有地域性的差
異，但整體來看，各地龍山類型的文
化之間，其同質性要比彩陶文化來的
高，因此我們可以認為龍山文化是黃
河流域的新石器時代文明在彩陶文化
的基礎上的進一步擴張。

黑陶文化的特徵與來源

　　黑陶文化的特徵主要有：(1)薄如
蛋殼的黑色陶器和飾有籃紋或繩紋的
灰色陶器，多為輪製；(2)普遍有地上
建築，聚落成散居式，不像彩陶文化
的聚落多呈封閉式；(3)墓葬差異大，
陪葬品豐富，普遍有卜骨；(4)有城牆
遺址。必須說明的是，所謂「黑陶」
主要出土於山東境內，其他地方的龍
山類型文化則以灰陶為主。此外，由
於龍山文化涵蓋的地區很廣，各地發
展程度不同，在中原以外的一些地區
甚至到夏商時代還保留著龍山文化的
特點，這種現象則可以稱之為「龍山
化文化」。

11. 黑陶高柄杯 ／高20公分
　　杯壁極薄，有輪製痕跡，
　　杯身鏤空，刮削精整。
　　國立歷史博物館藏(85-019)

12. 黑陶鉢 ／高5.8公分 口徑16公分
　　帶流嘴，輪製痕跡明顯，造型樸素。
　　國立歷史博物館藏(83-1962)

關於黑陶文化的起源目前尚難定論，如從出土實物看，早在距今七千年前的浙江河姆渡文化遺址中便已有一種夾炭的黑陶；而年代較後的良渚文化中也有一種黑皮陶。河姆渡的黑陶全係手製，良渚的黑皮陶則全係輪製；後者的工藝水準甚至超過典型的龍山黑陶。

良渚文化的年代距今約五千三百年至四千年前，此時黃河流域的彩陶文化已逐漸衰落，而與良渚文化有直接接觸的山東及蘇北的大汶口文化也不大流行使用彩陶；在大汶口文化的晚期遺址中我們便發現已有許多灰陶和黑陶，器形也變得較輕巧，鏤空技術也普遍採用，不久，以快輪製造的磨光蛋殼黑陶就在山東境內產生了。

山東的黑陶

山東境內的黑陶文化在大汶口文化的基礎上發展起來，這是沒有疑問的。其年代距今約四千四百年到四千年前，可分為城子崖和兩城鎮兩個類型。前者分布於魯中及魯西丘陵地帶，事實上以灰陶為主；後者分布於魯東沿海地區，它才是黑陶的真正故鄉，主要器形有鼎、鬹、鬶、罐、盆、盤、豆、碗杯等，三足器十分流行，常在盆、盤，和杯的底部安裝半月形或扁環形的三足。所謂的磨光黑陶或蛋殼黑陶，基本上是用快輪製造的一些小陶器，如高柄杯、單耳杯等，應非一般人所能使用，可能是祭祀用或象徵權貴身份的禮器。兩城鎮的墓葬遺址中還出土成組的玉器，器

13. 灰陶三足鬹 ／高26公分

三足中空，器身中央有一圈飾帶，口沿一側作成流狀，為龍山文化中很有代表性的器物，造型甚是優美。

國立歷史博物館藏(85-634)

上紋飾非常繁複，說明當時的社會已有身份特殊的階級。

黃河中游的黑陶

黃河中游的黑陶文化特徵與山東龍山文化大同小異，可以分為幾個類型：

廟底溝二期文化是比較早期的一種類型，分布以豫、陝、晉三省交界地區為中心，並延伸到河南中部的鄭洛地區。其陶器以夾砂粗灰陶和泥質灰陶為主，有少量的蛋殼黑陶，器形以鼎、斝等三足器較普遍。

河南境內的王灣三期、後崗二期，和王油坊、三里橋等類型是所謂典型的中原龍山文化。常見器形有鬲、甗、甑、高領籃紋甕、侈口繩紋罐、敞口碗、大平底盆、大圈足盤，和單把直筒杯等。也以灰陶為主，薄胎黑陶少見，器表紋飾除繩紋、籃紋外，還有方格紋。後崗和王油坊因地近豫東，其文化特徵明顯受到山東龍山文化的影響，可以看作是黃河中游和黃河下游兩個文化系統的過渡類型。

陝西的黑陶文化以長安縣的客省莊二期文化為代表，主要集中在關中地區。陶器為灰陶，飾繩紋或籃紋，有鼎、鬲、斝、鬹、盉等龍山文化中的標準器；而雙耳罐、三耳罐則是它特有的器形。

山西的黑陶文化以襄汾縣的陶寺類型為代表，也以灰陶為主，早期的紋飾為繩紋，晚期為籃紋，器形有釜灶相連的筒形炊具、扁足鼎、罐形斝、淺盤高圈足豆、帶鋬的袋足鬲、有鏤孔的甑，及單耳杯等。還出土一種犁狀石器和曲尺形的石刀，為其他龍山文化遺址中所罕見。

龍山文化的社會

龍山文化晚期的社會型態已相當進步，黑陶本身就是一種社會高度分工的產物；而各地灰陶上普遍均有類似的繩紋或籃紋，也說明經濟活動範圍較前擴大。城的出現更是一大文明現象，無論山東或河南都有相當規模的城址被發現，如河南淮陽平糧台的城址以夯土築成，呈正方形，長寬均為一百八十五公尺，牆底寬十三公尺，頂寬八至十公尺，南北城牆中間各有一個城門，以南面較大，門旁並砌有兩間門衛房，門下還有陶管作的排水道。城內有大型房屋十餘座，多為用土坯砌成的分間式房屋，有的建築在高出地面半公尺多的土台上，中國建築史上所說的「明堂」或即起源於此。城子崖的城更大，估計南北長四百五十公尺，東西寬三百九十公尺，牆高六公尺，頂端平均厚度約九公尺，是中國境內目前發現最大的史前城址。建築這些城牆必需動員相當眾多的勞力和物力可知龍山文化時期的社會組織定已發展出超越部落族群的系統。

齊家文化

黃河流域的龍山文化大約結束於距今四千年前左右，此時中原地區可能已進入「萬國競立」的先夏時期，但是在西北甘肅境內卻還可以看到活躍的龍山文化，那就是齊家文化。

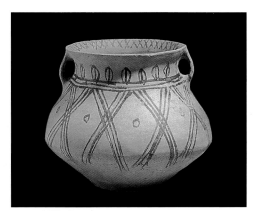

14. 貝紋彩陶罐 ／高20公分 口徑17公分
齊家文化類型，頸飾貝紋，罐身飾大網紋，線條粗放，
顯示彩陶已呈衰頹之勢。國立歷史博物館藏(85-606)

齊家文化首先發現於甘肅廣河縣的齊家坪遺址,分佈範圍東起渭水及涇水上游,西至河西走廊和青海東部的湟水流域,北達寧夏和內蒙古的南部,南到漢水上游。年代距今約四千二百年到三千九百年前。其西部地區仍保留很多彩陶,東部地區則完全顯現龍山文化的特色,有鼎和鬲等三足器,器表紋飾以繩紋和籃紋為主;其住屋型式皆呈散居式,屋內地面和牆面多塗有白灰。墓葬也不規則,甚至有殉人坑之發現;隨葬品中普遍埋有豬頭骨和卜骨,有些還埋有玉鏟及玉錛。最重要的是出現不少銅製器物,有銅刀、銅錐、銅矛、銅匕首、銅斧和銅鏡;結合其他龍山文化遺址(如山東膠縣三里河遺址)出土的銅件看,一般認為龍山文化的晚期已進入所謂「銅石並用」的時代。(蘇啟明撰)

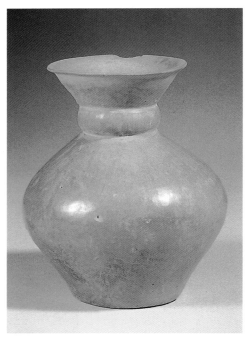

15. 盤口壺 ╱ 高16公分 口徑9公分
齊家文化類型,全器身敷一層泥漿,沒有任何紋飾,但製作顯規整。國立歷史博物館藏(85-602)

新石器時代的玉器

石器時代的人在製作和使用石器的過程中,為了得到更耐久用的石材,逐漸注意到某些石塊硬度特別高,既可以拿來作為敲擊較軟石材的工具,也可以當作寶貝的東西來象徵某些事物。玉器就是這樣產生的。

早在距今一萬多年前的華北及華南一些中石器時代遺址中,便發現當時的人已用石英、燧石,及瑪瑙等硬石作工具。其後到了新石器時代,利用這些堅硬或更堅硬的石器來琢磨角閃石類(amphibole group)的玉石,便在東方沿海地區出現了。(註2)

河姆渡與良渚文化的玉

最早的玉器被發現於浙江的河姆渡文化遺址中,是一種小圓璧形但有窄縫缺口的玉片,過去認為是「玦」,其實是一種耳飾,正確的名稱叫「瑱」。比河姆渡文化要晚的蘇南青蓮崗文化和馬家浜文化諸遺址中也有許多玉器。前者除了瑱以外,還有璜、環,及璧、斧、刀、琮等;後者也有瑱,但有更多的璜、環、鐲,和玉管、玉珠等飾物。

良渚文化分佈於杭州灣南岸,從相關的出土遺物看,它是繼馬家浜文化發展起來的一支史前文化。早在清末民初就不斷有人在遺址地區發掘到玉器,當時都以為是漢朝的玉,直到良渚文化被發現後,才知道這些玉器年代更為古老。良渚的玉都出土於墓坑中,如草鞋山、張陵山、寺墩、上海青浦福泉山、浙江餘杭縣的反山、瑤山、匯觀山和橫山,及江蘇昆山縣的趙陵山等遺址的墓坑或祭祀坑中都掘出成批成套的玉器。就目前所見,共有三十多種樣式,主要為璧、琮、鉞、璜、冠形器、三叉形器、鐲、管、珠、墜、柱形器、錐形器、帶

16. 玉琮
反山出土，為良渚文化代表玉器。

精美，玉材都是當地出產的角閃石，有白色也有青綠色，質地堅脆，非有成熟的琢磨技術和工具無法如此大量製作。它們反映出良渚文化的社會及經濟型態已發展到一種超越原始部落的組織水準。

大汶口和龍山文化的玉

　　山東的大汶口文化與江蘇的青蓮崗文化關係密切，其晚期墓葬中常見成串的玉飾，有玉管、玉珠、玉笄、玉環等；有一座墓，死者是一位老太太，骨架上就戴著玉臂環和玉指環，懷中還持著一副精緻的玉鑱。這些玉飾都與骨雕、牙雕、角雕等工藝品一起出土，當是特定階層才能擁有的。

鈎、環等。依形制看，璧和琮可能是祭祀用的法器，其器形都很大，璧多素面，琮則刻有紋飾，主題皆是一種由獸面和神人組成的神人獸面像。在寺墩出土的一個玉琮，高約三十公分，分成十三節，神人獸面紋雕刻在垂直的兩凸面上，共有五十二組，是目前發現最大的史前玉琮。鉞及冠形器、三叉形器也刻有神人獸面紋，可能是一種象徵統治權威的信物。璜、管、珠、墜等常一同出土，照排列關係看應是佩戴的飾物。這些玉器都很

　　龍山文化中的玉器則以山東膠縣三里河和日照兩城鎮兩遺址所出最有名。三里河出玉鳥兩件，並配以成串的玉珠，當是一種佩飾。兩城鎮出一件玉斧，長十八公分，上寬四‧五公分，下寬四‧七公分，平均厚度為〇‧七公分；斧柄處正反面均浮刻著

17. 玉璧／孔徑4.5公分　外徑17.2公分
浙江雙橋出土，為良渚文化玉器，璧外緣的缺角，係有意留下的儀式性記號。國立歷史博物館藏(8367)

抽象的獸面紋、冠、髮、眼、耳、頰、口清晰可辨。類似的玉器散見於中外公私收藏界，而這些獸面紋與良渚文化的神人獸面像似屬一個系統，它們或許就是日後殷商「饕餮紋」的前身。

紅山文化的玉

　　遼河流域的紅山文化也有發達的玉器工藝。它的年代距今約五千年前，分布範圍北起內蒙古昭烏達盟的烏爾古木倫河流域，南到遼寧朝陽、凌源和河北北部，東至哲里木盟與錦州地區。其玉器特點是多雕刻成各種動物或鳥蟲形像，而不見琮或鉞等器物。已發現的有玉龍、玉龜、玉魚、玉鳥、玉蟬，和玉豬首；其中內蒙古翁牛特旗三星他拉出土的一件玉龍通高二十六公分，呈C字形，吻都前伸，雙眼外凸，額及顎底用陰線刻飾成方格紋，背脊成鉤形，尾部內卷，背部有一對穿孔。玉質是墨綠色的，比起其他小件的玉雕器物來，顯得格外權威且神聖。

　　紅山文化的玉器源於東北亞草原地區的中石器時代文化，據最近的考古資料，內蒙古赤峰興隆洼和遼寧阜新查海一帶都發掘到距今七千年以上的原始玉器，如此則中國的玉器製造歷史起碼可再上溯一千年。

18. 玉豬首 ／ 高7.2公分 寬5.3公分
遼寧出土，為紅山文化玉器，2000年龍文化展展品。

19. 曲體玉龍 ／ 高26.2公分 寬29.3公分
內蒙古翁牛特旗出土，為紅山文化玉器，2000年龍文化展展品。

黃河中上游地區的玉

　　黃土高原地區本身不產玉石，但由於文化發達，據信在新石器時代也有不少玉材從外地傳入，因此也造就了當地的玉器工藝。仰韶文化時期已見玉珠、玉墜；至龍山文化時期更多；其中甘肅齊家文化和陝西神木縣的石峁、湖北天門縣石家河遺址中的玉器尤可稱述。例如齊家文化的武威皇娘娘台遺址近年發掘的一座墓葬中，就出土上下左右疊壓一堆的玉石璧，共八十三塊，堪稱壯觀；此外，在一些墓中也發現精美的玉錛和玉鏟，說明玉器在齊家文化中也被視為一種身份和財富的象徵，這是龍山文化的一個共同現象。石峁遺址則出土圓雕的玉虎、玉蠶、玉蝗蟲和玉螳螂等，圓潤靈巧，可以比美紅山文化的玉雕。石家河遺址則以人像玉雕見長，出土兩件，一件刻在扁平三棱形的玉片上，人像五官清秀，耳垂下還浮雕著耳環；另一件刻在直徑約二公分的圓柱形玉料上，除五官外，還刻有頭巾，整體造形生動可愛。石家河還出土一件玉飛鷹，鉤嘴、展翅，羽毛畢現，呈振翅高飛狀，也是很有名的史前玉器作品。

　　要之，新石器時代的玉器，萌芽於東方沿海地區，從長江下游經黃河下游，至東北的遼河流域都有玉器文化分布；黃河中、上游地區的玉器工藝雖為本土文化的產物，但可能是受到東部文化影響才產生的。在各種有玉文化中，良渚文化的玉器最稱發達；然良渚文化的玉器工藝上承馬家浜文化而來；馬家浜文化又可遠溯到河姆渡文化。此同遼河流域的紅山文化玉器一樣，可以在東北亞的興隆洼及查海等中石器時代文化中找到源頭。凡此說明中國的史前玉器文化是各有淵源的。

　　新石器時代的玉器，從製作的形制上看，主要分為裝飾品和禮器兩種。前者以各種珠、管、環、瑱、墜，及各種動物蟲鳥的雕件為主要表現方式；後者則以璧、斧、鉞、琮等大件器物為主，這些器物上的紋飾或代表一種部落圖騰，或代表某種神威，其意義雖不可考，但從日後的青銅器看，其絕地通天的宗教意識無疑還是一直被延續下去的。（蘇啟明撰）

註2：中國古時候關於玉石的定義非常籠統，根據礦物學和人類學對世界所有「有玉文化」調查統計，則這些被稱為「玉」的石塊主要有角閃亞（nephrite）和輝石（jadeite）兩種；前者俗稱軟玉，後者俗稱硬玉。中國在明代以前製作的玉器，多為角閃石類，明代中葉後才自緬甸、雲南傳入俗稱翡翠的硬玉。

台灣史前玉器

台灣也是有玉文化地區，考古發現距今五千三百年至二千三百年前的台東卑南文化，便有用玉和殉玉的風俗。卑南人使用的玉器，材料皆為當地所產的軟石，少數使用板岩；顏色呈綠色，略透明；常見的型制有耳飾、項飾、胸飾和腕飾，以耳飾最富變化。如右圖的人獸形玉玦，長七公分，出土於一具石板棺中，並在棺主頭骨兩側，因此係耳飾無疑。其由兩個人頭頂著一隻獸的造形，反映卑南人人獸合一的信仰。

中國新石器時代文化系統簡表

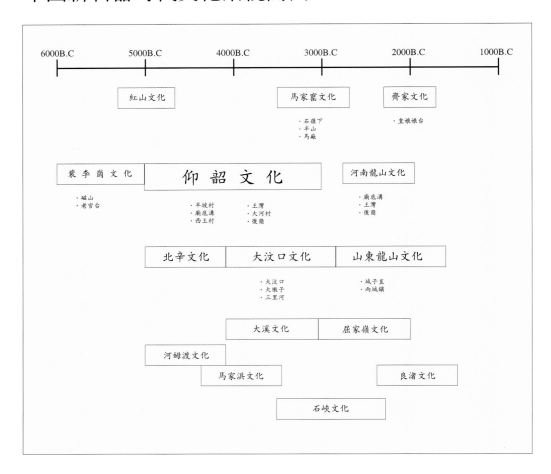

夏商周

蟠龍方壺(局部)
新鄭出土，春秋中期
國立歷史博物館藏（天63）

夏商周

夏代是中國歷史上第一個朝代，約建立在公元前二十一世紀，有四百餘年歷史。傳說夏代的大禹王躬耕而有天下，收九牧之金，鑄造九鼎，並發明曆法，建立君主世襲制度，奠定中國古代國家的規模。

對於夏代的認識，是今天考古學家尚在努力的目標。目前中國歷史的精確紀年，最早只能追溯到周厲王共和元年（公元前841年）。司馬遷《史記》的的十二諸侯年表從這一年開始。由於沒有夏代的實物發現，自十九世紀初科學文明東漸，在疑古說的論調下，夏代似乎僅存在於傳說當中。夏文化的探索，大致是從一九五九年所發現的河南偃師二里頭文化層發掘工作開始。

夏代之後為商朝。在商王盤庚遷都到殷之前，歷經九代，史稱商前期，之後稱商後期。從鄭州商城、湖北黃陂盤龍城等城牆遺址的發現，及河南安陽的宮殿、宗廟基址和王陵的出土，顯示商代的政治社會早已從部落進入國家的階段。青銅的鑄造使得中國全面走入青銅時代，青銅所鑄造的兵器遠比石器精良有威力，大大提高作戰力。青銅農具也提高農業生產力，促進社會經濟力量的發展。商代人所使用在卜骨和青銅器上的文字，顯示中國的信史從此開始。商代的手工藝已相當發達，在商代遺址發現有冶銅、製陶、製骨及製玉的作坊。其中青銅器最足以代表此階段的藝術成就。

周原是商代的屬國，滅商後分封諸侯，建立以周天子為中心的宗法社會，爵位等級制度在生活器物使用各方面，有著嚴格的規定，不得僭越。周代重視美術工藝，《史記》記載周代工藝有「八材」，分工嚴格精細，並設司正、陶正、工正等官職管理生產，從事各種手工業生產的稱為「百工」。公元七七一年，周平王東遷雒邑，史稱東周。東周又分春秋和戰國時期。春秋戰國時期各諸侯爭霸，「禮崩樂壞」，文化朝多元多樣化發展，出現諸子百家學說爭鳴的盛況。煉銅技術達到一個水準以後，產生冶鐵技術。但鐵器並不能完全替代青銅器來充當禮儀和日常生活的器用，所以春秋戰國時期是青銅器和鐵器並用的時期。技藝精湛的工藝品除了青銅器，玉器、陶瓷、染織、漆器、璽印與琉璃等，都有相當的水準。

燦爛的青銅文化

在商周時代眾多種類的工藝美術當中，青銅器文物無疑是此一階段最具代表性的藝術。在商周時代，青銅器便在中國大量製造及蓬勃發展，學者稱之為「青銅文化」(註1)。青銅器是研究中國古代歷史、藝術及文化的重要實物，它不但是當時邦國鎮撫社稷的重器，更充分反映了當時貴族生活的禮俗制度，及當時的工藝製造水準；而鑄刻於青銅器上的銘文，更是研究商周文字及歷史的重要資料。

青銅的由來

銅，是人類最早認識和利用的一種金屬，先民在石器時代就發現了天

20. 河南安陽殷墟青銅器出土情形

然的銅礦石，之後發明了如何從銅礦中冶鍊銅的方法，在這種古老的冶金術越趨進步之後，銅的來源與數量隨之增加。純銅的本色呈現淺紅色的光澤，一般稱為紅銅；紅銅相當柔軟，延展性佳，稍加錘打，便能成為各種所需的器型。

累積了長時期的冶鑄紅銅經驗後，經過無數次的試驗，懂得在銅中加入一定比例的錫，就能降低銅的熔點，並提高其硬度，這種含錫的銅合金，便是青銅。青銅的性質遠優於純銅，其熔點較低，色澤美麗，鑄造器物的質地比較細緻，商周時代青銅器，就是利用這種含錫的銅合金所鑄造的。早商時期在二里頭出土的青銅爵，經過定量分析顯示，其中含銅量為百分之九十二，含錫量為百分之七，已經是標準的錫青銅了。

青銅的出現，很快就取代了石器的功用，青銅所製造的器物，大大的提高了生產能力，這種科技文明，以使用大量青銅器為特徵，鑄造大量的禮器、樂器、兵器和其他物件，生產規模龐大，技術超卓，可說是中國最早的科技文明之一。

青銅器的種類和用途

青銅器是古代文物的一個重要門類，若以使用的內容來區分，大致可分為禮器、兵器、工具、農具等四類；其中禮器包括極廣，有酒器，如爵、觚、尊、壺等，食器如鼎、簋、

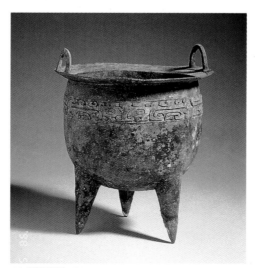

21. 饕餮紋鼎　／高21.5公分
深腹圜底，三足中空，器身上半部飾一圈饕餮紋，為商代早期文物。國立歷史博物館藏(85-219)

觚等，樂器如鐘、鎛等，水器如盤、匜、盉、鑑等。有的是一器一用，有的則是一器多用。

　　古人認為「國之大事，在祀與戎」，「祀」是祭祀，「戎」為兵戎，為國家最重要的兩件事。「殷人尚鬼」反映了商人對未知世界的敬畏和祈求，從商代大量甲骨上的卜辭文字內容可以得知。所以商周青銅禮器製造與使用的範圍，是以祭祀用的禮器和戰爭所用的兵器為最大宗。

　　青銅器中最重要最具代表性的是禮器，一般研究所指的青銅器，即多是指禮器而言。商人以最尊貴的禮器來祭祀天地、山川及祖先，鑄造兵器來捍衛國家；其次則為宴樂、訂盟和餽贈。青銅禮器是陳設於宗廟和宮室中的器物，並於冊命、祭祀、饗宴等各種儀式的場合中使用。許多青銅器銘文中，稱宗廟裡的青銅禮器為「寶尊彝」，所以彝器就成為青銅禮器的一種通稱。

　　周代的宗法社會有極為嚴密的等級制度，故青銅禮器實際便是「明尊卑，別上下」的標誌，其中最重要的

22. 祖辛爵 ╱ 高18.5公分
洛陽出土，鋬內側器身上鑄刻「祖辛」二字，故名；飾雷紋，鋬飾獸首，為商代晚期文物。
國立歷史博物館藏(地40)

便是鼎。根據史書的記載，西周時的「列鼎制度」規定：天子用九鼎，諸侯用七鼎，卿大夫用五鼎，士用三鼎或一鼎。對於食器中簋的使用也有規定，在祭祀和宴饗時，是以偶數組合與奇數的鼎配合使用；如天子用九鼎八簋，諸侯用七鼎六簋，大夫用五鼎四簋，士三鼎二簋；階級森嚴不可僭越。

　　商周的厚葬制度，使得當時許多重要的文物都保存下來。從墓葬中的青銅禮器，可以看到商周兩代選擇隨葬青銅器的不同，商代的墓葬青銅器是以酒器為主的組合，學者稱之為「重酒的組合」，尤其是以飲酒的觚，與注酒的爵為組合中的核心。而周代墓葬中則是以食器為主的組合，學者稱之為「重食的組合」，以鼎與簋為主要器物。此兩種組合的方式，也多少顯示了兩種不同的社會型態和制度。（註2）

青銅器的紋飾

　　青銅器上常鑄造各種美麗神祕的紋飾，此固然具有裝飾作用，亦蘊含深層的寓意與商周時期的宗教信仰應有相當大的關聯。青銅器的紋飾種類至為繁複，大致可分為獸面紋、龍紋、鳳鳥紋、獸形紋、羽翅紋、鱗紋、竊曲紋、幾何形紋、畫像紋等，青銅器的紋飾是青銅器外型上一個極大的特徵，經過巧匠的設計與美化，使青銅器的藝術特質發揮到極致。

　　青銅器紋飾有其時代性的特徵。商代的紋飾，是以獸面紋為主，舊稱饕餮紋，是一種「有首無身」的惡獸面目之浮雕紋飾，一直延續到周代。西周中期以後，紋飾漸趨簡樸，波曲紋、鱗紋等，及其變形圖案是主要紋飾。到了春秋戰國時期，則以龍紋為主流，大致分為交龍紋與卷龍紋兩類，由於鑄造技術更為精良，紋飾呈

23. 陪鼎　／高52公分 寬51公分
新鄭出土,飾蟠螭紋,以絞絲紋區隔,
腹間並有六條直式凸稜,為春秋早期文物。
國立歷史博物館藏(天34)

24. 螭紐特鐘　／高95公分 口徑52公分
新鄭出土,平口,器身飾蟠虺紋,無銘文,
為春秋早期文物。國立歷史博物館藏(天2)

25. 蟠龍方壺　／高90公分 腹寬26公分 口徑20×14公分
新鄭出土,原有一對;器身及底座各有一對龍型獸,
壺頂為鏤空蟠螭紋飾,製作極精美,為春秋中晚期文物。
國立歷史博物館藏(天63)

26. 龍耳鑑　／高38.5公分 口徑77公分
河南輝縣出土,有兩對龍形耳,故名;
器身飾蟠螭紋一道及鱗紋兩道,為春秋中期文物。
國立歷史博物館藏(輝6)

27. 獸形器座　／高47公分
新鄭出土,上端原來可能有一承盤,故可能是
器座;兩獸足個踏一龍,頗具神秘氣氛,
為春秋晚期文物。國立歷史博物館藏(天69)

28. 提鏈壺　／高31公分 口徑8公分
有蓋,以鏈穿環接壺身,壺身飾蟠螭紋
五匝,為戰國時期文物。
國立歷史博物館藏(85-550)

現出纖毫畢現的複雜變化；此外便是畫像紋的出現，有兵士戰鬥及狩獵的場面，也有宮廷的宴樂情景，和庶民的採桑、弋射等生活記錄。其鑄造技術更發展為用鑲嵌錯金的手法進行金、銀、紅銅、綠松石的加工工藝，炫麗異常。

青銅器的銘文

青銅器上刻鑄的銘文，學者稱之為金文。商代時尚少見，西周時則大為盛行。西周中期以後，銘文字句很長，如西周後期的毛公鼎，腹內有銘文近五百字，是傳世銅器中銘文最長的，內容為天子誥命之辭，記載周宣王即位之初，冊封叔父毛公音為宰相，頒賞厚賜之事。散氏盤有銘文三百五十七字，刻鑄矢國與散國議和割讓土地的文字。一般而言，青銅器的銘文內容非常複雜，如王室的祭典、諸侯分封、征伐、官制、土地交換、族徽、詔令、聯姻陪嫁媵器、訴訟糾紛等等，都包含在內。所以青銅器上的銘文具有史料的價值。春秋戰國以後，青銅器注重形制與紋飾的變化，銘文大為減少，但卻發展出一種用紅銅或銀的錯金鑲嵌銘文的技術，非常富有裝飾美。

青銅器的銘文距今已有三千年左右的歷史，文字的字形、字義、語法等都不同於現在文字，認識金文要從古代的字書去辨認。瞭解金文的基礎是小篆，漢代許慎所編的《說文解字》，就是一本研究金文和小篆的字書，認識青銅器銘文是瞭解中國文字演變不可缺少的途徑。（楊式昭撰）

29. 西周父癸卣器上的銘文

父癸卣為周成王時期的器物，銘文鑄刻於腹內，大小錯落，筆畫有力，兼具文獻和藝術價值。

註1：關於「青銅時代」的時間範疇，大致是從夏代到中國全面進入早期鐵器時代的春秋戰國時代，前後大約長達一千五百年之久。目前雖然還不知道青銅器的最早製造是始於何時，但考古家在距今五千年前的新石器時代的甘肅齊家窯文化遺址所發現的一柄青銅刀，當是現今所發現年代最早的青銅文物。中國青銅器在夏代便有初步性的發展，如河南二里頭文化中的青銅器，已經可以見到多種器類，以及複雜的技術；到了商代中晚期，製造技術更為進步。

註2：史博館館藏的青銅器頗豐，其中商周部分，是本館於民國四十五年時，政府撥交原藏於河南博物館，出土於河南新鄭（民國十二年）、輝縣（民國二十五年）和安陽（民國十七年）的銅器。安陽出土的銅器與中央研究院之殷墟考古同時，為商代晚期銅器；新鄭出土者則為春秋中期鄭國之器；輝縣銅器則為戰國之器。此三批具有出土地點的青銅標準器，其中尤以河南新鄭出土之銅器，器體龐鉅端嚴，鑄造最具特色，以紋飾精絕，重於當世；其中如精巧炫麗的蟠龍方壺、厚重渾穆的蟠螭特鐘、猙獰奇詭的獸形器座、寬腹的雲龍罍，都是世所難見的珍寶。

商周青銅器紋飾演進圖

商周青銅器上的紋飾，大致上可分爲動物紋、幾何紋及敘事紋等三大類。由於青銅彝器是巫覡通天絕地所用的禮器，其上的紋飾不但延續了原始的圖騰信仰，也反映了商周時期的政治思想及鬼神崇拜，是商周人民精神文化的象徵。

大體上，商代青銅器紋飾多以動物形象爲題材而發展，如獸面紋、龍紋、鳳鳥紋等，風格以神秘莊嚴爲主。西周紋飾，具象的龍、鳳雖仍是許多紋飾的主題，但神秘性逐漸減退，代之以較爲簡樸、自由的變形圖案，如竊曲紋、鱗紋等。春秋戰國時代各種構圖形式的龍紋如蟠螭紋、蟠虺紋，經過一再的蛻變、分解而呈現不同的面貌；其他如摹擬於自然天象的雲紋、雷紋等亦展現了規律連續的裝飾風格。

戰國末年各國出現了以攻戰狩獵宴樂爲主的敘事紋飾，說明青銅紋飾已由神話世界圖案轉而描繪實際生活狀況，是中國裝飾藝術中的一大變革，也爲秦漢以後的畫像石繪畫藝術開了先河。

（1）獸面紋

舊稱饕餮紋，流行於商及西周初，是各種動物特徵的組合圖案。

（2）鳳鳥紋

爲異體鳥紋之加工，代表鳳神的形象，裝飾華麗，常作爲主紋，流行於西周早期至中期。

（3）蛟龍紋

爲一首兩身之龍紋，龍身自相蛟蜿，龍首居中呈睜眼吐舌狀，流行於西周晚期至春秋時期。

（4）竊曲紋

是一種獸體變形紋，以彎曲的線條呈連續的帶狀分布，通行於西周晚期至春秋。

（5）鱗紋

爲龍軀體上的鱗片排列成的紋飾，通行於西周晚期至春秋。

（6）蟠龍紋

係由許多小龍集結交纏而成，多呈大面積且細密分布，春秋中期以後逐漸流行。

（7）鈎連雷紋

爲常見的幾何紋飾，通常呈兩端捲曲且相互鈎連的連續圖案，商代便已出現，但多作輔助性紋飾，春秋戰國時期才被大量運用於銅器上。

（8）狩獵紋

描述打獵或人獸相搏之場面，爲春秋晚期流行的生活紋飾。

（9）攻戰紋

描繪兩軍水陸大戰，攻城、掠地的場面，士兵持的戈、矛、劍、弩等武器，與傷亡倒臥情景清清楚楚，是戰國時代新出現的紋飾，具體反映時代現象。

精妙的玉器

商代的玉器

　　根據目前的考古發掘，夏王朝的活動地區及其遺址尚無法確定，但商代以前青銅文化則已存在，因此玉器的切割、磨製均已十分熟練。早商以前出土的玉器，在形制上，仍延續石器時代的工具遺制，採取具農業生產工具或武器造型的石刀、石斧及取象紡輪造形的圓形器，此即為玉器中圭、璋、戚、鉞，及璧、環等禮儀器物之造形起源；當然身上的佩飾器物，如玦、瑗、笄、簪等亦有相當數量出土。以河南偃師的二里頭遺址為例，出土最多的為玉刀、玉璋，大都器身光素，偶見弦紋及鋸齒狀的扉棱等裝飾；整體觀之，以禮儀器及裝飾器為主，在拋光及切割、穿孔技法上，已有專業化的趨勢。出土物中，玉刀為二里頭最具代表性的玉器文物，上有孔，往往開於偏向無刃的一側，從一孔至十三孔均有，這種多孔玉刀是其最獨特的特徵，在其他地區極為少見。

　　玉器的製作，隨著商代王國及奴隸社會的建立，王權勢力的擴張，而有專門的玉作坊，其規模已經十分龐大。殷商遺址曾發現許多玉料及為數

30. 碧玉紅浸璧
商代中晚期，國立歷史博物館藏(7066)

31. 黃玉琮
商代中晚期，國立歷史博物館藏(7068)

32. 雞骨白水銀浸琮
商代晚期，國立歷史博物館藏(7069)

不少的半成品，證明是玉作坊遺址。商代玉器出土的數量頗多，安陽小屯及婦好墓等均發現大量玉器，配合文獻資料及甲骨文的解讀，商代玉器的斷代及其分期已逐漸明瞭且系統化。

　　商代早期玉器，大多器面光素，以長形器為主，亦有部分柄形器及圓形之璧、環、戚等器形，延續了二里頭玉器的部分特徵。商代晚期，玉器器型品類大量增多，紋飾裝飾之繁及變化之多樣化，與青銅器的紋飾有相當密切的關係。以婦好墓出土之玉器為例，使用的材質以青玉為最多，其他有白玉、黃玉、墨玉等，都是硬度極高的角閃石類玉，部分為岫岩玉，品類約可分為禮儀器、生活工具、日常用器、裝飾用玉及少數圓雕作品和雜器等。大多數的佩飾玉均以片狀為主，少數肖生動物及人物等亦以圓雕方式呈現。商代玉器的紋飾，以極大膽的簡略化抽象表現，往往只用數條

簡單線條及輪廓的重點強調來呈現：亦有只以側面形象，採類似剪影的方式來處理，在造形上表現一種簡潔古樸的美感。商代玉器的紋飾，延續了史前的圖像符碼，一般所見的紋樣有：弦紋、雷紋、雲紋、羽紋、龍紋、鳥紋、獸面紋、虎紋、人紋等紋飾，基本上可歸納為動物紋及幾何紋二大類。

商代玉器的龍紋，大都出現在璜形器，與甲骨文中的「龍」字頗類似，將短短如蛇的龍身局促於半環形的器面之中，有兇角，眼部以目雷紋或斜方格紋、「臣」字眼表現，只見一足，未見爪，其形與「海馬」近似，頭頂上常有「瓶」形冠。鳥紋更是商代玉器常見的裝飾主題，鳥的形狀，可分辨出鳳、梟、鸚鵡、雁、燕等種類。鳳紋均有高冠，銳喙，比例上頭部顯得特別大，表示一種尊崇的地位。商代玉器刻紋，早期以單線陰刻為主，晚商時採取複線陰刻陽紋的表現方式來顯現主題紋飾，此為商代玉器的特徵。商代亦有大量儀禮用的玉戚、玉戈、玉刀等出土，造形優美，常在器面微凸一棱，並有微微的凹槽與青銅器的戈造形類似。

周代的玉器

西周的玉器工藝，是「八材」中最重要的項目，因為玉器成為宗法制度中用以顯示權力爵位的瑞器，是祭祀典儀中不可缺少的祭器和禮器。其中代表性的玉器重器為「六瑞」和「六器」。所謂「六瑞」，是以不同尺寸的圭和不同紋飾的璧，由國君分賜給大臣執掌，以象徵其權力及地位高下。《周禮》〈春官‧大宗伯〉記載：「以玉作六瑞，以等邦國；王執鎮圭、公執桓圭、侯執信圭、伯執躬圭、子執穀璧、男執蒲璧。」根據記載，鎮圭為一尺二寸，其他依次遞減，按長

短區分尊卑，穀璧雕飾穀紋，蒲璧雕琢席紋，以紋飾區別高下。「六器」是天子祭祀天地四方神祇的祭祀用禮器，以「蒼璧禮天、以黃琮禮地，以青圭禮東方，以赤璋禮南方，以白琥禮西方，以玄璜禮北方」，「蒼」象徵天的顏色，「黃」象徵土地的顏色，以「天圓地方」的觀念，以器象形祭拜神祇。

周代中晚期關中地區所發現的周墓中出土了許多精美的玉器，如寶雞茹家庄的弜伯墓、河南省三門峽虢國墓等均有數量多、品質精美的周代玉器出土，從這些年代明確的標準器分析，西周的玉器風格，除形制固定的圭、璋、璧等禮瑞器外，在佩飾及小件圓雕作品的製作技藝上，亦有驚人的突破。尤其片狀小動物的寫實風格，如鹿、魚、牛、鳥等主題，玉匠

33. 秋葵紫浸穀紋璜
西周中期，兩端為龍首紋，器身飾穀紋。
國立歷史博物館藏(7070)

34. 秋葵松香浸玉玦
西周中期，國立歷史博物館藏(7072)

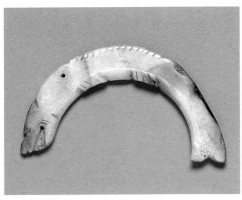

35. 白玉魚璜
西周晚期，璜作魚形，以勾、彻方式雕琢魚鰭，頗有立體感。
國立歷史博物館藏(7100)

以純熟的技藝盡情發揮，不僅器型有
所創新，雕工更是精緻。以玉質而
論，均用品質極佳的和闐白玉及青
玉。紋飾的雕琢，以「勾」、「彻」方
式，即在一條細陰刻線上，再加一條
粗的陰線紋，這一條粗線，採取斜坡
的方式，使器面的紋飾，表現得更具
層次感。紋飾的主題以龍、鳳、虎、
夔紋等為最普遍，常見連身雙首的動
物紋飾；各種器物的地，常填滿著雲
紋、穀紋等。綜合而論，周代玉器技
藝精細，雕刻線條強勁，充滿力道
感，利用斜向交叉或螺旋而上的紋飾
是周代創新的設計。

春秋戰國的玉器

　　春秋戰國時代的玉雕工藝具有承
先啟後的關鍵性意義。王室勢力的式
微，禮制崩潰，各國勢力崛起，形成
工藝技法百家爭鳴的競爭時期。儒家
思想的興起更賦予「玉」以美德的象
徵意義，所謂「君子玉不離身」、「君
子必佩玉」的思想觀念影響深遠，成
為裝飾玉的興盛期。特別值得注意的
是「玉器」已成為競財鬥富的物品。
饋贈禮品用的璧、各國結盟的聯璧、
流傳的和氏璧等，都是膾炙人口的
玉。其中最具新時代意義的則為「組
珮」的流行，與活環多節珮的出現，
代表這時期玉工空前精湛的雕琢技

藝。

　　春秋時期最重要的出土玉器，以
蘇州吳縣嚴山出土的數百件玉器及河
南淅川下寺一號墓出土玉器為代表。
玉器造型延續了西周部分風格，又增
添許多新意，尤其是減地的刻法、浮
雕，以及新出現的游絲紋；皆用纖細
鋼尖刻成，器面紋飾宛轉繁複，雲
紋、蟠虺紋、穀紋以極複雜的線條互
相蟠轉勾連構成圖案，有T字形勾連，
C字形勾連，動物紋的分解與組合，變
化多端、豐富異常。以龍紋為例，因
為區域性的各自發展與競爭，其眼部
的刻法便有單圓圈陰刻紋、橢圓形凸
起眼紋、雙圓圈陰刻目紋、方形眼紋
等各種不同的表現方式。

　　戰國時期，更進一步在器形邊緣
加裝飾，其出廓的技法及鏤刻雕法表
現出精絕的匠意。龍、鳳均喜作S形蟠
曲，有單首雙身，也有雙首連身，地
的部份又加刻勾連雲紋、穀紋、臥蠶
紋、絞紋、絲紋等，不論造型或紋飾
設計都有別出心裁的製法。戰國時期
具代表性的出土玉器，因發掘墓葬極
多，各有可觀之處，其中以湖北省隨
縣曾侯乙墓出土的玉器，利用整塊玉
雕成四節玉珮及可分解為五組的多節
珮最為令人激賞。其鏤刻技法運用自
如，活動套環的聯結，使其可方便折
疊及轉動，設計可謂巧奪天工。另外
河北中山王國墓出土的玉人，在造型
的設計上亦頗特殊。金村出土的一組
胸飾，其整體搭配的組合與平衡感，
在設計上尤具創意。戰國時代可視為
我國古代玉器雕刻工藝的第一次高峰
期。（林淑心撰）

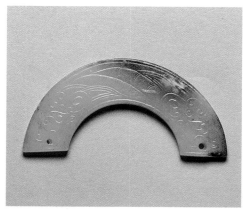

36. 玉魚璜
　　春秋早期，璜身刻雙魚交纏，頗富變化之美。
　　國立歷史博物館藏(7104)

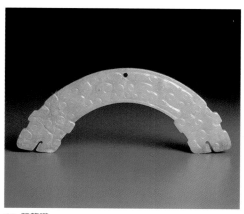

39. 雙龍璜
　　戰國中期，
　　國立歷史博物館藏(75-3784)

37. 青玉紐紋瑗
　　戰國早期，瑗身以紐紋構成，設計精巧。
　　國立歷史博物館藏(75-3783)

40. 珩
　　河南輝縣出土，春秋晚期，
　　國立歷史博物館藏(玉33)

38. 青玉雙龍珮
　　戰國早期，珮外緣飾龍獸一對，內緣刻螭龍一，珮身飾螭紋。
　　國立歷史博物館藏(75-03782)

41. 瓏
　　河南輝縣出土，春秋晚期，
　　國立歷史博物館藏(玉157)

陶器的發展

　　中國陶瓷歷史悠久，最早的陶器是在河南新鄭裴李崗新石器遺址內發現，年代距今約八千年前。中國新石器文化遺址豐富、類型複雜，廣泛分佈於中國大陸，各自發展出具有特色的史前彩陶、紅陶、灰陶和黑陶等陶器，為往後燦爛的中國陶瓷發展奠定良好的基礎。此時常見紋飾有：魚紋、網紋、蛙紋、鹿紋、人面紋、鳥紋、各類葉紋，以及幾何紋等，它們多半是取材於日常生活上常接觸的周遭之物，包括有機和無機物，以描繪方式或刻、劃、印、押等手法表現，其藝術水準相當高，這些上古時代所製陶器，是研究工藝史、藝術史、社會史、文化史，及民俗史方面的珍貴實物資料。

42. 繩紋陶釜 ／ 高16公分 口徑16公分
河南出土，斂口、折沿、深腹圓底，有薰燒痕跡，
為春秋時期之物。國立歷史博物館藏(宙3836)

43. 印紋陶罐 ／ 高28.3公分
為戰國晚期器物，器身滿布用竹篾拍打出來的幾何紋飾。
國立歷史博物館藏(77-675)

夏商灰陶與夾砂紅陶

　　夏商時灰陶和夾砂紅陶較多，黑陶和褐色陶器較少。器型以日用鼎、罐、甑、豆、缽類為主，多半以斂口、深腹、平底為特徵。紋飾以繩紋、方格、葉紋、短線紋等最為普遍之外，各種飾有幾何紋和素面無紋的陶器也相當多。據出土物統計得知商代中期灰陶數量佔八成以上，印紋陶和原始青瓷則約佔二成，而到了商晚期及西周初則灰陶的產量減少；相反的，印紋陶和原始青瓷卻有快速增加趨勢。由出土硬陶質地推斷此時的燒溫比前似乎提高，燒溫的提高與窯構造的改善息息相關。

　　夏商時代，在中國陶瓷史上最重要的事，便是發明「自然釉」（俗稱灰釉），釉的發明使陶器更加美觀、方便和耐用。

印紋陶

　　印紋陶自新石器時代晚期出現至戰國仍然存在，盛行時間有數千年之久。硬質印紋白陶和精工的陶範，對商周時代的銅器發展功不可沒。其紋飾在商代初期較簡，逐漸由簡向繁演變，常見內容以幾何紋、仿銅器紋為最多：此外還有繩紋、籃紋、水紋、S紋、雲紋、弦紋、鋸齒紋、麥紋、方格紋、曲線紋、圓紋、點紋、米字紋、席紋、回紋等，鼎盛時的印紋陶紋飾種類有五六十種之多。

　　陶範的製作需要高度技術與條

件，即母範與外範所用泥土的成分要相同，燒陶時的縮水率也必須一致，才能增加燒窯成功機會，否則燒製當中易破裂或歪曲而導致失敗。長年累積的經驗使製陶範技術快速進步達到完美地步，結果造就了銅器全盛時代的來臨，同時也爲陶器裝飾的不斷前進作出了貢獻。最能代表夏商時代精神的陶器，似乎是「印紋陶」。印紋陶之製作嚴謹、規律，紋飾繁而精細，藝術水準十分高，但傳世物數量並不多。

原始瓷器

累積長久燒陶技術，到了商代發明「灰釉」（原始釉），即無意中發現使用木柴灰和泥漿所製的「灰釉」，使瓷器的製造條件更加成熟；原本外觀粗糙的陶器身上穿上一層「灰釉」，便成玻璃質的陶器衣裳。

灰釉含大量的石灰，燒出來的器皿稱「原始青瓷」，由此導致往後在中國海內與海外盛行二千年不衰的「青瓷」之發明，青瓷尤鼎盛於宋元朝，

44. 圈泥白彩紅陶罐　／高27公分 口徑16公分
河南偃師二里頭出土，罐頸飾一圈白彩，肩飾一圈山字紋，屬夏代晚期之物。國立歷史博物館藏(85-635)

45. 灰釉弦紋蓋罐　／高8公分
器身飾三圈三線一組的弦紋，間飾斜線紋，蓋面飾六分格的三線平行紋，蓋紐作鳥形，爲西周時期的釉陶。
國立歷史博物館藏(86-54)

在往後（元明時代）「青花瓷」出現以前，它一直是中國瓷器的主流。考古統計，河南、河北外，在江西、廣東、福建地區等都有原始青瓷出土。

周代陶器

周代的陶器仍以灰陶和夾砂灰陶爲主，紅陶和夾砂紅陶也頗豐富，器型方面以炊器和酒器爲主流，紋飾以較粗質的繩紋、三角紋等多元化幾何紋爲普遍，白陶、印紋陶、原始青瓷類也在品質和數量上不斷改善及進步，同時也繼續開發新品種，如建築用陶以及陶塑等的出現。這個時候的製瓷技術與製陶工具已經達到相當的水準，此由西周中期以後逐漸增加的「三足」器可以得知。三足器由於三足支撐有利站穩於地面，更便於生火炊煮食物，因此至春秋戰國時代盛行不衰。

商周時代以銅器代表「國之重器」，每逢國慶家祭多以銅器做爲供器以示隆重。然而，自春秋戰國起普遍出現致力仿效銅器質感與形制之陶器，並以陶器逐漸替代昔日之高成本又費時的銅器。漢代以降則可以說是陶器的全盛期，無論低溫釉陶或高溫釉陶之器皿，在器型、裝飾技術與用途方面皆有空前的發展，兼具實用及藝術價值。

中國上古時代製陶條件非常簡陋：有可塑性之泥土和燃料用木材，就可以燒製陶器，甚至沒有窯爐設備在露天也可以燒，平均燒溫約爲攝氏七百五十至九百度，比起燒瓷器的條件簡單得多。（成耆仁撰）

46. 青釉大口尊 ／高23.5公分
器身及底部有自然灰釉，爲東周時期的原始瓷。
國立歷史博物館藏(86-41)

47. 灰陶雙耳尊 ／高23公分
東周時期文物，器形完全仿效青銅禮器，莊重渾厚。
國立歷史博物館藏(审154)

48. 灰陶加彩鴨形器 ／高42公分　長20公分
戰國時代的陪葬器，兩翼可分離，器身以紅彩爲底，
加白色點飾，作振翅欲飛狀，十分可愛。
國立歷史博物館藏(83-73)

甲骨文與早期書法

甲骨文的形成

　　文字從最早的刻劃行爲產生符號，到符碼被賦予意義成爲文字，整個發展可說是一條漫長的道路，文字之美的欣賞也就是從出現確切的文字系統才正式啓動。在中國歷史上，最早稱得上是文字符號系統爲甲骨文字。甲骨是殷人在占卜活動中記載卜辭的主要材料，即先在龜甲或獸骨的背面加以鑽孔，然後予以燒灼，再觀察一面出現的裂痕，以其呈現的形狀（稱爲「兆」）作爲判斷吉凶的根據。貞人將占卜的時間、裂紋的解釋、事件的本末加以說明，並以文字刻劃進行記錄，因爲刻在獸骨或龜甲上，所以名之爲甲骨文；這些文字是以契刀刻劃的，也有名爲「契文」、「契刻」；考察文字的內容，除極少數屬於紀事外，大部分是屬於當時商王問卜的記載，故又稱「卜辭」或「貞卜文字」。現存甲骨文字都出土於河南省安陽殷墟，爲商代晚期的文字。根據不完全的統計，在存世的十幾萬片甲骨中，不相重複的單字約有四千五百多個，現僅考釋出近三分之一。

甲骨文之發現與研究

　　甲骨文的發現可以說是一種偶然，但是甲骨文的研究則是遠古歷史考察工作的突破。早在清末光緒二十五年以前帶有刻劃符號的甲骨就陸續出土，只是未受到應該有的了解、認識與注意。當時在河南省安陽縣小屯村的洹河南岸田莊裡，村人於耕種時，在土層中掘出一些龜甲獸骨碎片，其中大部刻有深奧難辨的文句，沒有人懂也沒想要懂，因爲村人只把這些碎片當作龍骨轉售藥店作爲藥

材。直至光緒二十五年（公元1899年），古文物專家王懿榮發現，確定了它在研究歷史資料上具有珍貴的價值後，就開始被介紹到學術界。復經劉鶚、孫詒讓、羅振玉、王國維、葉玉森諸家的先後搜集考究，其中羅振玉更瘁全力以為提倡，始奠定了「甲骨學」的地位。

有關甲骨學的著述，最早問世的是劉鶚的《鐵雲藏龜》，在清光緒二十九年（公元1902年）出版，自此之後陸續出現的重要論著有：孫詒讓的《契文舉例》；羅振玉的《商卜文字考》、《殷墟書契考釋》、《待問編》；商承祚的《殷墟文字類纂》；王國維的〈殷卜辭中所見先公先王考〉及〈續考〉；王襄的《簠室殷契類纂》；葉玉森的《殷契鉤沉》、〈說契〉、〈研契譚枝〉；朱芳圃的《甲骨文字編》；孫海波的《甲骨文編》；董作賓的〈甲骨文斷代研究例〉、《甲骨文字集釋》；金恆祥的《續甲骨文編》；嚴一萍的《殷商編》、〈甲骨文斷代研究新例〉；饒宗頤的《甲骨文續編》、《殷墟文字甲乙編》等等，將這種古老文字深入而詳細的整理與研究。歐美及日本學者等，也先後於民國十七年中央研究院繼續發掘時，參與研究與搜購，並多有專著發表，對甲骨文的發展歷程提供更廣面的認識。

近三十年來，對甲骨學最有貢獻的人應推董作賓先生。董氏曾親自參與發掘殷墟甲骨的工作，他據殷代卜辭，將過去甲骨學的研究階段，分成前後兩期：前期從光緒二十五年己亥，到民國十六年丁卯（公元1899年至1927年），共為二十八年；後期自民國十七年戊辰，到民國三十八年己丑，共二十二年。前期著眼於發掘，後期則重視理解。

甲骨文的書風演變

殷商時期刻寫在龜甲、獸骨上，記載占卜、祭祀等活動的文字，實是一種已經加工過的文字。雖然在此之前已經出現有大量的刻劃符號，但是那些圖畫符號尚未完全具備中國書法的三個基本要素：用筆、結字，與章法。只有到了甲骨文，這三種要素才明確具備，而且還有鮮明的形象表現，可以稱得上是書法作品。以〈祭祀狩獵塗朱牛骨刻辭〉為例，這塊牛骨上的文字是商代武丁時期的作品，風格豪放，字形大小錯落，生動有致，各盡其態，富有變化而又自然瀟脫，可以說是甲骨文書法中的傑作。

49. 刻有甲骨文的龜甲片。

　　從出土的資料來看，甲骨文字是契刻體與筆寫體兩種書體互用發展所造成；大體上說，是由契刻體向筆寫體方面發展的。董作賓根據殷代卜辭，把貞卜人群分為五個時段。以甲骨文字變化及書體變遷追蹤時代，以十干十二支常用字為例，闡明其字形。由第一期到第五期的變化過程中，發現了各期甲骨文書寫風格不同，各有其特徵。

　　第一期（武丁時）的書法風格至為宏放雄偉，以甲骨大版大字為代表作。此類大字常是強力的，雕刻的筆劃很粗壯，並填有朱墨（朱砂和墨）。其中也有工整秀麗的小字，都極為精彩。這些都是承受中興英主武丁的風格，其氣魄之宏放，技術之熟練，頗為驚人。其書家有韋、永、賓。

51. 卜夕甲骨　／長36公分 最寬處21公分
商祖甲時期卜辭片，河南安陽殷墟出土，全片刻甲骨文84字，為商王離宮在外每晚卜問之記錄。
國立歷史博物館藏(骨17-106)

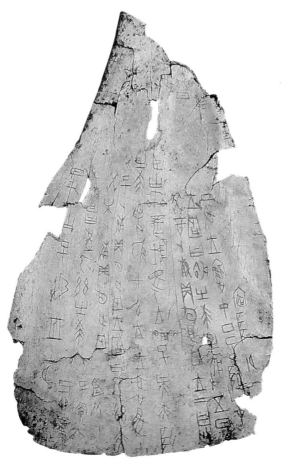

50. 刻有甲骨文的獸骨片。

　　第二期（祖甲、祖庚時代）書風較為謹飭。祖甲、祖庚是繼承第一期武丁的守成賢君，所以當時的卜師嚴守規則而少變化。其書家有旅、大、行、即。

　　第三期（廩辛、庚丁時）書風轉變，陷於頹靡，前期老書家已經作古，豪放書風掃地，而當期的書家筆力則多幼稚柔弱，甚至筆誤頗多。此期書者，皆未署名。

　　第四期（武乙、文丁時）漸呈恢復，其新興書家盡去前期筆力幼弱之敝，作品生動、勁峭、時逞放逸不羈之趣。此期署名之書家僅狄一人，其餘尚未發現。

第五期（帝乙、帝辛時代）的書風，除少數獸頭大字刻辭外，其餘的都異常嚴肅工整。原因是貞卜事項，王必躬親，卜辭的段、行，字都很均整，如蠅頭小楷，文風丕變，制作一新。其書家有泳、黃。

透過上述五個階段風格變遷說明，可知甲骨文的表現呼應著當時整個文化社會發展歷程。甲骨文除了作爲記載卜辭，將意義完整表達外，書家的個人特質與當時的社會背景都是讓外顯的面貌有所不同的重要因素；而從奔放自由的排列到逐漸規整緊密的整體佈局，則體現了爾後陸續發展出來一些文字記事所需的書體常見之要求。（蔡耀慶撰）

甲骨文字舉例

今文	甲骨文寫法
日	⊖　⊙
月	☽　☾　☽
人	⺅　⺅
犬	𤣥　𤣥
牛	♆　♆
龍	龍　龍　龍　龍
車	車　車
河	河　河　河
見	見　見　見
族	族　族　族

異采紛呈的先秦貨幣

遠古時期的交易，據今人的猜想，應該是從以物易物的方法開始的，其中牛羊、珠玉和龜貝這些有用的物資，都曾擔任以物易物交換過程的媒介物，這些媒介物在最早的時候就已經發揮了錢幣的功能。

最早的錢幣—原貝

以物易物的交易方式，隨著交易的擴大和民眾的大量需求，逐漸不敷所需，於是人們就挑選出稀少難得、美觀堅固、面積小容易攜帶，也方便於加減計數的特殊東西，這樣東西就是來自大海的海貝，今天稱作真貝或原貝。

原貝中以貨貝最常見，生長在我國東海及南海低潮區嚴礁間，體型很小。商代的婦好墓出土了殉貝六千八

52. 貝幣
左為大孔式，右為磨貝式。

53. 楚銅貝

百八十多枚，都是貨貝。而許多貨貝多半背部被磨平使用，稱作「磨貝式」；另一種是在貝背上鑽一孔，稱作「太孔式」，是為了便於穿孔串繩攜帶。

貝以「朋」為單位，《詩經》中有「既見君子，賜我百朋。」而十貝一朋是比較被人認定的說法。到了商周時代，原貝已經使用得非常頻繁，成為中原地區主要通貨之一。《史記‧平準書》中，記載商周時的主要貨幣是龜貝、珠玉，和赤金（銅）。隨著經濟演變，真貝來源不易且供不應求，而出現了蚌貝、玉貝、骨貝和銅貝以輔不足。

最早的青銅貨幣－銅貝

銅貝是因應真貝不足而產生的，中國早在夏代晚期就進入「青銅文化期」，銅貝的產生相當自然。因此，從先秦時期開始，中國就是使用青銅貨幣歷史最長的國家，二千年不曾間斷，始終佔據主導地位。在中國青銅貨幣的發展歷程中，首先是青銅秤量貨幣。在此一階段，青銅就是貨幣，而不在於其呈現何種型態，而銅貝亦只是其中之一而已。銅貝可分為無文銅貝與有文銅貝（蟻鼻錢、鬼臉錢）兩種：

無文銅貝因貝上沒有文字及花紋而稱之，非常近似貨貝的原始形貌，最早可上溯至商代晚期，是迄今所知世界上最早的金屬鑄幣。

銅貝上有花紋或文字的通稱為有文銅貝，又有「蟻鼻錢」、「鬼臉錢」的俗稱。有的面文作「𡩡」，與資字通，此字文義不明。鬼臉錢是楚國的有文銅貝，面文呈「咒」形，像一個醜惡的鬼臉而得名，鬼臉型的口部是銅貝的穿孔。銅貝小而輕，一般重量在二‧五克到三‧五克間。除了銅貝以外，尚有金貝及銀貝的出現，或是

包金銅貝。據出土資料顯示，金貝可能是戰國時期中山國統治階級使用的上幣。

布幣

布幣也是青銅貨幣的一種，是仿照青銅農具「鏟」及「鎛」的形狀製造的，所以早期的布幣稱作鏟布。由於仿自農具「鏟」，鏟的上部承木的空首遂成為布幣的重要特徵，布幣因此分為空首布及平首布兩大類：

空首布是最早的布幣，形狀像鏟，連銅鏟上面承木的空首（銎）也保留，故稱空首布。初無文字，形大質劣，下端的尖角薄銳易折損，基本上大約是春秋時期周王室及晉、衛、鄭、宋等國的鑄幣。史博館藏有一件空首聳肩大布，空首聳肩，而兩尖足長薄銳，無文，形制完美，與山西侯馬所發現的聳肩尖足有文空首大布形制近似，推測是東周初期的貨幣。

平首布自空首布改良而來，空首部份變成扁平，厚度變薄，又分方足布、尖足布及圓足布，流通於戰國時期韓、趙、魏、燕、楚等國。早期的方足布體形較大，有平肩與圓肩、有廓與無廓兩種；幣值分為二釿、一釿及半釿三等制。晚期的平首布體小而薄；幣值有一釿和半釿二等，上鑄有地名如甘丹（邯鄲）、晉陽等。

54. 布幣
　　戰國趙國錢幣，平首尖足，刻「武平」兩字。

平首圓足布是晚期的布幣，幣形有圓首、圓肩和圓足，有大小二種，分爲一釿與半釿錢。晚期有三孔布的出現，又稱三竅布錢，在首及兩足各穿一圓孔，也是爲了攜帶方便穿繫而改良的；亦分大小二種，大的背文一兩，小的背文十二朱（半兩）；有記地名的紀地幣，也有記重量的紀重幣。金質布迄今尚未被發現，但銀質的空首布，曾於一九七四年八月在河南省扶溝縣古城村出土。

刀幣

刀幣是仿照獵刀的形狀製作的，在春秋戰國時流通於燕、齊、中山和越國。刀幣柄有圓環孔，能穿繫，方便攜帶。刀幣傳世有齊刀、尖首刀及明刀三種：

齊刀面文的「法化」二字，是齊國鑄幣的特徵，意思是合乎政府規定標準（包括形式、幣材、重量等）的鑄幣。把鑄幣稱作「法化」（即「貨」也），是當時其他封國所沒有的。《管子‧揆度篇》中記載：「刀幣著，溝瀆也，號令也，徐疾也，令重於寶。」可以看出當時齊國對刀幣的重視及制度化的決心。〈國蓄〉篇又說：「人君鑄錢立幣，民庶之通施也。」主張人君應掌握鑄幣權，所以齊國受到早期法家思想的影響，鑄行刀幣，上鐫「齊法化」、「齊之法化」、「節墨之法化」、「安陽之法化」，由這些例證看來齊國政府充分掌握了鑄幣權。《管子‧輕重式》中便有「令左司馬伯公將白徒而鑄錢於莊山」的記載。齊刀的刀首有銳角而向內削弧形，背外而刃內，柄上有圓環，品相非常精良。

尖首刀因刀首尖而得名，是春秋末戰國前期在燕國通行的貨幣，體形大小相差很多，刀幣上面的文字多爲單字，如二、六、王等，及一些不明意義的象形符號。尖首刀中最小型的

55. 刀幣
右爲齊刀，中爲尖首刀，左爲明刀；
齊刀上刻有「齊之法化」四字。

刀首如針，稱爲針首刀。

明刀是燕國的主要鑄幣，它是一種較小型的刀形錢，面文通常作◖字或作◖）、◖，釋作明，亦稱作匽刀。刀型有弧背和方折背二種，還有一種直身上鑄「甘丹」、「白人」、「王人」等文字的刀幣，可能是燕國末年所鑄行。

圜錢

圜錢也就是圓錢，由於刀布幣稜角複雜沈重，攜帶不便，乃仿照當時禮天的玉璧形式，改良產生了圓形的

56. 周畿圜錢
戰國初，刻有「西周」兩字。公元前440年，周考王封其弟揭於河南，是爲西周桓公，此「西周」指此。

57. 秦圜錢
戰國中晚期，上刻「重一兩十四銖」。

貨幣，在中心穿一圓孔，便於穿繩（也有不穿孔的）。這種圓錢，流通於周畿、魏、韓、趙、齊、燕和秦，錢上有鑄地名如「垣」、「共」（魏國的垣邑、共邑）、「武安」（趙國武安邑）等。戰國時，秦國所鑄行的圓錢已有「半兩」面文，稱作秦半兩圓錢。

爰金

　　春秋戰國時黃金已是上等貨幣，當時楚的黃金鑄幣，稱作爰金。其製作的形狀有扁平斜方板形與不規則形兩種，上鈐印二個或多個陰文方印，切割為數個小方碎塊。已知的爰金有郢爰（楚都，在今河南淮陽）、盧金（亦為楚地，在今河南上蔡或下蔡）、邶爰（今河南禹縣）、專爰等。

　　秦始皇統一中國後，廢除六國的貨幣：以黃金為上幣，以鎰為單位；銅為下幣，以「半兩」為單位。並將秦半兩圓錢的方孔圓錢推行於全國，從此一直沿用了兩千餘年。（楊式昭撰）

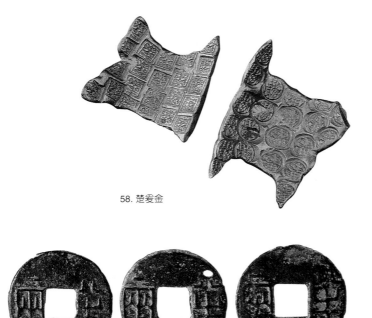

58. 楚爰金

59. 秦半兩錢

其他工藝美術

　　商周的手工業已經很發達，留下無比燦爛的工藝傑作，除前述的青銅器、玉器、陶磁、甲骨文、錢幣等項之外，商周的漆器、璽印、琉璃、織繡等工藝，也有相當高水準的發展。

漆器

　　漆是一種樹脂，黏性很強，來自一種中國原產的多年生落葉喬木。用漆塗裝的器物就叫漆器。這種塗料是天然的，與現在我們用來塗刷牆壁的塑膠漆與水泥漆等化學漆，性質十分不同。天然漆除了具有黏性外，在乾涸後它還能防酸鹼的侵蝕、防潮、防蛀、防腐蝕，與化學漆最大的不同是它不會釋放出對人體有害的物質，因此被廣泛地用在日常用具、家具與建材的塗裝上。有了表面的漆層保護，這些器具與建材就能保存較久。另外，值得注意的是因為漆可以與各種顏料共同使用，因此也將古代人的生活帶入彩色的世界。

　　漆器作為禮器和實用器皿，在西周時代的重要性僅次於青銅器。木胎漆器最早出現於新石器時代。六千年前浙江餘姚河姆渡文化遺址中，曾出土朱紅色漆碗。商代漆器有重要發展，已有碗、豆、盒、缽、盤、瓢、罍、鼓等漆器，並有漆繪、雕花、鑲嵌綠松石、貼金箔等技法。西周繼承了商代工藝並有進一步的發展；增加了杯、俎、壺、彝等品種，增加了鑲嵌蚌片和蚌泡的技法，漆繪圖案不僅繼承了商代晚期流行的雷紋、回紋、獸面紋、蕉葉紋，而且增加了鳳鳥紋、圓渦紋以及多種幾何紋圖案。西周漆器流行朱、黑、褐三色的彩繪，湖北蘄春毛家嘴所出漆杯，在黑、棕色器表上，繪有紅色回紋和雷紋的兩條紋飾帶，兩條帶之間繪有間隔的圓

60. 朱漆碗 ／高5.7公分 口徑10.6×9.2公分
新石器時代晚期，發現於浙江河姆渡文化遺址，
為現知最早的漆器。現藏浙江省博物館。

渦紋和幾何形圖案。北京房山琉璃河燕國墓中所出一大批漆器，種類有罍、觚、壺、簋、豆、杯、盤、俎、彝等，器表彩繪都是紅地褐彩，或褐地紅彩，黑漆的較少。紋飾以獸面紋和幾何紋圖案為主。

西周漆器除彩繪的以外，還有雕花的，這是在木胎上雕出花紋圖案而加以髹漆，這在商代已有這種工藝，西周更有所發展，琉璃河所出漆觚是此種工藝的精品，雕刻有三組變形的夔龍紋，刻紋均勻，深淺一致，轉角圓滑，並且在夔龍紋的眼部，用橢圓形的綠松石鑲嵌作為眼睛，同時整個器身貼有三道金箔，在下面兩道金箔上，也還鑲嵌有三個間距相等的綠松石片，與朱漆、金箔相映而顯得格外美觀。這是施用雕花、貼金箔、鑲嵌綠松石的技法於一件漆器上，可視為西周漆器工藝的代表作。

鑲嵌蚌片的漆器，在灃西、浚縣辛村、北京琉璃河都有發現。灃西張家坡出土鑲嵌蚌片漆器，僅以蚌片組成圖案。琉璃河所出大多是蚌片和彩繪結合組成的圖案。獸紋往往以蚌片做成眉、目、鼻、口部分，在蚌片四周往往用彩繪勾劃出輪廓，再填充幾何紋圖案作為陪襯。這種鑲嵌蚌片的漆器工藝，是後來唐、宋時期流行的「螺鈿」工藝的始祖。

漆器製作的工序首先是「製胎」，即以木料做成所要的器形；然後便是「髹漆」，即在器胎上塗上一層又一層的漆料，待乾後再依所設計的紋樣剔除不必要的部份。由於每一層漆都有很強的附著性，故剔劃出來的裝飾紋樣會顯露出層次分明的輪廓，立體感十足，這是漆器工藝最吸引人的地方。西周漆器工藝製作在商代的基礎上有進一步的發展，體積較小的器物多用一塊木料做成，較複雜的則先做器底、器身、器耳等部份，然後再粘接起來。其髹漆表面平整光滑，彩繪鮮明，線條流暢，予人一種靈透中又帶著穩重的感覺。

目前所發現的西周時期的漆器，以漆豆為最多。漆豆大多出土於大中型的西周墓葬中，豆是食器，可知這是西周貴族常用的食器。所有西周的漆器中，除碗、豆是食器，觚是飲器外，其他都是盛食物或裝酒之器，因為漆器比青銅器輕便而美觀，逐漸成為貴族愛用的器物。我們以漆器和青銅器的食器和酒器相比較，漆器只是缺少鼎、爵、甗、鬲等三足器。因為這些三足器都是用來蒸煮或加熱食物的，漆器不能用火來蒸煮或加熱的。既然漆器經常為貴族用作食器和酒器，可以代替青銅器使用，當然也可以代替青銅器作為宗廟的祭祀禮器了；並且也可以和青銅器一樣作為陪葬器。因而西周墓葬常有同作為食

61. 漆畫殘片
山東臨淄東周墓中出土，圖案為人物、屋宇、花木、雞鳥，
原物可能是個盤。

62. 彩繪描漆豆
湖北隨縣曾侯乙墓出土，豆身以黑漆作地，朱繪變體鳳紋、菱紋、網紋等圖案。為戰國時期漆器代表。

器、酒器的漆器和青銅器一起出土。值得注意的是，所有漆器罍、觚、壺、簋、豆、彝等器形，大都仿自青銅器，器表色彩鮮艷，並且有彩繪、雕花、貼金、鑲嵌等工藝裝飾，顯得金碧輝煌，成為一種藝術品而兼實用器，這真是文化高度發展的一種表現。（蘇啓明撰）

璽印

中國的印章是伴隨著青銅文明一起產生而發展，與世界其他地區如古埃及、愛琴海、美索不達米亞等不同系統的印章文明相互輝映。早期的印章用途，根據它的形式推測，可能是製作銅器時用於壓印記號的「印模」，大約是一種專屬的印記。中國最早的璽印，是許多研究者推究的三方相傳出土於河南安陽的殷墟商璽，現存在於國立故宮博物院，這三方商璽的形式與戰國璽印相似，有印鈕、印身和印面文三部份，印面文字為陽文，不易辨識。

印章名稱的起源，「印」字在甲骨文的字形，好像以手按壓人跪下的樣子，這個意思，與蓋章時以手按壓的表意相同。而「印」字篆文和甲骨文字形近似，可以證明遠在春秋以前便有「印」字。當時也稱作「璽」，「璽」字的古字作「鉥」，是金屬印，或作「壐」、「垾」，下從土，可能是粘土，後來秦始皇時「璽」從玉，為玉印，只有皇帝才可使用。

從文獻觀之，《左傳》魯襄公二十九年說：「公還及方城，季武子取卞，使公冶問，璽書追而與之。」所謂「璽書」，即是蓋印的公文，這種記載證實在春秋時代便有用印徵信的制度了。此外在《周禮·地官掌節》

63. 秦封泥
印文為「郎中丞印」。

中，也有「貨賄用璽節」的記載，是屬於交易物資時的信證。《漢舊儀》中記載，秦以前都用金銀銅犀象為方寸之璽，可知璽印的素材有很多種類。

商周的璽印如何使用，由於信札和公文等較多文字都寫在木板上，一般簡單的文字記錄就寫在竹片上。寫在竹片上的稱作「簡」，寫在木板上的稱作「牘」，當時「簡牘」就是書信公文的通稱。簡牘遞送他處時，都要以封泥來封信，在繩子紮結處，用粘土泥丸粘住，將印章一蓋，待粘土乾透和繩子粘合一起，可防偷拆，粘土上有著印樣，它的作用和後世火漆印類似，這種封泥，也稱作「斗檢封」。封泥上的文字凸起的稱作陽文，凹進的稱為陰文，這種情況，正好和原印相反。到了後世紙張發明，封泥的使用自然被淘汰，紅色的印色、印泥取代了泥丸，開啓了另一個印章的新時代。（楊式昭撰）

琉璃

琉璃古稱「陸離」、「流離」等。中國的琉璃生產大約開始於西周時代，時間上遠遜於西元前十五世紀古埃及和美索不達米亞的玻璃生產。從文明發展的進程上來看，人類在長久的用火經驗中，學習並發現了許多文明產物，陶瓷、青銅都是例證；由於商周時代已經進入了光輝的「青銅時代」，陶瓷與青銅器的製造技術已經達到了一個高水準面，琉璃的發明，與陶瓷上的釉藥原料有很密切的關係。考古工作者曾在陝西寶雞西周墓中發掘出大量珠飾，是含有少量玻璃相的多晶石英珠，此即是學者所稱的西周料珠；它的特徵是呈綠色半透明狀、體積小、溫度較低且質料鬆軟；由於它的質量還達不到玻璃的程度，只能視作原始玻璃。

64. 玻璃璧　／直徑11.5公分　孔徑2.8公分
春秋末期，仿玉璧之琉璃製品。

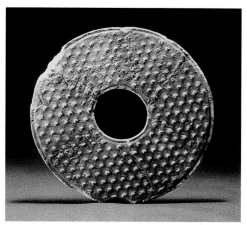

65. 玻璃璧　／直徑12.5公分　孔徑2.6公分
戰國，璧身飾穀紋，內外緣皆為重緣，相當精緻。

在經歷了原始玻璃的階段，到了春秋戰國時期，鑄造技術上已經可以鍛燒熔點更高的鐵器，高溫的鑄爐提供了琉璃工藝一個成熟的發展環境，生產琉璃的各種條件，如溫度、原料、配方等，都已經具備，就生產了以料珠為基礎所轉化的玻璃品。從湖北隨縣曾侯乙墓中出土的琉璃珠，以及《呂氏春秋》等文獻記載中，推測南方的楚國，可能是琉璃的主要產地。從戰國時期出土的各種琉璃器來看，琉璃器的製作可以分為兩個系統：位於湖北、山東、河南地區的封國，生產「蜻蜓珠」的琉璃製品；另一個以湖南、四川地區的南方系統所

生產的琉璃製品，則不再侷限於琉璃珠，而朝向仿照玉器的製作方向發展，如琉璃璧、琉璃劍飾，以及耳璫、環、珮、璜、簪、帶鉤等禮器和佩飾，及如琀、耳塞、琉璃衣等葬具。戰國時期製作的琉璃器以大件取勝，如琉璃璧，有直徑達十六公分者。湖南長沙地區的一百多座楚墓中，就有八十多座墓中出土了琉璃璧。琉璃璧上有盤螭紋、雲紋、穀紋等紋飾，完全仿照玉製品，是替代玉器的明器。

我國古代的玻璃成分，是分屬於鉛鋇類玻璃和鉀鈣類玻璃兩個系統的，而以鉛鋇類玻璃為主。春秋戰國時期的琉璃製造方法有三種：第一種是把熔化的玻璃液體澆入預先製作好的範模內，用模蓋壓製而成，如琉璃璧就是使用這種技術製造；其次是製造單色玻璃的纏絲法；第三種是製造「蜻蜓眼」玻璃珠的鑄接法，事先用纏絲法製成珠體，然後鑄接或粘嵌「蜻蜓眼」。

從西周到戰國的墓葬之中所發現的琉璃品來看，其用途主要的是用於佩飾方面，琉璃珠穿結成串，作為頸飾和腕飾或是珠襦；也有鑲嵌在器物上面作為裝飾的，如洛陽金村的鑲嵌銅鏡；此外也作車輿的裝飾或墓葬的棺飾等。（楊式昭撰）

織繡

中國紡織工藝起源很早，河南三門峽廟底溝和陝西西安半坡村等新石器時代文化遺址出土的彩陶器中，便發現明顯的編織物印痕；一九七二年在江蘇吳縣草鞋山的良渚文化遺址中更發現三塊葛布殘片，其年代距今至少四千五百年前；另外浙江吳興錢山漾的馬家浜文化遺址中也發現過一批絹片和絲帶，皆為家蠶絲織成，其年代距今約四千七百年前。

66. 帶絲織品殘痕的青銅片
河南安陽殷墟出土，證明商代晚期已有絲織物。

文獻記載，夏商周的王室皆設有專門從事養蠶紡絲的部門，商代稱作「女蠶」，西周稱為「婦功」—與王公、士大夫、百工、商旅、農夫合稱為國之六職。舉凡紡織原料的徵集、紡績織造、漂涷染色、服裝製作等都有專門官吏分工管理。河南安陽殷墟曾出土一件附有回紋綺殘痕的青銅鉞，現藏於瑞典遠東古物博物館；另北京故宮博物院也保存一把附有雷紋綺殘痕的青玉戈，這兩件商代實物是現存世界上最古老的織花絲綢文物標本。

西周時期織品工藝有空前的發展，其貴族階層有所謂的「命服」制度，身份不同所穿著的服飾也不同，很多織品並被當作王室的賞賜，諸侯之間也常以織品作為一種有價值的交換，如「曶鼎」（周孝王時代的文物）銘文記載，匹馬束絲可交換五個奴隸。《詩經》很多詩歌中都有對服飾織品之美的描述，如〈小雅·巷伯〉：「萋兮斐兮，成是貝錦。」〈唐風·葛生〉：「角枕粲兮，錦衾爛兮。」〈鄭風·豐〉：「裳錦褧裳，衣錦褧衣。」等。

織錦是非常貴重的紡織品，它是用兩種以上的彩色絲線提花的多重織物，既利用經緯組織的變化，又利用經緯色彩的變化來顯現花紋，這在織品發展史上是一大突破。《釋名·釋采帛》謂：「錦，金也。作之用功

重，其價如金，故製字帛與金也。」
它不僅是貴族們華服的材料，也是諸
侯國君之間聘問交往的禮物。考古學
家在遼寧、山東、陝西等地的西周墓
中都發現過錦。如一九七○年在遼寧
朝陽西周早期墓中所發現的隨葬絲織
品有二十多層，其中有幾層便是經
錦，經密每公分五十二根，緯密每公
分十四根；一九七六年在山東臨淄郎
家莊發現的經錦殘片則是經密每公分
一百一十二根，緯密每公分三十二
根。這兩處發現的經錦殘片組織相
同，其經、緯線都各分爲兩組，花紋
輪廓分明，是後代大提花織品的先
河。

　　春秋戰國時期，列國兼併激烈，
社會經濟發生空前的變化，導致織品
的生產、設計，和應用出現多元化的
傾向，有些地方甚至將之作爲商品。
如齊國，據文獻記載，齊國錦繡「上
價匹二萬，中萬，下五千。」普通的
絹帛則「匹七百錢」而已。齊都臨淄
便是著名的織錦生產中心；魯國的織
錦水準亦高，《左傳》載成公二年，
楚人伐齊，侵及魯之陽橋，魯人賂以
執斲、執鍼、織紝各百人請盟。當時

68. 龍鳳絲絛
出土於湖北江陵馬山一號楚墓，「絛」是做衣袍領的織物，
本件絛以緯線起花，地組織爲平紋，主題紋飾爲龍鳳，
採左右對稱方式設計。現藏於湖北荊州博物館。

諸侯生活日益奢侈，織品服飾日趨華
麗，乃至不分大國小國的諸侯貴族皆
想盡各種方法蒐求高貴的織錦。《史
記・蘇秦列傳》中記載趙王用蘇秦合
縱之策，「乃飾百乘，黃金千鎰，白
璧百雙，錦繡千純，以約諸侯。」說
明錦繡在當時諸侯貴族心目中的份量
是同黃金、白璧一樣貴重的。

　　與錦有連帶關係的刺繡工藝在戰
國時代成爲非常突出的美術品。王室
貴族及諸侯國君生前穿著所謂的「黼
衣繡裳」，死後則有所謂的絺繡。一九

67. 竊曲紋鎖繡殘片
河南信陽出土，爲春秋早期絹繡代表。

五八年湖南長沙戰國楚墓中便發現四幅裱貼在墓棺內壁的刺繡，其中一幅繡龍鳳蔓草紋，一幅繡花草枝蔓及圖案化的鶴、鹿。一九八二年在湖北江陵馬山磚廠一號戰國楚墓中出土的對鳳對龍紋繡淺黃絹面衾，其文彩之燦爛、繡工之精美更是前所未見。

根據江陵馬山磚廠和長沙戰國楚墓出土的織品實物，我們知道戰國時期的織錦至少有六種；其刺繡紋樣則兼具幾何圖案與寫實的特徵，無論花草、動物都經過周密的設計，並充分掌握經緯線組織的特性予以填飾敷色，整體風格富麗繽紛又和諧統一。

春秋戰國之際，中國的絲綢刺繡似已開始向國外流傳，如俄國西伯利亞巴澤雷克的古墓中便出土過楚國製造的絲綢刺繡鞍褥面，底綢為經每公分四十根，緯每公分五十二根，係一種平紋絹，上繡花草鳳鳥雉翟紋。

（蘇啓明撰）

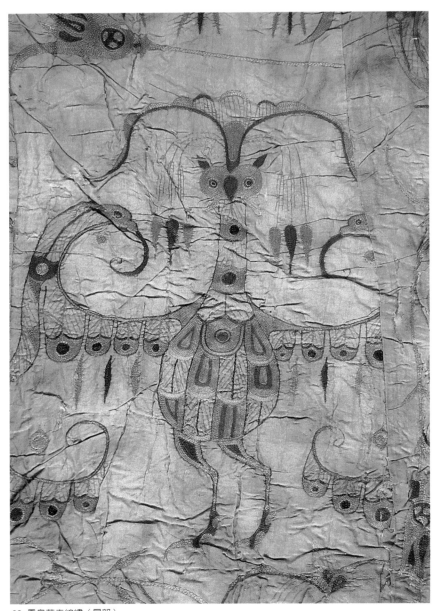

69. 鳳鳥花卉紋繡（局部）
　　湖北江陵馬山一號楚墓出土，係一件絹繡錦袍的袍面，
　　紋飾充滿楚地風格。

秦　漢

漢彩繪雲氣紋灰陶鍾
／高39公分　口徑19公分
國立歷史博物館藏（76-265）

秦漢

漢代承繼了秦朝和春秋戰國時代的齊、楚等地方的文化，尤其以楚國地方的文化影響更是最直接，因此，漢代瀰漫著一股與楚國一樣的神仙思想，人們相信人在死後還仍然活在另外一個與活人沒有兩樣的世界裡，同樣受到帝王的管理，所以漢代的人特別重視自己死後生活的安排。既然是要安排死去以後的生活，自然對自己的死後的家—墳墓格外重視。雖然他們的墳墓在地底下，但還是要建造成像一個真的可住的房子；砌牆用的磚是特別燒製並帶有各種紋樣、圖案的陶磚和陶柱，也有直接把花紋刻在方形石頭上的，這就是現在稱之為「畫像磚」和「畫像石」的漢代文物。在墓室裡面擺著各式各樣的建築模型、生活用具，這些東西大多數是用陶土燒成的，稱之為「明器」，也就是人死後所用的器物。

目前我們所能看到存世最多的漢代文物是陶製的明器以及畫像磚、石，這些墓葬用的器物提供我們了解漢代文化的線索，畫像石和磚上面的圖案紋樣也顯現了許多當時的文化觀和藝術觀，甚至思想方面的問題，所以成為現在歷史、美術、經濟、建築等方面學術研究上的重要圖像資料。除此以外，陶藝、漆藝與織繡工藝在漢代也有長足的發展，它們與畫像磚及畫像石上的圖像共同反映一個豐富而多元的漢文化。

畫像磚及畫像石

漢代磚石畫像是附在建築墓穴壁面和楣楹碑闕上的裝飾性藝術品，大體上從西漢中晚期開始出現，流行於東漢而衰落於魏晉時期。畫像磚石圖像大多以寫實的藝術表現手法，所涉及的題材非常廣泛，表現的內容也異常豐富，在一定程度上包括了漢代社會生活的諸方面；從題材內容上看，有反映社會生活的，如亭臺樓閣、收租宴享、庖廚釀造、雜耍舞蹈等；有反映歷史故事的，如古代帝王，聖賢高士、孝子烈女等；有反映神話傳說的，如西王母、東王公、幻想的神禽聖獸、玉兔仙人，以及日月天像等內容。

畫像磚的種類與分布情況

漢畫像磚一般分為四種類型：一種是方形的，高約四十二公分左右，寬約四十八公分左右。這種畫像磚就題材內容來說，非常豐富，有反映庶民生活的播種弋射收穫、漁獵、拾芋、鹽井、釀酒、舂米等；也有反映貴族地主生活的宴樂、觀伎、軺車、出行、車馬儀仗等；也有神話故事的西王母、伏羲女媧等。磚的畫面設計複雜，畫像磚主要指的就是這一種。另一種為條形磚，俗稱長方形磚壙，規格不一。由於畫面是一長條，較方形磚的內容簡單，構圖也較為單一，其中也有一些構圖較為複雜的形式；這種磚一般長二十至四十公分左右，寬約六至十公分左右，在小小的畫面上民間工匠們仍然刻劃出地主或貴族的奢侈生活，如六博、車馬出行，也有音樂舞蹈的描繪，如雜技、樂舞，雖然畫面不複雜、人物不多，但形像生動、線條流暢，讓人覺得樸素可

愛。條形磚裡也有一些神話傳說故事，如西王母、伏羲、女媧、比翼鳥等。條形畫像磚上關於「璧」的內容很多，如雙鳳戲璧、龍虎聯璧及錢幣等。

第三種為紀年磚，又叫做「年號磚」或「字磚」，規格大小與條形磚差不多，只是在磚的一側或頂端雕刻當時的年號和文字，有的在文字周圍用簡單的圖案裝飾，這種磚是考古斷代的重要依據，也是研究我國書法、歷史的重要實物，一向受研究者的重視。第四種為花磚，與條形磚的規格大小相似，其形狀主要是裝飾性的菱形紋、几何紋、方格紋、雲紋、柿蒂紋等。花磚中還有錢幣紋，有「聯幣」、「五銖」等。條形磚、紀年磚、花磚等，在四川全省境內皆有出土，估計有兩百多個種類，歷年出土的大約有百萬塊。這幾種漢磚中還有楔形

磚、子母磚，是為修建磚室某些特殊結構而燒製的專用磚。

從目前考古發現的情況看，漢代畫像磚石墓室在中國數十個省區均有分布。而反映農業題材內容的畫像磚則比較隻中分布於：四川的成都地區、陝西省的陝北地區、山東省的魯西南地區、河南省的南陽地區，這些地區都是漢代官僚富豪雲集，農業和工商業最發達的地方。山東、江蘇的畫像磚較常出現紡織、耕作場面，也反映了兩地農業與紡織業的發展情況；陝北的畫像磚題材基本上反應邊郡屯墾區旱地農耕及牧業生產情況；四川的畫像磚內容更多地反映出南方水田農作的實際情況；而南陽地區的畫像磚，則以反映官僚富賈悠閒遊獵的場面為主。這些畫像磚雖然為數不多，但大致上勾勒出漢代農業經濟的地方特點。

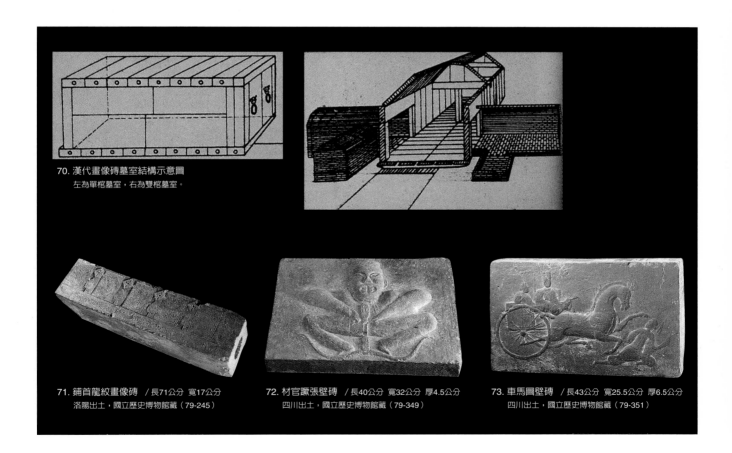

70. 漢代畫像磚墓室結構示意圖
左為單棺墓室，右為雙棺墓室。

71. 鋪首龍紋畫像磚 ／ 長71公分 寬17公分
洛陽出土，國立歷史博物館藏（79-245）

72. 材官蹶張壁磚 ／ 長40公分 寬32公分 厚4.5公分
四川出土，國立歷史博物館藏（79-349）

73. 車馬圖壁磚 ／ 長43公分 寬25.5公分 厚6.5公分
四川出土，國立歷史博物館藏（79-351）

畫像磚的製作及其內容

　　畫像磚的製作，多爲用模子翻製，所以在不同地方發現的墓葬中往往有同樣的畫像磚。畫像磚的表現方法分爲兩種：一種是用淺浮雕的方法，把畫面突出在平面上，即先將要表現的圖樣在平面上畫出輪廓，將輪廓四周之平面剔去很薄一層，再在輪廓邊加上深淺不同的刻劃，有些雕刻完成後也畫上彩色顏料；這種淺浮雕的方法，大多用於各種人物形態的表現。另一種是單純線刻的方法，也就是在平面上刻凸出的直線或曲線，勾勒出圖畫的輪廓。大凡簡單的魚、蟲、鳥或建築物多用這種方法表現。

　　漢代人一般是在活著的時候便爲自己造好墳墓。墓室所用的磚，均經特製木模設計，並可按模編號，標明位置，由專門之手工作坊預先燒製。隨著位置不同，大小、內容也不一，因此畫像磚有長短、寬窄等不同尺寸。

　　畫像磚在製作時，常先以沙袋作內胎，等磚坯半軟時，在側邊用刀挖一或二個洞，將沙倒出再入窯燒製而成，因此，都是空心的；其紋飾是在泥坯上模印出來的。畫像石則是石材製成，圖像多是直刻的浮雕或鑿刻。

　　畫像磚又稱壙磚，在西漢時期，製作技巧有新的發展，在磚面上拍印出題材廣泛、內容豐富、構圖簡練、形象生動、線條健勁的紋飾圖樣，使它不再是單純地作爲建築材料，而成爲富有藝術價值的陶質工藝品。從表現的觀點看，漢畫像磚缺乏立體感，畫面上經常是上下安排或橫向展開，刻出浮雕圖案或剪影般的圖案效果，顯現出十分古拙的樣貌。

　　除了砌墓牆用的陶磚之外，漢代常有以人形、獸形爲主題的柱磚，通常以神話或歷史故事爲題材。山東省濟南大明湖畔的山東圖書館內，藏有十二個壙磚，其上有建安年號，作十二時辰肖獸圖像。亦有以方相氏爲主的畫像石，方相氏是傳說中袪除惡鬼魑魅的守護神，由於是一種想像的神話人物，因此，他的外形在漢代以多種不同面貌出現，有人頭獸身或猙獰恐怖的頭像等等。史博館所藏人形柱磚最上層便有一人物造形蹲踞其上做爲柱頭，柱磚表面壓印幾何紋及樹木圖案，柱體空心，底座與常見之柱磚相同。

　　古代在墓室建築及明器中經常使用神話中的傳說人物或故事爲題材，例如后羿、翁仲、神荼、鬱壘等等，古人認爲他們可以作爲驅邪避凶的守護神；材官是漢代的兵種之一，也是畫像磚上常見的題材，又稱「厥張」，他用力張弓表現武力，同時也顯示墓室主人的力量強大，因此，墓室主人亦可能是武官。史博館即藏一件材官的畫像磚，係以浮雕的表現方式將材官張嘴咧齒、鬍鬚怒張的形象表現得樸拙有趣，平面式的空間處理更彰顯材官手腳並用的張力。從弓的形制判斷，應爲當時武器的主力弩弓，弩弓是機械式的發射武器，射程較一般弓要遠，往往用在防禦作戰，我們從漢代綠釉明器的望樓模型中常看到正在高樓上防守的士兵就拿著弩弓。

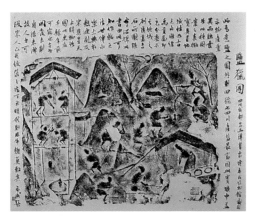

74. 鹽獵圖畫像磚拓本 ／長54公分　寬62.2公分
　　原物爲四川成都出土，具體描繪漢代鑿井治鹽的情形。
　　國立歷史博物館藏有拓本（7832）

75. 舞蹈圖畫像磚拓本　／長54公分　寬62.3公分
原物為四川成都出土，表現漢人宴會席間的歌舞和雜耍場面。
國立歷史博物館藏有拓本（7833）

畫像磚反映的漢文化

　　畫像石和畫像磚雖然屬於建築構件之一，但是磚和石上的圖像往往成為我們了解漢代人生活、社會、經濟，及其思想等方面的重要資料。畫像磚上也有直接刻劃建築的圖像，從這些圖像中，也幫助我們理解漢代的建築。代表漢代建築型態的文物還有明器，其中的建築模型種類很多，除了一般百姓居住或使用的家屋房舍之外，還有公共建築。

　　漢代的公共建築出現高樓的形式，可以說是建築技術的進步表徵。現存最具代表性的漢代建築應是「闕樓」。漢代的建築物前，經常建有左右對稱的一對建築物稱為「闕」。闕也是一種標誌，既表示該建築物主人身份和地位，又是地域界限的標誌；有人又將闕稱為「觀」。

　　大多數的闕是磚木結構。根據晉人崔豹的《古今注》所說，闕上裝飾著彩色的圖畫，畫大多數有雲氣紋、各種神靈和珍禽異獸。還有許多闕是用修整過的大石塊壘砌起來的；保留至今的漢闕多為這類石闕。闕由闕基、闕身和屋頂三個部分組成。畫像石上刻畫闕的圖像很多，形態各異。從闕的外觀上約可分為單體闕和雙體闕。所謂雙體闕，是由一大一小、一

高一低的兩個相連闕組成。其中大而高的稱為「正闕」或「主闕」，其位置都在靠近通道的內側；小而矮的稱為「副闕」或「子闕」，正、副闕都有各自的屋頂。

　　四川東漢墓中的畫像磚，是當時一部份社會生活的現實寫照，磚上常刻有採桑的場面，展現出當時庶民階層勞動的景象。同樣表現庶民生活場景的畫像磚圖像和明器，還有各種生產、勞動、飲食、娛樂等內容，從這些文物和圖像中我們可以約略體驗漢代人們的生活。

　　漢代的音樂、舞蹈在繼承前代藝術基礎上，更吸收了外國的文化影響。漢代歌唱風氣很盛，樂器應用也相當廣泛，祭祀、軍隊行軍、作戰、出行、各種飲宴以及舞蹈、雜技表演，都用樂器伴奏。漢畫像磚上有許多一邊敲擊鼓一邊跳舞的畫面，擊鼓的鼓員除了注意節奏快慢外，還注意手腳的活潑多變，使擊鼓與舞蹈結合在一起。而舞伎形象幾乎都是長袖細腰。長袖細腰是楚地舞人的特徵，唐代詩人杜牧曾經有一首詩描寫楚歌楚舞的樣子說：「楚腰纖細掌中輕」即是指楚地歌舞姿態曼妙，像是可以在手上起舞一般輕盈，漢代歌舞確實是深受楚地影響的。（胡懿勳撰）

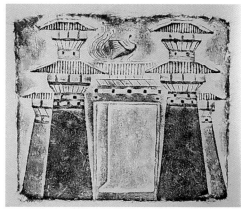

76. 鳳闕圖畫像磚拓本　／長39公分　寬47公分
雙闕上有瓦領，檐下有椽柱，兩闕以栟思相連，
上立一隻鳳鳥，可以想見漢代的建築規模。
拓本現藏歷史博物館。

生動活潑的秦漢陶俑

　　「俑」是指陪葬的人形物，商代便已出現，春秋時代逐漸流行。古代人相信「來世」，深信人類自死亡時刻開始肉身就與靈魂分開。當人死後肉身開始腐敗但靈魂則永不滅；也就是說人死亡後，亡靈會立刻進入到另一個世界開始新生活，直到「某日」脫胎換骨再度來世。所以給死者陪葬許許多多物品，好讓死者在另一世界生活時豐衣足食，且有人為死者服役。

　　據考古資料，商周時代習慣以活人、活馬、真馬車隊和各類石器、玉器、陶器、漆器以及金銀器做殉葬，

這種喪葬習俗至東漢時代仍有所見，但數量與種類已較少，顯示喪葬禮俗由厚葬逐漸變為薄葬，因此「陶俑」和陶製模型物品便替代了昔日的真人、真物陪葬。然而，習慣上把這些陪葬物品稱為「冥器」，特別為陪葬而燒製的陶製人形器物則稱謂「陶俑」。《康熙字典》釋：「俑，音勇、從葬木俑也。」以古代俑的材質而言，大致有石俑、木俑、竹俑、布俑、泥俑、漆俑、陶俑等，其中，惟石質與陶質無論在地底或海底都不變、不朽，因而成為研究古代生活習俗相當重要的歷史文物。

77. 秦始皇陵兵馬俑一號坑
秦始皇陵兵馬俑坑位在陵園東邊，
共有三個坑，以一號坑規模最大，
其布陣兼顧前後左右，以步兵為主，
完整的呈現秦代京師衛宿部隊的陣容。

秦陶俑

　　秦俑以陝西秦始皇陵出土的兵馬俑最具代表。體型與外觀比真人、真馬還要大的秦兵馬俑，取自秦代軍隊的形象，其數量非常龐大，陣勢尤為壯觀，內容十分豐富；目前共發掘了三個兵馬俑坑，其中一號兵馬俑坑出土六千多件軍隊和戰馬，排列井然有序，有戰車、騎兵、步兵俑等，外觀栩栩如生、比例均勻、刻劃入微、神形兼具，藝術水準相當高。

　　秦俑的製作程序大致上為塑、堆、捏、貼、刻、劃等兼用：即先做頭、手臂、腳、腿，之後把這些身體的支體各部份與身體結合為一，再進行細節的整修工作，如描繪或劃出眼、耳鼻、下巴、髮鬚等，然後加以磨光，入窯燒，最後上彩即告完成。經過如此繁多的程序而完成的秦俑，外觀有年輕的、老的、胖的、瘦的，男的、女的都有；表情也多元化，有喜悅者、哀痛者，或怒氣沖沖者，可謂是千人千面。顯示了中國古代立體雕塑的超高水準。

78. 秦始皇陵兵馬俑的將軍俑

79. 漢景帝陽陵陪葬俑

漢代陶俑

漢代由於社會安定、富裕而有厚葬習俗，厚葬之俗在成帝時候達到巔峰。西漢末至東漢，社會動盪不安、經濟狀況不如前期，加以儒家思想成爲主流，因此厚葬之風大減，而陶俑、陶製模型以及漆器成爲最普遍的陪葬品。

就中國陶俑的發展而言，漢、唐二朝雙雙有陶俑「黃金時代」之美譽，此二個朝代所製陶俑不僅數量多，藝術水準也十分高。

《初學記》卷十九奴隸條記：「藏、甬、侮、獲，奴隸賤稱也」，可見「俑」原來是奴婢的俗稱。漢代奴婢在性質上大致分爲家奴與從事生產的工奴二大類。家奴，一般是指服侍權貴或富者，考古出土漢俑中「家奴」佔多數，生產奴則較少。漢代舞樂與百戲等工作亦由家奴擔任。

漢陶俑在形式上大致分二類：一爲附貼在器物上的陶俑，通常尺寸較小，具有神奇力量，因而在葬禮或祭祀中使用，以附貼人物的各式陶罐爲代表；另一類則是單獨而圓體的陶俑。漢俑的特徵是人物形象單純、比例正確而生動，對於人體的細微變化則省略，且不加以處理，但充分掌握人物的神態，或是把人體的某部分做誇張的方式表現、並求變化，因而漢陶俑在單純中有變化，又以誇張表現法把瞬間的表情化爲永恆，藝術水準相當高，這一點可以說是漢俑在藝術評價上受到重視之所在。

考古出土的著名漢代陶俑群有陝西西安漢景帝陽陵的陪葬俑、江蘇徐州獅子山楚王墓的兵馬俑和彩繪男女侍俑，及陝西楊家灣出土的兵馬俑等；前者有四千多件，形體較眞人小，但造形十分生動，較秦俑並不多讓。（成耆仁撰）

80. 舞者俑 ／高17公分
泥質灰陶，燒成後再上彩繪，造形簡練生動；
原應爲成組成套。國立歷史博物館藏。 （80-71）

81. 農夫俑 ／高121公分
泥質素面。右手寺箄，左手持算，腰間配帶刀斧，短繡芒鞋，
漢代農夫即如此。國立歷史博物館藏。 （80-71）

浪漫神秘的秦漢漆器

秦漢時候的漆器流傳在世的幾乎沒有，文獻上對這種手工藝也甚少描述，使得當時的漆器始終是一個謎。一直要到本世紀中，幾個大型的秦漢墓葬遺址陸續發現，如湖北雲夢睡虎地、湖北江陵鳳凰山、長沙馬王堆漢墓等，挖掘出數量頗多且保存良好的漆器，像湖北雲夢睡虎地前後三次的考古探勘，一共發現了五百六十餘件漆器，質量俱佳，也稍稍解開秦漢時代漆器的面紗。特別是在一九七二年湖南長沙近郊所發掘的馬王堆漢墓，考古人員光是在主要的三座漢墓中，就發現了七百多件的漆器，每件都依照生活需要擺設，而且因為墓穴外圍特殊的白膏泥層層的保護，使得每件漆器都保存良好。

馬王堆漢墓中第一個發掘的一號墓，經過學者的研究，確定是漢朝初年長沙國丞相軑侯利倉的夫人的陵墓。在這裡，考古人員發現了一個漆案上擺設各種餐具，其中包括五個漆盤、一個耳杯、兩個漆卮，盤子上面還殘留著食物。根據《急就篇》注中的解釋：「無足曰盤，有足曰案，所以陳舉食也。」案是陳放食物的器具，沒有足的就叫做盤。這個漆案為了配合當時席地而坐的習慣，足比後來的案還要短，案面的外緣圍著一圈短壁，可以避免湯汁灑出。耳杯上架著一雙筷子。漆卮可以用來裝水或裝酒，是一個豎立的小圓筒，封閉的一邊是底，外有把手，類似現在的杯子。擺設的樣子就像軑侯夫人才剛剛用完這份餐點。

耳杯又叫羽觴，造型很特別，在杯口的兩邊，有兩片半橢圓形或蝴蝶翅膀般的耳朵。《楚辭·招魂》有過這樣的描寫：「瑤漿蜜勺，實羽觴些」，意思是說在羽觴裡裝滿精釀的美酒。馬王堆漢墓出土的一組耳杯，最外面一個耳杯和其他相疊的六個杯口相扣，放在一個特別設計的杯盒中，蓋子和盒身相扣，節省許多收藏的空間。

還有一個雙層九子奩，上層放絲巾手套等物，下層九子盒分別放置白粉、油彩、胭脂等化妝品與粉撲、假髮、梳子等物。可見當時對日用器皿的設計別具巧思。為求輕便，除漆奩底部是木胎外，盒壁與蓋子都是採用麻布夾紵胎。

82. 彩繪雲龍紋漆案「君幸食」盤
　　湖南長沙馬王堆漢墓出土

83. 彩繪雲紋漆杯及盒
湖南長沙馬王堆漢墓出土

84. 彩繪雙層九子漆奩
湖南長沙馬王堆漢墓出土

85. 彩繪漆博具
湖南長沙馬王堆漢墓出土

　　博戲是一種從春秋戰國就開始流行的娛樂，在漢代十分受到人們的喜愛。根據文獻的記載，漢代的幾個帝王都會博戲，甚至在朝廷中還設置有「博侍官」，宴會的娛樂更是不可缺少它。馬王堆漢墓亦發現一組博戲盒，外形像一個有足的方形小案，全部漆上黑色，盒面上用針刻出飛鳥與雲氣的紋飾，打開盒蓋，有一個大小正好可以塞滿盒子的黑漆棋盤叫「博局」，上面有飛鳥與象牙條的裝飾。從博戲盒的底部用木栓從通過盒內的小洞往上頂，就可以順利取出棋盤，盒內除

邊框外都塗上朱色的漆，裡面配合各種籌碼、骰子的大小，分隔成許多小格。

　　戰國時候大部分的漆器是用雕刻挖空的方式製作，不僅要花較多的時間製作胎體，器皿的外壁也無法做得輕薄。有些工匠想到將事先削好的薄木片捲成圓筒狀，裝在較厚的木質底上，使得製作胎體的時間縮短，器具的外壁也較以前輕薄。這樣做出來的木胎，就叫做捲木胎。在秦漢時代普遍受到工匠的喜愛，我們在馬王堆裡發現的漆卮，圓筒狀的外型與筆直的壁面，都是拜捲木胎之賜。

　　另外，在漢代為了追求輕盈的效果，夾紵胎也廣泛地應用在各類漆器的製作上。「紵」是一種麻布，「夾紵」就是利用一層層的漆和漆灰將麻布固定在事先做好的模子上，這些模子的材質可以是木質的、黏土的或石膏的。在麻布上的漆與漆灰乾涸，器皿的形狀也固定後，將內部的模子取出，就完成夾紵漆器的製作。整個器皿只由麻布、漆灰和漆構成，在重量上比起完全木質的胎體要來的輕盈。馬王堆一號幕裡的那件九子漆奩，就是用這種方法做的。

　　在馬王堆出土的漆器裡，有一件漆圓盤，黑色環狀色帶上有紅色色漆描繪的裝飾花紋，盤子中心有紅色的螺旋紋，幾乎對稱，代表著天空中流動的雲氣。雲氣盤繞的中心，用紅色漆寫上「君幸食」三個字，意思是「請您取用盤中的食物」。前面提到的一組耳杯，器皿內面的底部也有「君幸酒」的字樣。利用盛放食物的器皿再一次地強調主人的盛情，透露出漢時招待賓客的殷勤與可愛。

　　有時候在不顯眼的地方，也會有文字出現，有的用漆書寫，有的則是用針刻或直接燒烙。湖北雲夢睡虎地的秦墓裡，考古發掘的一件雙耳長

86. 彩繪豕口形雙耳長盒
湖北雲夢睡虎地秦墓出土

87. 彩繪豕口形雙耳盒上刻「咸包」的部份

盒，盒的外壁和外底部有烙印上「咸包」和「亭上」的字樣。「包」和「上」都是漆的意思，這些字樣說明這件盒子的製作地點是在咸陽地區。除了「咸包」的字樣，在一些秦漢漆器上，也刻有或烙有「咸市」、「咸亭」、「許市」、「成市」、「鄭亭」的字樣，可知當時的咸陽、許昌、新鄭等都是漆器製作的中心。

除了漆器的製作中心外，家族名號也會被刻在這些不顯眼的地方。馬王堆的耳杯盒的上下口沿，都用紅色的漆寫上「軑侯家」，其他的器皿如漆盤、漆匣等也有相同的文字。

秦漢時候的漆器，使用的色彩以黑色和朱色為主。兩個顏色形成強烈的對比，但又不失協調，加上漆本身的光澤，使漆器既莊重又華麗。通常這些漆器使用同一個顏色的漆均勻的塗抹後，再另外用細筆畫出另一個顏色的裝飾花紋。仔細觀察這一個個重複的圖案，有的是雲、有的是鳥的抽象圖案。這些抽象圖案，有的線條輕柔細緻、有的流動奔放、有的層疊纏繞、有的穩重勻稱，把點、線、面巧妙地結合起來，流露出當時生活品味的各種風情。

有時候，漆器上的圖案是簡化的寫實圖案，有魚、有鳥、也有駿馬與壯碩的牛隻。雲夢睡虎地秦墓有一個扁壺，一面畫的是身體前傾、眼睛往前看去、肌肉渾圓飽滿的牛：一面則是畫著向前奔馳的駿馬，同樣是肌肉飽滿，天上還有一隻鳥。雖然兩個圖樣是用很細的筆描繪，但經由牛與馬身上飽滿的肌肉，透露出一種雄壯渾厚的味道。

製作一件講究的漆器，並不如我們想像的簡單。湖北雲夢睡虎地發現的秦代木簡就有這樣的記載，當時專門種植漆樹的漆園，官方有專門的人管理，如果考核被評定為下等，相關的官員會受到處罰，而且連續三年都

88. 彩繪牛馬圖扁壺
湖北雲夢睡虎地秦墓出土

沒有改善的話，就會受到撤職的處分。

從貴州清鎮平霸、甘肅武威磨嘴子和朝鮮出土的漢代漆器的銘文裡，我們可以發現漢代漆器製作有非常詳細的分工。「素工」負責內胎的製作；「髤工」和「上工」則負責上漆，「髤工」處理底漆，而「上工」則處理最後一層漆；「銅耳黃塗工」負責漆器上的銅飾配件；「畫工」的任務就是描繪紋飾；「雕工」可能是負責雕刻裝飾、刻畫文字以及整理磨光完成的器具；「清工」則負責最後檢驗清理。這些製作過程是在「造工」的監督下進行，因此「造工」可以說是整個漆器製造過程的總管。

這些工匠大部分是隸屬各地的「市亭」，這是一個專門負責商業與手工藝製造的官方機構，從銘文裡所出現的官名，學者推測這類的機構有五種不同職位的官員，分別是「長」、「丞」、「橡」、「令史」與「護工卒史」。此外在中央，專門供應皇室生活所需的部門，也負責製作漆器，「考工」、「右工」與「供工」就是這些製造單位的名稱。這些製造單位也有「令」、「右丞」、「橡」、「令史」、「嗇夫」各類的官員。

東漢中期以後，官方對漆器製作的控制不像過去那樣嚴格，私人營運的漆器製造中心漸漸興起，為漆器製作投入另一股力量。東漢末年，青瓷的發明，為大眾帶來價位低廉與燒製簡便快速的器具，昂貴的漆器於是成為富有階級與皇室貴族的專利，使得漆器的製作在後來朝向迎合上層生活品味發展。（李季育撰）

秦漢服飾與織繡

春秋戰國時代，冕服制度混亂。秦滅六國統一中國後即廢除周代的六冕之制（即周代依封建等級所定的六種冠服制度，它們是大裘冕、衮冕、鷩冕、毳冕、絺冕、玄冕）和郊祀之服；「唯爲玄衣絳裳，一具而已」，所有服飾皆以黑色爲主，偶而以紅色搭配。當時掌供御服的是御府令丞，屬少府。至於皇室貴族所用的衣料則多出自關東，特別是齊地東阿縣的繒帛最爲有名，考古發現的秦宮絲織品中有錦、綺、羅、絹、紗等，上面都帶有精美的幾何紋圖案，顯示秦代貴族的服飾種類及用料之多且精。

西漢朝儀服制主要沿襲秦制，東漢初年儒學盛行，明帝永平二年（公元59年）乃根據《周官》、《禮記》、《尚書》等所記載的古禮重訂服制，詔定：凡天子、三公、諸侯、九卿等，均冠旒服冕、玄衣纁裳；天子衣裳飾十二章，冠十二旒；三公諸侯飾山龍以下九章，冠七旒；九卿以下飾華蟲等七章，冠五旒。所謂「十二章」即儒家所追述的上古時代帝王服裝紋

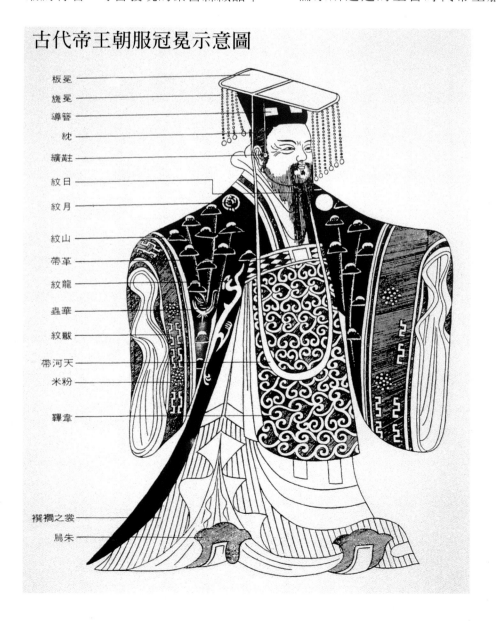

古代帝王朝服冠冕示意圖

板冕
旒冕
導簪
紞
纊莚
紋日
紋月
紋山
帶革
紋龍
蟲華
紋黻
帶河天
米粉
韠韋
襆襉之裳
烏朱

飾，據說創始於黃帝，至虞舜時終發展成定式，它們是日、月、星、山、龍、華蟲（雉雞）、宗彝（杯形祭器）、藻（水草）、火、粉米、黼（斧）、黻（亞形紋）。其意義是：日、月、星光照大地；山能興雲雨；龍能靈變；華蟲寓意華麗多彩；宗彝表示不忘祖；藻象徵文采；火象徵興旺；粉米以養民；黼象徵權力；黻象徵君臣倫理。後世帝王服飾基本沿續此制，只有紋飾數目、布列方式，和搭配顏色有所不同而已。

從近年出土的漢代畫像磚、畫像石和一些帛畫上所描繪的漢人服飾看，當時最普遍的一種服裝大概就是繞襟衣，春秋戰國時便已有這種服裝，叫「深衣」；它分上衣和下裳，分裁後再縫合成一件，看起來就像袍子，《禮記‧深衣篇》所謂「古者深衣，蓋有制度，以應規（袂圓）、矩（領方）、繩（衣裳背後上下縫線成一直線）、權（裳之下擺漸寬似權）、衡（衣擺底部平直），短毋見膚，長毋被土，續衽鉤邊，……可以為文，可以為武，可以擯相，可以治旅。」這在秦漢時代的陶俑上也可以具體得見。有學者認為這種衣服的出現主要是褲子還未發展成熟，待滿襠褲出現後，直裾的袍衫也就取代了繞襟深衣，而成為此後服裝的主要形式。

89. 素紗襌衣 ／長160公分寬195公分
馬王堆漢墓出土。襌衣即不襯裏的單衣。
原件現藏湖南省博物館。

古人服裝隨身份地位而有不同，即如陸賈所謂「奇服文章以等上下而差貴賤」。漢初承秦之敝，物資不充裕，同時統治集團多平民出身，故無法講求；其後經過文景時代的休養生息，社會財富逐漸累積，有錢的人也就開始講究衣著了。這在奉行古禮的儒家來說是很看不慣的，故如賈誼、陸賈等人的文章中多有批評。宣帝時諸儒辨論鹽鐵專賣利弊，亦有儒生提到說：「古者庶人耆老而後衣絲，其餘則麻枲而已，故命曰布衣。及其後，則絲裡枲表，直領無褘，袍合不緣。夫羅紈文繡者，人君后妃服也。蠶紬縑練者，婚姻之嘉飾也。是以文繒薄織，不粥于市。今富者縟繡羅紈，中者素綈冰錦，常民而被后妃之服，婢人而居婚姻之飾。夫紈素之賈倍縑，縑之用倍紈也。」（《鹽鐵論‧散不足篇》），這固然說的是社會風氣，但也反映了當時服飾的發展情形。

麻與絲是當時最主要的兩種衣料。麻是一般百姓最常用的服料，在河姆渡和馬家浜的錢山漾新石器時代文化遺存中曾發現過苧麻草繩織物殘片，周代時便已成為很普遍的織物。許慎《說文解字》謂：苧麻布細者為絟，粗者為紵。史游《急就篇》亦有「服瑣緰呰與繪連」的記載，服瑣、緰呰可與繪帛相比，可能是麻織品中最精細的一種了。馬王堆一號漢墓中曾出土經密每公分三十七根、緯密每公分四十四根的苧麻布，確像絲織品一樣輕柔。

絲是一種奢侈品，至少在漢初以前一直是如此。秦漢時代的絲織生產地主要是蜀和齊，漢代於兩地皆設有三服官以管理其事。《說文解字》上提到的絲織品名稱便有二十種之多，主要有錦、綺、綾、羅、縑、紗、絹、縞、紈、縠、纚等。一九七二

年，湖南長沙東郊馬王堆發掘的一號漢墓便出土了大量的絲織品，達一百多件，有匹端單幅的絲織物四十六段，成件衣服五十八件；就品種言，有絹、紗、羅、錦、綺等；就織造方法看，則有平紋、斜紋，和羅紋；色彩有朱紅、深紅、淺棕、深棕、米黃、深藍、淺藍、藏青、黑、綠等三十幾種之多。相當完整的呈現漢代絲織及印染工藝情況。其中以錦和紗最有代表性。

漢代的錦，是一種「經絲彩色顯花」的絲織品，通稱為「經錦」。其緯線只用一色，經線則多至三色，因此織物的花紋圖案全由經線來表現，同一圖案、同一色彩皆成直行排列。馬王堆的織錦各色各樣，變化多端，最特別的是一種以大小絨圈在織物表面形成浮雕狀凸起花紋的絨圈錦，常作為衣袍的滾邊或貼邊，織法甚為複雜，應是後世絨織物的前身。

紗是一種平紋絲織物，由單經單緯交織，形成方孔的表面，非常輕薄。陝西咸陽秦六國宮殿遺址便發現過紗地的刺繡；馬王堆更出土一件素紗禪衣，衣長一百二十八公分，袖長一百九十公分，整件衣服僅重四十九公克。又出土四塊表面自然縐縮的縐紗，是用兩種不同拈度和張力的拈絲織成的，由於表面呈穀粒狀，所以又稱為穀。如此輕薄的織物應是製作夏服或襯衣的服料。

絲織品在漢代是專供統治階層享用的，漢廷有時也用它作為賞賜，或賞功臣，或賞外蕃；法令還禁止商人穿絲織品。但隨著生產普遍，漸漸的普通有錢人家也照穿不誤，並且有專以販賣絲綢為業者，不然「絲路」怎麼形成呢？

有絲就有繡。秦都咸陽宮殿遺址出土的絲綢遺物中，有些錦和絹的面上隱約可辨識出幾何紋及動物紋組成

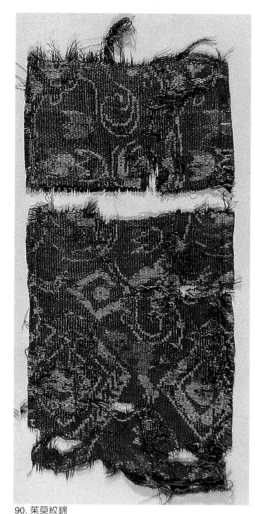

90. 茱萸紋錦
馬王堆漢墓出土，係採用表裏交換的經二重組織。
湖南省博物館藏。

的二方連續圖案。漢代的刺繡實物出土更多，而以馬王堆、甘肅武威磨嘴子東漢墓、新疆民豐東漢墓，及蒙古諾音烏拉古匈奴貴族墓中所發現者較完整。王充《論衡·程材篇》曾曰：「齊郡能刺繡，恆女無不能者。」可見在出產絲品的齊地，刺繡工藝也是很發達的。

漢代繡品實物雖多，但針法只有辮繡和鋪絨繡兩種。辮繡又稱鎖子繡，以整齊牢固為特點，可以表現複雜的花紋，也可以表現簡單的線條。馬王堆的出土物中，有一種稱為「信期繡」的繡品，細線小針，針腳勻，弧度一致，圖案為很多小燕子，故名

「信期繡」。又有一件「長壽繡」，圖案
為雲紋、花蕾，和葉瓣，即茱萸紋
（這是漢代織品上最流行的紋飾），十
分流暢精緻。

一九五九年在甘肅武威磨嘴子發
掘一群西漢末到東漢初的墓葬，出土
各色紗、絹、羅、錦，其中有鎖子
繡，細密程度較馬王堆所出者更過
之；更有鋪絨繡，由小菱紋組成，紋
樣規整、絨圈嚴密，亦比馬王堆的絨
圈錦細緻。還有不少套色印花絹，充
分運用了刺繡和印染技術。當然這些
都不是普遍人家用的織繡品。

男耕女織是古代典型的農業生活
方式，東漢中期後，政府徵稅亦以布
計，稱為「調」，從此織品與穀物變成
了政府賦稅制度中的兩項主要實物，
其演進不僅影響民生經濟的榮枯，也
關係著生產技術的發展。（蘇啓明撰）

91. 萬世如意錦袍
　　東漢織品，新疆民豐縣出土；紋飾為卷雲紋及茱萸紋，
　　中嵌「萬世如意」四字，為典型的經錦織品。

92. 人物蠟染花布殘片 ／長86公分 寬45公分
　　東漢，新疆民豐縣出土；人物作持花佛像狀。
　　此為現存最早的蠟染印花布實物。

其他工藝美術

銅鏡

　　在青銅文化沒落後，銅鏡成為漢代最重要的金屬工藝的代表。它是人們用於照面飾容、修正衣冠的主要用具，是日常生活不可或缺的用品。《說文》段注說：「金有光可照物，謂之鏡。」金就是銅，可以打磨得十分光亮，用來照形取影。在玻璃鏡尚未發明之前，銅鏡就流行了數千年之久。

　　漢代銅鏡的用途很多，除了照形取影之外，還有避邪的作用，這在銅鏡上的銘文中顯示得很清楚，亦因此作為墓葬的明器；此外由於實用及象徵圓滿，銅鏡也常被用作古代女子出嫁時必備的吉祥物。

　　中國銅鏡的歷史非常久遠，可以上溯到約四千年前的新石器時代的齊家文化，在甘肅廣河齊家坪和青海貴南朵馬台出土了一面素面鏡及一面七角星紋鏡，為現今所發現時代最早的銅鏡。

　　到了戰國中、晚期，青銅鏡的使用越來越普遍，並由於當時青銅科技的發達，銅鏡製造精良，紋飾絢麗，是中國古代銅鏡發展的第一個鼎盛期。這種大量生產和廣泛使用，顯示銅鏡的使用已不限於上層階級。

　　雖然在戰國中晚期鐵器鑄造技術迅速興起，導致青銅文化的衰退，許多青銅日用器具逐漸被陶器、漆器取代。但銅鏡的光亮反影效果是鐵製品不能取代的，所以銅鏡並沒有隨之消退，反而有更進一步的發展。

　　西漢時期，隨著國勢強盛，經濟繁榮，銅鏡的鑄造有著蓬勃的發展，成為漢代銅鑄品中最多的產品。特別是漢武帝時代，開始出現新的銅鏡款式，以及銘文的大量出現，使漢代銅鏡工藝更臻極致。此時的銅鏡特徵，

鏡形均是圓形，鏡面光可鑒人，但在銅鏡背面鑄造有各式各樣的紋飾與銘文，紋飾的題材和銘文的內容，既是一種裝飾，又是當時的政治、經濟、思想、文化、社會、生活和風尚的反映，可說是研究漢代社會的重要資料。

　　漢代銅鏡大致上分為紋飾鏡與銘文鏡兩種：

　　西漢早期的紋飾鏡，雖然較戰國時期和秦朝的紋飾，有些許的變化，但仍然延續戰國式的紋飾鏡繼續流行，如山字鏡、龍紋鏡、草葉紋鏡等。不同的是，在銅鏡地紋中出現了織綿紋，而織綿紋又逐步被大渦紋所代替；另新出現了連弧紋等。

　　武帝時，銅鏡鑄造發展蓬勃，銅鏡紋飾發生大變革，銅鏡地紋消失，新的紋飾千變萬化，出現了真正的漢式紋飾鏡，以蟠螭紋鏡和草葉紋鏡最具代表性。中期以後，盛行星雲鏡、昭明鏡和日光鏡。昭明鏡和日光鏡，大約一直延續到新莽時期。此時銅鏡花紋開始以鏡鈕作為中心來對稱布局，通常採用四分法，頗具對稱之美。由於流行長生不老之道，而道家神仙術大興，此時銅鏡中與仙人（羽人）及靈獸有關的紋飾非常流行，導致四靈鏡的出現；而四靈和吉語的結合，也發展出內清四靈鏡的形式。

　　新莽至東漢間，銅鏡邊緣裝飾由折波紋逐漸演變為流雲紋，再轉化為各種禽獸紋。而細線白描也變為淺浮雕及高浮雕，出現了以龍虎紋、神獸和東王公、西王母等歷史故事和神仙故事為題材的畫像鏡。在東漢前期盛行的六博鳥獸紋鏡，或六博四靈鏡，都是典型的漢式鏡。整個漢代期間，最具代表性的銅鏡是連弧紋鏡、四乳四螭鏡、四神規矩鏡、四神禽獸鏡等。其中規矩鏡可說是最能代表漢式風格的銅鏡，現又稱作六博紋鏡，西

93. 織錦地龍鳳鳥紋鏡 ／徑13.7公分
戰國晚期。

94. 五山紋鏡 ／徑17公分
戰國晚期。

95. 常樂未央四乳銘文鏡 ／徑9公分
西漢中葉，銘文為「常樂未央，長毋相忘」。

96. 四乳草葉銘文鏡 ／徑13.7公分
西漢中晚期，銘文為「日有憙，宜酒食，
常富貴，樂無事」。
國立歷史博物館藏（9749）

97. 重圈銘文鏡 ／徑15.5公分
東漢，內圈銘文為「清銅華以為鏡，照察衣服觀容貌，
絲組雜還以為信，宜佳人」；外圈銘文為「如皎光而耀
美兮，挾佳都而無承間，慷驩察而性寧，志存神而不遷
，得并觀而不棄，精昭折伴君」。
國立歷史博物館藏（8336）

方學者稱之爲TLV鏡，這是由於鏡外緣和內區的方框上，有規律地飾有TLV字形紋飾的緣故。

銘文鏡是在銅鏡背面鑄有銘文的銅鏡通稱，大約起於戰國時期，逐漸普及於西漢早期，流行至東漢，盛極一時，數量很多。又分吉語鏡和紀年鏡兩種。

吉語鏡上的銘文，多以漢代流行的吉語爲主，如：〈長樂未央鏡〉銘文有「長樂未央」四個大字；〈銅華鏡〉銘文爲「清冶銅華以爲鏡，照察衣服觀容貌，絲組雜遝以爲信，清光宜佳人。」〈日光鏡〉銘文爲「有日之光，長勿相忘」，常出現於西漢武帝至王莽間的漢墓中，鏡上偶見草葉紋飾。〈昭明鏡〉銘文爲「內清質以昭明，光輝象夫兮日月，心忽揚而願忠，然雍塞而不泄。」〈家常富貴鏡〉鏡背有「家常富貴」四個大字，並有丁紋。〈相思鏡〉鏡銘爲「長相思，樂毋事，日有憙，宜酒食。」〈清白鏡〉鏡銘爲「潔清白而事君，怨陰驩之弇明，煥玄錫之法澤，志疏遠而日忘，愼糜美之窮皚，外承歡之可說，慕窈窕於靈泉，願永思而毋絕。」約流行於西漢晚期。〈尚方鏡〉鏡銘爲「尚方作鏡眞大巧，上有仙人不知老，渴飲玉泉。」有漢代流行的神仙思想。〈知人情鏡〉鏡銘爲「見上下，知人情，心志得，樂長生，大而光，明而青，涷石華，口之清。」〈富貴昌鏡〉鏡銘爲「富貴昌，宜君王，樂未央。」爲東漢早期鏡。此外還有一些姓氏鏡，其鏡銘有私人的姓氏出現，如「杜氏鏡」鏡銘作：「杜氏作鏡大毋傷，新有善銅出丹陽，涷冶銀錫清如明，左龍右虎群不祥，長富樂未央。」

紀年鏡也是銘文鏡的一種，只是在銅鏡背面的銘文中記載有鑄鏡的日期，類似今日書畫上所稱的「年款」或「款識」。紀年鏡大約開始於西漢晚期，流行於東漢時期。目前所發現最早的紀年鏡是西漢時的〈居攝元年鏡〉（公元76年）。紀年鏡由於有鑄造的年款，對於銅鏡的斷代研究有重要的價值，特別是在考古上，對於紀年鏡共出的墓葬之斷代，有極大的研判依據。

紀年鏡的「年款」，有些只紀年，有些紀年月，更有紀年月日者。但今日研究者發現，除了紀年可靠外，紀月日者，卻常是爲了順應鑄鏡的吉月吉日。如許多紀年鏡都記「五月丙午造」，但實際上是不可靠的。

銅鏡上銘文的佈局與排列，常與紋飾相雜相生，於是有些是以紋飾爲主，銘文居於次要，這種佈局很多，常在龍紋鏡、草葉紋鏡及博局鏡上看到。但也有銘文居於中心主要位置，自然使銘文成爲主體，如〈清白鏡〉、〈昭明鏡〉、〈長樂未央鏡〉、〈銅華鏡〉、〈日光鏡〉等可爲此類鏡的代表。

銅鏡的鑄造，與青銅文化所發展的鑄造技術同步，由於銅鏡的形式是屬於平面的，只需要用簡單的雙合範，就可以鑄造，相較於商周青銅禮器的繁複鑄法，技術上相當簡易。古代鑄鏡方法有陶範及失蠟法兩種，用陶範製造的年代相當早，而失蠟法則見於戰國時代，比用陶範鑄造的技術更爲進步。失蠟法，是先用陶範或石模翻出鏡的蠟料模型，再在蠟模上敷塗泥料，成爲整個泥範，灌注銅的高溫溶液，即可鑄成。失蠟法使用蠟模，能鑄出極爲精細的紋飾；這種技術，使得銅鏡紋飾邁向更精緻的發展。（楊式昭撰）

碑刻

碑刻原有永久紀念性的功用。或刻在山崖石壁上（稱摩崖），或刻在石塊上再立起來，也有置於墓中的（稱

98. 漢熹平石經碑石殘片 ／長49公分 寬48公分 厚5公分
國立歷史博物館藏（8361,8362）

壙誌）。中國最早的碑刻為戰國時代的秦石鼓及中山國的監囿守丘石刻。秦始皇統一天下後到處巡視，曾在河北、山東、浙江等地刻石為紀，今所傳「泰山」、「琅琊」即其中的二種。兩漢碑刻發達，傳世甚多，以下僅介紹史博館所藏的「熹平石經」、「漢紀三公山碑」，和「白石神君碑」。

　　東漢靈帝熹平四年，蔡邕受詔講經，與當時大學者楊賜等人奏請皇帝，准以各經的善本正式確定《易經》、《書經》、《魯詩》、《儀禮》、《春秋》、《公羊傳》及《論語》等七部經書的文字。並由當代書法家以紅字書寫在石碑上，再命工匠鐫刻，前後經營九年始大功告成；共有高十一尺、寬四尺的石碑四十六座，分別樹立於洛陽開陽門外的太學門前，作為經文和文字的範本，可惜在漢獻帝年間，因為董卓之亂，多數石經遭到損壞。

　　史博館典藏的兩塊「熹平石經」殘石，內容為《公羊傳》的部份，不僅可以讓人了解古人以為石經春秋僅有傳而無經文的疑惑，也讓後世學者明白《公羊經》的文字與左兵明所撰寫的《穀梁經》不同之所在。這兩塊

殘石也可以做為漢代在國學發展上的代表，碑石上的文字亦可從中欣賞漢隸的文字之美。

　　東漢安帝元初四年時，隴西的馮君出任常山國（在今河北省境內）宰相，當地因遭蝗害與旱災而飢饉疲弊。在常山國西邊遠處有一座「公御語山」，山裡面的山神十分靈驗，但自從西羌經常擾亂邊境，加上天災連年，幾年來地方官都沒有祭祀山神。當時民間謠傳，天候不正常就是這個原因。可是，國王想要祭祝，無奈前往三公山中間的路途難行，無法經常祭祀。馮君就在常山國治所（元氏縣）東邊的衡山透過占卜找到一塊地建造了一座神殿，誠意地請三公山之神在神殿受國家和百姓的奉祀，天空忽然降下甘霖百姓也豐收，人民解除了饑困。常山國及元氏縣之官員遂立「漢祀三公山碑」來紀錄這段事情，表彰馮君當宰相的功績。

　　碑文最前面的「元初四年」中的「元」字已經模糊不清，但大致可認出來，而碑文中寫著「遭離羌寇」與「蝗旱鬲并」等事實，均與《後漢書》的記載符合，所以可以認為是元初四年所刻的。

清代的書法家翁方綱曾經評論碑文上的書寫體式，雖然是篆書的寫法，但卻有由篆漸漸轉入隸書的筆法；帶有篆書圓筆彎轉曲折的筆意較少，而屬於隸書方筆的意味則較多。清朝的鄧石如、陳洪綬等書法篆刻家也都喜歡學習「漢祀三公山碑」上的字體。

「白石神君碑」則是常山國宰相馮巡、元氏縣令王翊等官員，在漢靈帝光和六年所立，用來歌頌「白石神君」曾經顯靈應驗了百姓的請求，發揮神明的德澤。碑文總共有十六行，每行三十五字，有「白石神君碑」五字之篆額。碑上的書法，宋代洪適《隸釋》中評論說：「雖布置整齊，纖毫無漢字氣骨，與魏晉間之碑完全相若。或為後人用舊文再刻者。」洪適的意思是懷疑這篇「白石神君碑」文並非漢代人所刻；他認為通篇文字沒有漢代書法的厚重感，反而看起來纖弱許多，比較像魏晉南北朝時期的書法體式。但也有和洪適意見相反的，如翁方綱在《兩漢金石記》中便反駁說「白石神君碑」確實是漢代所刻，

100. 白石神君碑拓片 ／長126公分 寬69.5公分
國立歷史博物館藏（10644）

他解釋說：「此碑之書法專主方整，在漢隸中為最潔齊者。而風骨之遒勁，似尚在校官碑隸法之上」，對它的評價頗高。

從刻石拓本分析，帶有八分而方整的書法風格，非常注重運用毛筆的力量，每個字的筆劃都謹慎小心地表現出硬朗剛健的筆意；加以每個字的結構稍帶長形，在漢碑的文字形式中算是相當珍罕的。第一行額首所刻的五個篆字則與此相反，係以粗筆書之，頗有沈厚之趣。

此碑的原文是：「巖巖白石。峻極太清。皓皓素質。因體為名。惟山降神。髦士挺生。濟濟俊義。朝野充盈。災害不起。五穀熟成。乃依無極。聖朝見聽。遂（興）靈宮。于山之陽。」可以看出，當時的人對山神的敬意和百姓感激山神賜給他們安定的生活。

漢碑上的文字代表著漢代文學、書法藝術的深度，同時表現了漢代精緻文化的內涵；尤其是「熹平石經」更是後世研究文字學、訓詁學的重要文物。而「白石神君碑」和「漢祀三公山碑」更讓我們體會漢代的神仙思想在一般百姓心中是深信不疑的。

（胡懿勳撰）

99. 漢祀三公山碑拓片 ／長148公分 寬69公分
國立歷史博物館藏（10647）

漢綠釉及其反映的漢人生活

漢綠釉是一種鉛釉陶器，約在西漢中期出現。除中原及關中地區外，西至甘肅，北達長城，東到山東沿海，南至湖南、江西、四川等地均有出土。係用普通陶土作胎，多作紅陶顏色，如上釉則呈深綠、淺綠或醬褐色等。釉層清澈明亮，燒成溫度約在800℃左右，胎釉一次燒成。釉陶能在低溫中燒成，主要原因是釉中配有大量的鉛所致。

漢代的綠釉陶多作為明器，其造形內容非常豐富活潑，舉凡倉、灶、井、水碓、磨、燈、陶樹、豬圈、雞籠、樓亭、池塘、望樓等各種日常生活的素材，都在製作之列。相當地反映漢人的社會情狀。

如亭樓，漢代的各種階層體制中均有亭樓的建築形制，例如：軍壘、里、店市、郵亭等等。漢制五里一

101. 加彩陶油燈 / 高86.5公分

八盞燈座分四層布置，每層各有一個神話主題，相當反映漢人的精神世界觀。

國立歷史博物館藏（84-499）

郵，十里一亭，十亭一鄉。建造亭樓主要是為防禦、觀察、標站，並且可以居住，甚至生產。亭樓的建築可供住宿，因此，通常旁邊亦有廚房以供應飲食，《史記》〈黃霸傳〉記載：「郵亭鄉官皆畜雞豚」；顧炎武《日知錄》亦云：「亭有居舍如今之官舍，有城池如今之村堡，有人民如今之鎮集。在城旁者曰都亭，在城門者曰旗亭。」因此，明器中的亭樓建築，有時亦表現出蓄養家禽和魚類的水池。

基本上，漢代對於建築形式和規模有嚴格的規定，根據《初學記》的記載，古代列侯王公的食邑若不超過萬戶則不能夠建造稱為「第」的房屋，如果房舍建築在以「里」為單位的社區之中，也都不得稱為「第」，一般百姓的屋宇只能稱之為「宅」或「舍」，形制是所謂的一堂二內，也就是一個正廳加上兩個房間。有些漢代綠釉屋正符合漢代平民居舍的「一堂二內」格局，分為正廳及左右廂各一個房間，很能表現漢代質樸古拙的藝術風格。

又如磨房，磨房又稱碓房，「碓」是用腳踩起然後放下的石製舂米具，「磨」是張騫通西域時，從西域引進中國的。「磨房」是指放置碓、磨等工具，由工人舂米供應一般人生活需要的工作坊。這種工作坊的型態顯示漢代農產品加工量產的情況，也標誌著飲食方式的部份改變。一般而論，漢代明器有許多是在象徵地主、貴族、王公等（也就是墓室主人）生前的財富，所以磨房也可能是有錢人家或者貴族的財產；專門為主人生產米麵的地方。

就飲食習慣而言，西漢時期的飲食比起先秦時期要進步許多，一般在宴席上是食物放在中間，眾人圍繞食物席地而坐。當時餐具雖也有筷子；據說筷子是根據鳥的尖嘴而發明的食

102. **綠袖水榭模型** ／高97公分
榭原是古代舉行射禮的樓台，
周代便有此種建築。漢代發展
為一般民居，其最上層為瞭望
所，有警戒功能；中層住人；
下層養雞羊。本件綠釉模型即
非常寫實的反映漢代民居樓亭
之一斑。
國立歷史博物館藏（84-574）

具，但不少地區的人仍習慣用手捏
飯。吃肉則是將鍋中煮熟的肉用小刀
子拿出來，放在俎（砧板）上，再把
俎移到客人坐的席上，用刀割著吃。

漢代的人都是盤著腿席地而坐，一張
席只能坐兩個人，才符合規矩，今日
漢畫像石中仍能看到這種手、刀並
用，邊割邊吃的情景。

103. 搖錢樹 ／高103公分
底座為陶塑蛤蟆，樹身為青銅鑄造，有招財之意。
搖錢樹的神話起源於西南少數民族，東漢時甚為流行。
國立歷史博物館藏（85-11）

　　西漢後期，飲食器具出現了「案」，人們生活習慣又有所改變。「案」是放置碗、盤、杯、箸的食具。一般案多為漆製品或木製品，形如托盤，下有腳，以便放置，有點像我們現在用的小茶几。宴席時，先將食器放在案上，然後將案擺在席上，供客人品嚐。漢人所用的酒器、餐具，主要有尊、杯、勺、碗、盤等。漢樂府〈隴西行〉謂：「請客北堂上，坐客氈氈氈，清白各異樽，酒上正華疏。」詩中所謂的「華疏」即指勺柄，因其上刻有各種圖案花紋故名。「勺」在飲宴中的功能，是供主人從樽中將酒舀給客人用的器具。勺除有陶勺、銀勺、銅勺外，尚有漆製的「漆勺」。

　　另一種與飲食有關的明器是灶，到目前為止，兩漢墓葬出土的「灶」數量豐富，種類也多。以釉色言有褐黃釉、綠釉、灰陶、紅陶等；以形式言有長方形灶面及曲尺形灶面；出火

的孔一般稱為「眼」，有單眼、雙眼或三眼。有些灶後緣有擋壁，但也有無擋壁者；儘管種類繁多，但它們的基本構造並無差別。考古資料顯示，「灶」出土時多半伴隨著大量西漢晚期的五銖錢和具有西漢後期特徵的器物，如倉、罐等，顯示灶盛行於西漢晚期，至東漢仍流行。

　　漢人飲食習慣，繼承了先秦「鐘鳴鼎食，以樂侑食」的風尚；也就是說，用鼎煮食物邊吃著筵席，邊奏樂，並有舞者娛樂大眾的表演節目。《藝文類聚》引古詩云：「玉樽延貴客，入門黃金堂。東廚具餚膳，椎牛烹豬羊。主人前進酒，琴瑟為清商。投壺對彈棋，博奕並復行。」由於漢代律法規定，三人以上不得群聚飲酒，但遇皇帝恩詔賜則可以不禁止。許多大宴會都安排有樂舞，《漢書》〈王式傳〉說：「諸大夫博士共持酒肉勞式，式謂歌吹諸生云云」。說明當時宴會中一定有舞者為主人祝壽或祈福，所以幾乎大家都會跳舞，跳舞成為交際禮儀中所不可少的活動。如《史記》〈項籍傳〉中便記載：「軍中無以為樂，請以劍舞」，軍隊裡沒有娛樂的時候，大家就跳起劍舞來作團康活動。漢代大學者應劭描述長安定王的宴會場面說：「諸王來朝，有詔更前稱壽歌舞。定王但張袖小舉手，左右笑其拙。」可見連諸侯王都能夠隨著流行跳一段呢！漢代國家宗廟的舞蹈儀式仍沿襲古代，而漢人自己創的舞蹈則有「鞞舞」，是手上拿著小鼓起舞，此在綠釉陶及眾多陶俑中都可見到。（胡懿勳撰）

魏晉南北朝

魏晉南北朝

　　魏晉南北朝（公元220年至588年）是我國歷史上一個戰禍連年，殺伐不斷，社會擾攘的時代：主因於東漢末年王權衰落，綱紀崩潰，加上天災與瘟疫，尤其北方胡人於黃河流域擁地自重，形成所謂五胡十六國的局面。當時社會長期動盪，人民四處流竄，向南遷徙，經濟文化飽受摧殘與破壞；惟獨相繼建都於江南金陵的吳、東晉、宋、齊、梁、陳尚能保有偏安局面，文風熾盛，史稱「六朝」。

　　魏晉南北朝雖是一個大動盪的時代，但民眾四處遷徙，卻也助長文化融和的機會，加上海陸交通大開，外國文化輸入，不論在觀念與技術上都直接產生影響；以洛陽為例，《洛陽伽藍記》記載當時外族如印度人、日耳曼人等擁地雜居者萬有餘家，文化交流頻仍，直接促進了文物的更新與發展。

　　魏晉南北朝的文物非常豐富：三國時代就有獨立的「百工」，東晉以後實施番役制度，南朝更有納資代役者，工藝製作普通深入民間，頗有百花齊放之勢，傳統工藝中尤以瓷器、織繡、漆器最稱著名。

　　另方面，由於時代混亂，人民追求精神慰藉，給予宗教發展空間，上自帝王公卿，下至販夫走卒，普遍興起篤信宗教的風氣，於是建窟立寺，盛況空前。西北石窟中有名的大同雲崗、洛陽龍門及敦煌莫高窟均建於此時；南方寺院則正如杜牧所謂「南朝四百八十寺，多少樓台煙雨中」，十足道出當時宗教的盛況。

　　就文物的風格言，本時期除了某些文物仍延續傳統概念外，復由於外來文物及工藝家的參與製作，形式揉和了西域犍陀羅及印度、波斯等風格，於是產生了鮮活的創造力。

妙諦莊嚴的佛教造像

　　佛教信仰在隨著社會的擾攘而漸次普及，經典陸續翻譯，造像風氣大興。造像中以石窟造像、金銅像、夾紵漆像、玉石像為代表：其中石刻造像及泥塑彩繪像與壁畫形成中國文物史上不容忽視的一環。

敦煌石窟

　　中國石窟寺造像最早隨著絲路文化的傳播在新疆地區出現，如拜城的克孜爾石窟等是，至於境內大規模的石窟造像則起於前秦符堅建元二年（公元366年），時有樂僔沙門者，在敦煌鳴沙山之崖，開造第一個石窟，此即所謂的「莫高窟」；北涼王沮渠蒙遜為表其功業，相繼在涼州南百里山崖鑿窟塑像。北涼於大延五年（公元439年）為北魏所滅，其族人安周逃至西域，於高昌為王，但鳴沙山經北魏、北周、隋唐各朝繼續擴建，至唐聖曆年間，西自九隴坂，東至三危峰，總數達千餘窟，故謂「千佛巖」。民國年間敦煌研究所成立，遺存者依序編號計四百九十二窟，或塑或繪，分佈在大泉河西側鳴沙山前近一公里的崖面上，有二千四百多尊塑像及四萬五千平方公尺的壁畫；二十世紀末，考古學家復於附近從事發掘，使其窟洞數量多達八百個左右。清朝末

年英人斯坦因爵士、法人伯希和博士等人由王道士引導，進入莫高窟，竊去藏經洞中古畫及古文書數千件而歸。

敦煌地質為砂礫岩，不宜雕刻，故造像以泥塑及彩繪為主，石窟中遺存最早的石窟如第二六八、二七二、二七五等三窟，均為北涼沮渠蒙遜時所掘，其後的北魏有十二窟，西魏有七窟，北周有十四窟。北涼的窟形與造像單純，多為禪修窟，中有中心塔柱。主尊塑於柱的正面龕，多為交腳坐式彌勒菩薩像，頗富中亞細亞的樸實靜謐之美，稱為「北涼模式」。北魏如第二五九窟的禪定佛，在樸實沌淨中表現著喜悅與嫻雅的氣質。孝文帝太和年間實行漢化後，將中原風格傳入河西，造型或頭戴花冠，天衣結帶，或對襟袈裟，一派漢式新風格。其後北周的塑像造型愈形圓滿秀麗，舉止婉約，顯示其受中原風格影響之一斑。

炳靈寺石窟

除了敦煌之外，黃河上游的甘肅永靖炳靈寺也是中國最早開鑿的佛教石窟之一，現存最早留有題記為編號第一六九窟的西秦建弘元年（公元420年）銘文：該窟位於高四十五公尺的峭壁上，主尊為泥塑的無量壽佛，結跏趺坐蓮座上，臉形豐腴，束髮而大眼，著半披肩袈裟，臉部技法以白粉舖底，再以墨線畫眼眉及鬚髮，線條流暢，頗有西北地域色彩。到了北魏時期受中原影響，內容以《法華經》為主，以釋迦多寶並坐為主尊，如第一二八窟；或一佛一彌勒，如第一二六窟，褒衣博帶，閑適自在，顯受北魏孝文帝漢化政策之影響。其後的西魏與北周時期作品，容顏與手法無不反應其優美舉止與神全氣足的神采。

雲崗石窟

北魏太平真君五年（公元446年），太武帝大舉滅佛，然太子晃將詔書延緩宣布而為害稍輕，文成帝即位，復發明詔，令諸州郡縣各建一寺，並修佛像，大安元年召僧曇曜為僧統，遍興佛教，並於當時首府代都（今山西省大同市）之雲崗造窟五所，名曰靈巖，是為「曇曜五窟」（今編號第十六至二十窟），其後陸續營造達一公里餘，現存共四十五窟，佛像雕刻五萬一千多尊，最大的高十七公尺，費時六十多年才完成，為北魏藝術的鉅製。一般學者喜將雲崗石窟的演變分為三期：第一期為文成帝和平年間（約公元460年至465年），範圍從第十六至二十窟，即「曇曜五窟」，內容以《法華經》及三世佛為主，主尊依次象徵文成帝至道武帝的五位皇帝，故其臉相稍扁，唇略厚，鼻高而尖，眼稍凸，頤厚肩張，有鮮卑族特點；龕內空間適應禪修觀像，以「值遇彌勒」為目的，故中心有柱，各面刻以釋迦牟尼、三世佛、賢劫千佛、多寶佛等，風格稜角清楚，參和了犍陀羅、印度摩偷羅及涼州模式，並豎立了遊牧民族本身持有的堅定粗獷之美。

第二期為孝文帝遷洛前期（公元465年至495年），此時期由於孝文帝推行漢化，佛像造型受中原文化影響，稍顯華麗且富逸趣，如佛多寬衣博帶，菩薩或帔帛大裙，與南方常服頗多相通；內容與前期類似，卻增添鳩摩羅天、摩醯首羅天等造型奇特的題材，手法也更為成熟，繁縟而活潑。史博館藏「北魏曹天度九層千佛塔」作於公元四六六年，即屬此時之產物，其下層主龕為釋迦多寶並坐，背面主龕為彌勒菩薩，其上廣雕千佛，誠曇曜五窟繞塔禪修觀念的延伸，為現存最早最完整的石塔遺存。

104. 北魏曹天度九層千佛塔 ／高103公分
砂岩質，北魏天安元年刻製，原藏於山西朔縣崇福寺，
民國二十六年為日本劫去，抗戰勝利後歸還我國，
原塔頂現仍遺崇福寺中。國立歷史博物館藏（7032）

第三期爲孝文帝遷洛至宣武帝時期（公元494年至524年），此期之政經中心雖已南移，但平城仍爲北都要地，造像持續不斷，只是規模減小，風格受漢化影響，造形清秀，坐佛衣褶覆蓋坐台，門楣及龕壁愈趨纖柔含蓄。

龍門石窟

孝文帝太和十八年由恒安遷都洛陽後，即於洛南三十里之伊闕龍門山崖興鑿石窟寺，此係承帝之意爲其再從兄弟宗室之比丘慧成所經營者，是爲「龍門石窟」。該窟截至北魏分裂（公元534年）止，四十年間鑿洞造像，數量在百龕以上，最具代表者有古陽洞與賓陽洞，至東魏期間尚有蓮花洞等。古陽洞開鑿最早，由於屬石灰岩質，硬度高，刻紋細膩，所作龕楣分尖拱、圓拱、盝拱等狀；大小佛像呈秀骨清像風格外，頭光背光均與龕楣一樣，並舖陳豐富生動的佛傳故事、天女、供養人等各式造形與圖案，達到完美而統一的裝飾性效果。龕間的造像題記無數，其中大都書法俊美，如所謂的「龍門二十品」等，爲北碑之瑰寶。

賓陽洞呈三龕式三世佛表現，主尊佛方頭圓額，眉眼明朗，溫雅成熟，衣著造形皆爲漢化後之代表，影響所及，除洛陽附近外，河西、隴東、隴南皆有其流風。至於蓮花洞、魏字洞、路洞等均顯示了「秀骨清像」與「寬衣博帶」的特色，惜因遭受嚴重破壞，令人不勝噓唏。

麥積山石窟

龍門、雲崗的造像風格除了影響到敦煌，也影響到天水的麥積山石窟。該窟「建於姚秦，成於元魏」，北周繼之，唐代以後漸趨沈寂，因位於甘肅天水河西走廊東南的礫岩地區，

山高陡峭，往往凌高架設飛棧雲梯，逐洞鑿成，洞內洞壁佈滿大小佛像，大多以泥塑彩繪成之，惜氣候潮濕，彩色至易剝落。早期塑像在造型風格上與敦煌、雲崗略似，而頸部稍長，更顯清瘦特色，菩薩不再袒裸上身而改著圓領衫，愈覺其華貴端莊。北周以後以第四窟的七佛閣爲代表，石胎泥塑的千佛羅列崖面，至爲壯觀，其風格多粗壯而渾厚，具北方純樸之美。

北朝末期的石刻與佛造像

離洛陽不遠的河南鞏縣也有北魏後期石窟五個，以及三尊摩崖大像與大小佛七千多尊。全窟作中央塔式，與雲岡風格類似，整體規劃疏密有致，頗有空間感，題材仍以《法華經》的三世佛及千佛爲主，夾雜帝后供養圖等，主尊顏面豐腴，上眼簾飽滿而下唇上懸，頗有靜謐直率的美感，脅侍菩薩則多作恬靜自在，傳神於靜默之中；惜因石質鬆脆，頗多風蝕，史博館所藏「菩薩頭像」一座，略見其風格。

105. 交腳菩薩　/ 高37公分
　　石灰岩質，傳出自龍門石窟，頗具北魏時代特色。

北魏之石窟造像遍及東南西北四境，除上述外尚分布於慶陽、酒泉、張掖、涇川、廣元、博興等地。北魏文帝在位期間每月造佛像一軀；其後的東魏高歡遷都鄴城後陸續興建，如南北響堂山即其代表，窟寺分中心柱式與三壁三龕式兩種，前者仿自雲崗，重在禪修，以北響堂山第七窟為代表，造型華美有力；後者於窟內正面及左右各壁各作一龕，龕底築壇，壇上寶座雕造佛像，像貌魁武，樸拙有力，惜遭嚴重破壞；其後的北周在各窟中均有增建，對個體石雕尤多影響。

個體石雕以釋迦三尊像、釋迦多寶並座像、彌勒像等為主，形式除圓雕像外，也作背屏式，或作碑像，或作像塔式諸多表現。各式造形足可反映當時各式各窟樣式，史博館所藏「北齊菩薩立像」即屬北方風格，像身

107. 四面佛龕像碑 ／ 高84公分
砂岩質，龕形以尖拱統一，規劃小巧明確；佛像以薄翼線雕處理，身後深凹，形成明顯對比；龕旁銘文布置頗見巧思。具樸實之趣，為北齊時期作品。國立歷史博物館藏（87-50）

106. 菩薩立像 ／ 高106公分
石灰岩質，北齊時期作品，技法圓熟，造型清純端正，具素雅飄逸特點。國立歷史博物館藏（83-71）

俏長，儀態端正，天衣帶裙自然下垂，頗有女性清純婉約之美。「北齊武平七年張解等造佛七尊像碑」為山東附近出土，碑首原有立佛已毀，碑身分三層，上層七尊，中層為彌勒三尊，下層為供養圖，結構嚴謹，技法純熟深刻，背面有造像記五百餘字，為北齊造像之表徵。「北齊四面佛龕像碑」以砂岩刻成，各面均開三龕，正背面各龕均為佛坐三尊像，右面各龕為歡喜佛、阿閦佛、登明佛；左面各龕為定光佛、彌勒佛、無量壽佛，其中彌勒支頤半伽坐，簡潔生動。「四面千佛像柱」可能為寺院列柱之一，柱底三面開龕作三尊造像，或坐或立，其上整齊排列千佛坐像總計七百五十五尊，刀法利落，一氣呵成，為北朝末年之重要文物。碑像石像之

108. 北齊武平七年張解等造佛七尊像碑 ／高132公分
石灰岩質，碑形題材豐富，結構嚴謹，雕法樸素有力，
銘文尤富考古價值。國立歷史博物館藏（84-559）

製作至北齊達於頂峰，有用太白山之玉石、藍田之青石者，所造形式率多創見；蓋東晉之末，華嚴、法華、維摩、阿彌陀等經均已譯成中文，其後北周繼之，佛教造像別開生面，並影響於金銅佛之造像，間接促進其他文物之發展。（黃永川撰）

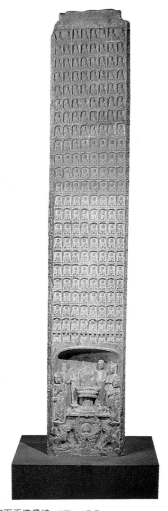

109. 四面千佛像柱 / 高200公分

　　石灰岩質，北齊時期作品，原為廟龕列柱，除下段作佛龕精雕立坐佛像外，餘四面皆雕坐佛，頗有氣勢。國立歷史博物館藏（84-584）

風采各殊的書法藝術

　　從漢字書法的發展上看，魏晉是完成書體演變的承上啓下的重要歷史階段，是篆隸眞行草諸體咸備俱臻完善的一代。迄今爲止的方塊漢字之基本形態在這時期定型；或許可以說隸書產生、發展、成熟的過程就孕育著眞書（楷書），而行草書幾乎是在隸書產生的同時就已經萌芽了，但眞書、行書、草書的定型是在魏晉二百年間。它們的定型及美化無疑是漢字書法史上的巨大變革。

　　這一書法史上了不起的時代，造就了兩個承前啓後，巍然綽立的大書法革新家，即鍾繇與王羲之。他們揭開了中國書法發展史上新的一頁；樹立了眞書、行書、草書美的典範，此後歷朝歷代，乃至東鄰日本，學書者莫不宗法「鍾王」；盛稱「二王」（王羲之及其子王獻之），甚至尊王羲之爲「書聖」。

　　鍾繇（公元151至230年）字元常，三國魏穎川（今河南許昌）人。因爲做過太傅，世稱「鍾太傅」。他的書法，以曹喜、蔡邕、劉德升爲師，博採眾長，兼善各體，尤精小楷。結構樸實嚴謹，筆勢自然，開創了由隸書到楷書的新貌，和晉代王羲之並稱「鍾王」。他的書法歷來爲人所重視，然其眞跡早已失傳，宋代以來法帖中所刻的小楷〈宣示表〉，〈薦季直表〉等都是晉唐人臨摹本。筆法質樸渾厚，雍容自然，天趣盎然，妙不可言。

　　王羲之（公元307至367年）字逸少，琅邪臨沂人（今屬山東）。官至右軍將軍及會稽內史，故後世稱爲「王右軍」。他出身於兩晉的名門望族。十二歲時經父親傳授筆法論，「語以大綱」，即有所悟。從當時著名的女書法家衛夫人學習書法。爾後渡江北遊名

山，博採眾長，觀摩學習，達到了「貴越群品，古今莫二」的高度。其楷書如〈樂毅論〉、〈黃庭經〉、〈東方朔畫贊〉等在南朝即膾炙人口，對後世影響很大。

王羲之在書法史上是個革新家，其主要成就表現在行書和草書上。他把散見於前代、當代的書法作品中的一些用筆、結字優點，融合統一在一種嶄新的書法作品中。如最負盛名的作品〈蘭亭集序〉，是王羲之於東晉永和九年（公元353年）三月三日和一些文人舉行「修禊」宴會上，為他們的詩寫的序文手稿；共二十八行，三百二十四字，章法、結構、筆法都很完美，是他三十三歲時的得意之作。後人評道「右軍字體，古法一變。其雄秀之氣出於天然，故古今以為師法。」因此，歷代書家都推〈蘭亭集序〉為

「行書第一」。此外一些摹楊的佳本，如〈快雪時晴帖〉，在《石渠寶笈》所收晉人三帖中號稱「三希」，並列於首位。〈孔侍中帖〉和〈頻有哀禍〉亦為王羲之行書，二帖連為一紙，現藏日本前田育德會，與〈喪亂〉、〈二謝〉、〈得示〉三帖同為唐代流入日本的王羲之名跡摹本。〈頻有哀禍〉及〈孔侍中帖〉在活潑的行書筆意中帶有凝重之感；在章法結體上又顯示出欹側取妍的藝術效果，有奇宕瀟灑之致，是王羲之所創造的最新體勢的典型作品。草書作品則有〈十七帖〉，墨跡已佚，僅有摹刻本傳世，前人評為「筆法古質渾然，有篆籀遺意」；也有人認為帖中字帶有波挑的筆勢，字字獨立不相連屬。這正表明他善於「兼撮眾法，備成一家」，所以才能形成他獨具風範的書體。

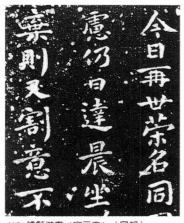

110. 鍾繇楷書〈宣示表〉（局部）

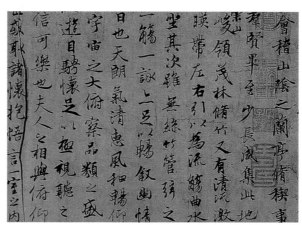

111. 王羲之行書〈蘭亭集序〉（神龍本局部）

112. 王獻之草書〈中秋帖〉

113. 王洵草書〈伯遠帖〉

114. 智永四體〈千字文〉（淳化閣帖）

王獻之（公元344至386年）字子敬，王羲之的第七個兒子。官至中書令，世稱「王大令」。他的書法，兼精楷、行、草、隸各體。幼時從他父親學書，後來取法張芝，別創新法，自成一家，與父齊名，人稱「二王」。南朝人多崇尚他的字。他的楷書以〈洛神賦十三行〉為代表，用筆外拓，結體勻稱嚴整，如大家閨秀，姿態嫵媚雍容；其行書以〈鴨頭丸帖〉最著，共十五字，是王獻之給友人的便箋，全帖用墨枯潤有效，節奏起伏和氣韻變化自然；草書名作有〈中秋帖〉，為列為清內府「三希」之二，筆劃連續不斷，世稱「一筆書」。〈洛神賦〉是小楷作品，筆法中不再帶有隸意，字形也由橫勢變為縱勢，已是完全成熟的楷書之作。

王洵（公元350至401年）字元琳，小字法護，臨沂（今山東臨沂縣）人，官至尚書令。他是王羲之的族侄，其父王恰，其祖父王導均善書，所以史稱「三代以能書稱，家範世學，洵之草聖，亦有傳焉。」其草書〈伯遠帖〉，一直被後代書法家、鑒賞家、收藏家視為瑰寶，因為它是十分難得的東晉名人書法真跡，亦為清宮「三希」之一，現藏故宮博物院。

晉至八王之亂，王室內訌以後，國勢逐漸衰微。在北方，隨著西晉的滅亡，形成了「五胡十六國」的混亂局面。後拓跋氏結束十六國，建立北魏，促成了一百四十九年的相對統一，是為北朝。晉室東遷至滅亡，從公元三一七年至公元四二〇年，則為南朝。此時書法，也繼承東晉的風氣，上至帝王、下至士庶都非常喜好。南北朝書法家燦若群星，無名書家為其主流。他們繼承了前代書法的優良傳統，創造了無愧於前人的優秀作品，也為形成唐代書法百花競妍群星爭輝的鼎盛局面創造了必要的條件。

這一時期主要書法家有智永，他是王羲之的七代孫，王羲之第五子王徽的後代。馮武《書法正傳》說他住在吳興永欣寺，幾十年不下樓，臨了八百多本〈千字文〉，給江東諸寺各送一本。「退筆成塚」的典故便是說他寫壞的筆堆起來像墓塚一樣。現傳智永的作品〈千字文〉，線條飽滿，筆意飛動，運筆、結體的技巧都十分精熟，前人評其書為「得右軍之肉」，於此可得印證。唐初幾位楷書大家如虞世南，歐陽洵，褚遂良等，都是直接繼承智永筆法取法六朝的。

南北朝書法以碑體最勝。魏碑是北魏以及與北魏書風相近的南北朝碑誌石刻書法的泛稱，是漢代隸書向唐代楷書發展的過渡時期書法。康有為說：「凡魏碑，隨取一家，皆足成體。盡合諸家，則為具美。」南朝沿襲晉制，禁止立碑，故碑刻極少，而雲南「二爨」（〈爨寶子碑〉和〈爨龍顏碑〉）卻是雲南邊陲少數民族的首領受漢文化的薰陶，仿效漢制而樹碑立傳的。〈爨寶子碑〉刻于東晉大亨四年（公元405年），書體是帶有明顯隸意的楷書體，碑中一部分橫畫仍保留了隸書的波挑，但結體卻方整而近於楷書；用筆以方筆為主，端重古樸，拙中有巧，看似呆笨，卻現飛動之勢。

圓筆的代表作品有〈鄭文公碑〉，即〈魏兗州刺史鄭羲碑〉，係北魏摩崖刻石，刻於宣武帝永平元年（公元511年）。書寫者是鄭羲的兒子鄭道昭，書法多用圓筆，變化巧妙，結體寬博，氣魄雄偉。方筆的作品以《龍門二十品》為著，（註1）內容是龍門石窟中的二十尊造像的題記拓本，可以說是北魏書風的代表作；其中〈始平公造像記〉可謂為龍門石刻中的代表作，立於太和二十二年（公元498年），此碑

與其他諸碑不同之處是全碑用陽刻法，筆畫折處重頓方勒，鋒芒畢露，顯得雄峻非凡。

方圓並濟的作品有〈張猛龍碑〉，立於北魏孝明帝正光三年（公元522年），全稱爲〈魏魯郡太守張府君清頌之碑〉，現在山東曲阜孔廟中，是魏碑後期佳作之一；運筆剛健挺勁、斬釘截鐵，可看作是〈始平公造像記〉風格的延續和發展，其橫直劃起筆、折處的方棱及三角形的點等，都保留了〈始平公造像記〉的舊貌；但也並非筆筆都方，而是變化多端，有方有圓，比〈始平公造像記〉更精美細膩。從此碑中我們不難看出魏碑由粗到細的演變過程。

除碑刻作品外，這時期的墓誌銘書法也達到一種高度。〈張黑女墓誌銘〉（又名〈張玄墓誌銘〉），書於北魏晉泰元年（公元531年），是北魏晚期精美之作；此碑運筆中側互用，逆筆中鋒，藏露皆備，有剛柔相濟的圓潤之趣，其結體呈橫勢而寬綽，含有一定隸意。（蔡耀慶撰）

註1：北魏開鑿了龍門石窟後，各地僧團信眾常到此供奉，並題記功德事蹟，此類碑銘或佛造像題記石刻共計有三千多個。清代中葉碑學書法盛行，乃有人精選其中二十種拓印流傳，是爲「龍門二十品」。其中〈始平公〉、〈楊大眼〉、〈孫秋生〉、〈魏靈藏〉等四個造像題記最著，又稱「龍門四品」。

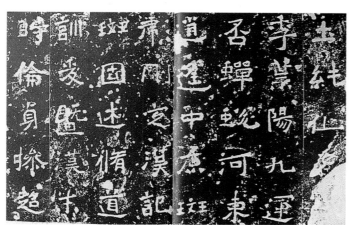

115. 爨龍顏碑拓本

116. 鄭文公碑碑額拓本

117. 始平公造像記拓本

118. 張猛龍碑拓本

119. 張玄墓誌銘拓本

傳統工藝之發展

　　魏晉南北朝時代，中外交通大開，文化互動頻繁；加以社會階層分明，士大夫階級講究生活品味，在強烈的審美意識要求下，物質文明有一定程度的相應發展。以傳統工藝而言，陶瓷、織繡，和漆器等，是比較凸出的三項，它們不但延續先秦至兩漢以來所奠定的豐碩基礎，且能吸收新的外來技術，結合時代環境需要，從而發展出具有承先啓後意義的六朝工藝來。

陶瓷

　　中國陶瓷發展到漢代末期，其製造技術已進入完全成熟階段。由於它堅固、耐用、乾淨、不怕酸鹼、易於洗滌，遂成為人們理想的生活用器；而瓷器光滑細膩的質感、溫潤皎潔的色澤，亦很符合人們的審美要求。因此從漢代末年起陶瓷有非常迅速和普遍的發展，並一直在各階層人士的生活中占據著重要地位。

　　魏晉南北朝的時候，由於兵災不斷，民生經濟一度呈現倒退現象；但有些地區因為開發較早，又位居交通要地，社會經濟在政局稍微安定之後也能迅速恢復。就陶瓷工藝的發展言，江南便是最重要的地區。

　　早在東漢時代，浙江上虞地區便發明了青瓷和黑瓷，這是一種用高嶺土作胎，上釉後再入窯以高溫（約一千三百度）燒成的產品。考古發掘僅上虞一地當時便有窯址三十餘處，最初是陶、瓷共燒，其後出現專燒瓷器的窯，說明需要量激增，且在技術上已達到專業生產的條件。

　　青瓷的發明，結束了古代陶器獨盛的時代，可以看作是世界陶瓷史上的一大革命。三國時期，東吳政局安定，浙江的製瓷業得以繼續發展，其

生產規模且較東漢時期倍增。由出土實物得知，從孫權建國開始，直到孫皓在位期間，浙江的青瓷生產始終沒有間斷，乃至到西晉時候更成為全國的陶瓷生產中心；五胡亂華、晉室政權南遷後，江南再成為政治、經濟、文化的重心，其發展不僅更加穩定，且在形式及內涵上愈來愈豐富多元。

　　浙江地區的瓷窯，在魏晉南北朝時代大體可分為四個系統：曹娥江地區的越窯、東部甌江地區的甌窯、西部金衢地區的婺窯，和北部苕溪地區的德清窯。越窯的系統有上虞、蕭山、紹興、餘姚等地，這是青瓷的發源地。甌窯系統分布在永嘉、溫州一帶，略晚於越窯，大概是青瓷的需求量擴大，才另外發展起來的；其青瓷產品胎色較白而釉色呈淡青狀，時稱「縹瓷」。婺窯系統的青瓷含鐵量較高，成品常呈黃褐或紅褐色。德清窯不但燒製青瓷，更發展出黑釉陶來。考古發現，除了浙江以外，江蘇宜興、江西豐城、四川成都、福建福州、廣東廣州等地，也有青瓷窯址，顯示六朝時期青瓷的製造有向全國擴張之趨勢。

　　三國早期的青瓷，大多仍保留東漢的風格特色，造形質樸，常見的器形有雙繫壺、雙耳罐等，頸短、身矮、肩部凸出，顯得渾厚穩重。紋飾也很單純，只有弦紋、水波紋，和鋪首之類。後期器形增多，有壺、罐、碗、缽、洗、盆、香爐、唾壺、虎子、燈、水注等；比較特別的是出現一些塑貼人物、鳥獸並作成穀倉或閣樓狀的罐子；此外很多水注、燭台、虎子、瓶罐等，則喜歡作成動物的形狀，極富藝術效果。

　　西晉時期，士大夫流行清玄之風，清新典雅、柔和輕巧的青瓷非常符合士族們的審美口味，因此其製作品質有相當之提高，而造形設計則講

求視覺美，趨於裝飾化。最常見的有雙繫或四繫的盤口壺和印貼佛像的四繫罐，飾以鋪首和網格紋、聯珠紋的青瓷盆，玲瓏精巧的香薰等，都可以代表西晉青瓷的製作水準。

東晉和南朝，青瓷在裝飾及造形方面又出現新的變化，壓印的網格紋及聯珠紋已少見，轉而在釉色上加工；此時新興一種褐斑裝飾，即用含鐵量很高的釉料，有計畫的點在青釉上面，即可燒成褐色的美麗斑紋來。如紹興所出土的南朝越窯褐斑蓮瓣紋碟，碟中作七等分的連綴褐斑，使小碟看來就像一片葉脈分明的蓮葉一樣。在佛教的影響下，此時期的青瓷很喜歡用蓮瓣紋裝飾，有些是在器皿內刻劃重線蓮瓣紋，剛勁挺拔，簡練有力；有些則是依著器身由上至下堆貼蓮瓣、飛天、捲草等各種佛教藝術單元，使整個器皿看來充滿無比的肅穆莊嚴之感。武昌周家灣南齊墓出土的青瓷蓮花尊，和南京林山梁墓出土的青瓷大蓮花尊可為代表。這種帶蓮花裝飾的青瓷，最初應是寺廟或崇信佛教的士族人家所用，後來就沒有了，但蓮花瓣紋飾卻一直繼續盛行，並為其他器物援用。

北方黃河流域，在三國、西晉時期陶瓷業極為衰落，北魏統一北方後，政局較為安定，經濟逐漸復甦，同時北魏朝廷推行漢化措施，陶瓷業才逐漸興起。河北、河南、山西的北魏世族大墓中都有青瓷發現，如河北景縣封氏墓出土的仰覆蓮花尊，裝飾繁縟瑰麗，集中運用堆塑、貼花、刻劃等手法，其變化之豐富，形制之壯觀，較之南朝的同類型器物並不多讓。由於北方迄今仍未發現北朝的青瓷窯址，因此這些美麗的青瓷是否為北方自行燒製尚待研究。

比較能表現北朝陶瓷工藝特色的是白瓷和一些低溫鉛釉陶。前者發現於河南安陽的范粹墓中，有碗、杯、三繫罐、四繫罐等，造形與青瓷差不多，年代為北齊武平六年（公元575年）；其釉色呈乳濁，應是後來邢窯與定窯等白瓷的先驅。范粹墓還出土一件黃釉陶壺，係模製成型，直口、短頸、肩部凸起兩個小繫，壺身兩面模印樂舞胡人的紋飾，充滿域外情調，這是一件低溫燒成的鉛釉陶。類似的黃釉或黑釉等鉛釉陶在山西也有發現，釉色與造形均不俗，顯示東漢時期就已奠定基礎的鉛釉陶此時也在北方獲得復興。

陶塑工藝在北朝也有發展，其水準甚至超過南朝，此可能與北方發達的石窟造像有關。各種文官俑、武士俑、男女侍俑、伎樂俑，和儀仗俑等，無不栩栩如生，形象的表現出北方遊牧民族驃悍強健與豐滿多姿的神態；當時中外民族文化交流融合的跡像亦清楚可見。（蘇啟明撰）

120. 青釉穀倉模型罐
／高39公分 口徑11公分 底徑17公分
陶質，西晉時期製造。穀倉造形的明器在兩晉極為流行，南朝以後則罕見。此種明器結合塑、貼、雕、繪等技巧，是難度極高的陶藝製作。國立歷史博物館藏（80-25）

121. 青釉雞首壺
／高23公分 口徑9.5公分
西晉時期製作，以雞首作流，龍首作把，全器釉色濃淡均勻，清亮潤澤。國立歷史博物館藏（85-652）

122. 女舞俑 ／高48公分
六朝時期製作，河南洛陽出土，共六對，皆彩繪，姿態神情各妙，披衣流曳，頗富動態之美。
國立歷史博物館藏（宙246）

織繡

　　中國織繡工藝在漢朝時已有相當成熟的發展，考古出土實物印證文獻記載，顯示漢代不僅有先進的織繡技術，更有各種各樣的織品。魏晉南北朝時代承繼這個基礎，除在技術上有所精進外，各種織品的質量亦有提昇，乃至部分高級織品具有貨幣的功能，成為國家財政稅收上不可或缺之物資。

　　蜀地本來就是漢代的絲織中心之一，三國時代諸葛亮任蜀相時復刻意經營，致使魏、吳兩國均爭來貿易，「蜀錦」成了蜀國的主要軍費來源。諸葛亮自己都承認：「今民貧國虛，決敵之資，唯仰錦耳。」至西晉時候，

其重要性仍未稍減，左思〈蜀都賦〉：「闤闠之里，伎巧之家，百室離房，機杼相和，貝錦斐成，濯色江波。」具體描述了當時蜀中生產「貝錦」的盛況。〈蜀都賦〉裡還記載當時的蜀錦有樿華布和黃潤布兩種，皆以花色繁複著稱，這在後來唐朝人的筆記中都還提到。如陸龜蒙的〈紀錦裙〉中便記載，他於李侍御史家中曾見到一條古蜀錦裙，其紋樣是「前左有鶴二十，勢若起飛，率曲折一脛，口中銜芋蘪輩；右有鸚鵡二十，聳肩舒尾，二禽之間隔以花卉，均佈無餘地。」可惜沒有考古實物佐證。

　　北方織業則在漢代的基礎上有技術方面的改進。魏人馬鈞首先改良傳

統的織布機，據《三國志・方技傳》記載：「舊綾機五十綜者五十躡，六十綜者六十躡，先生（馬鈞）患其喪工費日，乃皆易以十二躡。」意思是說舊式的織布機抽一個總線頭要踩一下機軸，馬鈞則將幾個線頭聯結起來，使織工踩一次機軸便可抽理四、五個線頭。這自然是大大的提高生產效率。

江東地方織業發展較遲，其產品以麻、葛為主，但自孫氏建國後亦致力提倡桑蠶之業，迨至末年竟出現「民貧而俗奢，百工作無用之器，婦人為綺靡之飾，不勤麻枲，並繡文黼黻，轉相倣效，恥獨無有。兵民之家，猶復逐俗，內無儋石之儲，而出有綾綺之服。」（《三國志》，吳志・葉覉傳）的現象，亦知衣絲之風已南被吳中。

兩晉及南朝，織業生產遍及南北，所謂「常山細縑，趙國之編，許昌之總，沙房之錦」號為當時的織業之首。惟戰亂相循，絲帛奇貴，有些地區竟以帛代錢；凡涉及物價，多稱若干「匹」。而朝廷賞賜及政府稅收，亦必以絹帛充之，影響民生甚鉅。如《宋書》記載：宋武帝時，「民間買絹

一疋，至二、三千；錦一兩，亦三、四百。貧者賣妻兒，甚者或自縊死。」（《宋書》，沈懷文傳）據說當時連軍士所穿的軍服也用絲錦為襯裡。「絹錦既貴，業蠶者滋」（《宋書》，孔琳之傳），而政府復不斷四處蒐求，據《南齊書》載，永明六年（公元488年），除京師（建康）外，南豫州（壽縣）、荊州（江陵）、郢州（武昌）、司州（信陽）、西豫（安徽和縣）、南兗州（揚州）、雍州（襄陽）等地，皆被朝廷收購了大量絲綾絹布，此亦反映出織業在江南是普遍發達了。

《梁書・侯景傳》又載：侯景據壽春將反，「啟求錦萬匹，為軍人袍。領軍朱異議以御府錦署，止充頒賞遠近，不容以供邊城戎服。」是知南朝官府有「錦署」等常設機關專門負責織錦。其成品和技術且聞於域外，如《南齊書・芮芮虜傳》記載：「芮芮（即蠕蠕，柔然也）王求醫工等物，世祖詔報曰：知須醫及織成錦工、指南車、刻漏，並非所愛。……織成錦工，並是女人，不堪涉遠。」則當時的「錦工」可能多由婦女擔任。

北朝在拓跋魏早期，便設少府管

123. 雙頭鳳鳥紋繡

新疆東晉墓出土，結合蠟染和織繡工藝，反映南北朝的織品水準。

理染織生產，後更在涇州、雍州和定州設置絲局。《洛陽伽藍記》曾描述北魏孝明帝年間河間王的豪奢情況，謂其「府庫錦罽珠璣，冰羅霧縠，充積其內，繡纈油綾，絲綵越葛等不可勝計。」又晉陸翽《鄴中記》載，在後趙鄴城亦設有織錦署，「錦有大登高、小登高、大明光、小明光、大博山、小博山、大茱萸、小茱萸、大交龍、小交龍、蒲桃文錦、斑文錦、鳳凰朱雀錦、韜文錦、核桃文錦、或青綈、或白綈、或黃綈、或綠綈、或紫綈、或蜀綈，工巧百數，不可盡名。」反映了十六國後期北方絲織業的發達情況。《周書‧武帝紀下》又記：建德六年（公元577年）九月，令「民庶以上，唯聽衣綢、錦綢、絲布、圓綾、紗、絹、綃、葛、布等九種，餘悉停斷。朝祭之服，不拘此例。」則北朝末年，因經濟復甦，絲織物與麻織物生產均足供士庶作為常服衣料矣。

北朝的絲織品，從新疆吐魯番阿斯塔那古墓中出土的遺物可以得到具

124. 方格紋毛織品
新疆阿斯塔那墓群出土，為北朝製品，是現存最早的毛織品實物。

體的印證。這裡出土的織錦有樹紋、獅紋、菱花紋、忍冬紋、鳥獸樹木紋、對鳥紋、幾何紋、條帶聯珠紋等；其色彩有大紅、絳紅、粉紅、黃、淡黃、淺栗、紫、寶藍、翠藍、淡藍、葉綠、白等多種。

就紋飾結構看，此時織錦的圖案比較不流行漢時以雲氣紋為主幹的構圖，而趨於用有規則的波狀方格將圖形作有規律的對稱排列；其用色亦對比強烈、鮮明活潑，不似漢錦用色凝沈。就織法言，此時也不採取漢時以菱框為單元的設計，而是以連續的八

125. 廣陽王造佛像繡
敦煌莫高窟出土，上有年號及名款，兼具文物及藝術價值。

角形或橢圓形爲單元，此當與織機改良有關。

當時的織繡已不完全用於服飾，亦有純供觀賞的繡品，其主題除鳥獸花草及山水外，亦擴展到人物、佛像，乃至文字。一九六五年敦煌莫高窟便發現一塊北魏廣陽王元嘉獻於太和十一年（公元487年）的刺繡殘片，繡幅正中繡一坐佛，其右側爲一菩薩，下方正中繡發願文一篇，其左右繡供養人四女一男，均穿胡服，身旁各有名款。全幅邊飾忍多聯珠龜背紋花邊，採用二量配色的方法。這件繡品除花邊外，均滿地施繡，是現存最早的一件裝飾繪畫性的滿地繡。

漆器

魏晉南北朝時期的漆器製造和使用不如漢代興盛，主要是政治、社會環境不安定，經濟混亂；影響到漆樹的栽植生產和工藝傳習；此外，由於瓷器逐漸普及，費時費工的漆器自然就在日常用品中被取代。但因爲士大夫階層很講究生活品味，許多世家大族皆有私屬的工匠，故此一時期仍發現不少高水準的漆器。整體說來，漆器工藝在這個時期並未沒落。

三國的漆器種類相當可觀，如曹操給漢獻帝的〈上雜物疏〉中便開列了純銀參鏤帶漆書畫案、漆畫韋枕、黑漆韋枕、漆圍油唾壺、上車漆畫重几、純銀漆帶鏡、銀鏤漆匣、油漆畫嚴器等若干名色。其中「韋枕」爲皮革胎的漆枕，「嚴器」即妝具。此時期的漆器實物以一九八四年安徽馬鞍山東吳朱然墓中出土的漆器最具代表性。

朱然墓中的漆器有案、盤、耳杯、槅、盒、壺、樽、奩、匕、勺、尺、憑几等十二類六十餘件。胎骨除篾胎、皮胎外，木胎居多；做法是先粘貼麻布，再上漆灰。這些工序同漢代差不多，但在髹飾技術上則有很驚人的發展。其一是一色到底的素面漆器；漢以前的一色漆器多爲一般製品，不用漆灰爲襯，因此漆面多會顯露木胎的筋脈；朱然墓中出土的幾件素面漆器，則光潤質樸，看不出木胎筋脈，此實開了後來唐宋一色漆器之先河。其二是犀皮漆器和戧金漆器的出現；前者是以朱黃黑三色漆分層塗在器上，再加以琢磨，使現出如犀牛皮般的紋理效果；後者是用眞金粉填入錐劃或針劃的漆器花紋內，使器物顯得光輝耀目燦爛異常。此外，朱然墓還有很多彩繪漆器，和早期的漆器相比，它增加了油彩的使用，並以人物故事畫爲主要題材，生活氣息濃郁、寫生手法高妙。據研究，這批漆器中有部份器物如槅和憑几等，應是蜀國的製品，則此又顯示當時蜀地亦有水準相當的漆藝了。

兩晉南北朝流行兩種漆器，一種是用夾紵法製造的佛像，一種是用氧化鉛調油繪製的漆畫，又稱密陀繪。夾紵漆器原在戰國及兩漢時代便已流行，兩晉南北朝時佛教盛行，需要大而輕的佛像，於是空心的夾紵漆佛行像便紛紛出現。文獻記載晉代雕塑家戴逵便很擅於製作夾紵行像，他曾爲南京瓦棺寺製作佛像五尊，與顧愷之繪的維摩詰像、獅子國進貢的玉佛，並稱爲「瓦棺寺三絕」。

密陀繪是一種漆繪，用含有氧化鉛的元素入油調色，作畫很快便乾，因爲鉛的比重大，施繪於漆面上不易褪去，故在南北朝時非常流行。這當是西域傳入中土的一種新漆料。梁簡文帝〈書案銘〉謂：「刻香鏤彩，纖銀卷足。漆花曜紫，畫制舒綠。」顯示當時還有一種綠色的漆器，此亦可見南北朝時漆器在髹漆的調色技術上成就。

北朝受漢文化影響也喜愛漆器。

一九七二年在山西大同石家寨司馬金龍墓出土的漆木屏風，和一九八四年在寧夏固原出土的漆棺，可反映北朝漆器工藝的水準。漆木屏風有五塊，板面先髹一層朱漆，然後再分四層繪人物故事及衣冠器物。畫法係以墨筆勾勒輪廓，再填塗彩色，有黃、白、青、綠、橙紅、灰藍等六色，皆是油彩塗於漆面，其技術較南方毫不多讓。漆棺彩繪與漆木屏風類同，但更多用金色：其棺蓋繪屋宇兩間，內有人袖手端坐，兩屋之間有一條長河，河流波曲，並點綴著飛鳥游魚，一派富貴人家的悠閒情調。〔蘇啓明撰〕

126. 司馬金龍墓出土的漆繪木屏風
　　畫面分四層，繪上古帝王后妃名臣，並題字說明，
　　也是研究古代繪畫的重要資料。

隋　唐

唐三彩武士俑 ／高102公分
河南洛陽出土，國立歷史博物館藏（16-37）

隋唐

隋唐時代（公元581年至907年）是繼秦漢之後另一個極盛時代。其文治武功多有可觀者，反映在文物上的面貌則是充滿自信、兼容並包，以及融合現實生活與精神信仰的各種美術創作和工藝製造。

唐代前期，在隋朝統一南北的基礎上，交通發達、經濟繁榮、民生樂利，不僅傳統的文學、美術和工藝得以進一步發展，還能吸收許多外來的文化元素，從而締造出中華文物史上空前光輝燦爛之局面。「安史之亂」（公元755年至763年）後，唐帝國逐漸衰弱，國家長期陷於藩鎮割據及異族的侵略戰亂中，無論經濟與社會都發生體質上的改變，文化風貌無形趨於保守。雖然如此，整個隋唐三百年還是創造了非常豐富及精采的文物遺產，並對其後的時代產生深遠之影響。

反映貴族氣派的壁畫

據文獻記載，春秋時代的楚國先王之廟及公卿祠堂便有「圖天地山川神靈琦瑋譎詭及古聖賢怪物行事」的壁畫；考古資料顯示漢代的一些墓葬中確實就有這種壁畫。這當是中國最早的圖畫形式之一。

隋唐時代，知名的重要畫家很多，但傳世眞跡不多。比較能看出當時繪畫水準並在一定程度上反映當時部分社會生活的是近代發現的一些壁畫；這些壁畫主要有兩類：一類在墓室中，內容多描繪皇家貴族的生活；一類在佛石窟中，如敦煌千佛洞，內容自是描述佛教故事。

唐代國都在長安，因此關中地區保存大量的唐代文物，近年幾座重要的唐墓也在此發現，如李壽、李賢、李重潤、李仙蕙等皇室成員的墓，可謂集唐代皇家美術之大成，很有代表性。

李壽是唐高祖李淵的堂弟，封「淮安王」，其墓在陝西三原縣，於一九七三年被發掘出來。從墓道到墓室都繪有壁畫，主要是表現其權威的儀仗陣容，和一些表現王家生活的樂舞圖、狩獵圖、出行圖等。畫中人物鞍馬列隊緩行，氣氛寧靜肅穆，反映出唐代開國之初的嚴肅精神。其畫面以鐵線勾勒描繪爲主，色彩只占輔助地位，結構明確，筆法剛勁，敦煌石窟中的隋代壁畫也有這種特點，因此可以據以考查隋唐過渡階段的繪畫風格。

李賢是唐高宗的次子，生時被流放於巴州，並死於該地，後遷回陝西陪葬於乾陵，並追封爲「章懷太子」。其墓於一九七一年發掘，存有壁畫五十多組，面積近四百平方公尺。內容豐富、技術精湛，爲研究唐代文化藝術及宮廷生活的重要資料。如〈狩獵出行圖〉，由大批人馬和幾隻駱駝組成浩浩蕩蕩的隊伍，佐以林蔭大道和重重遠山。人物面貌、衣冠、武器、儀仗，乃至侍從懷中抱的花貓小狗老鷹，都清清楚楚，傳神而活潑，不似李壽墓中畫的那般拘謹。〈馬毬圖〉由二十多匹乘騎組成，人物著各色窄袖袍、長統黑靴，帶幞頭；左手執繮，右手執偃月形鞠杖，奔馳搶擊，

127. 懿德太子墓壁畫＜儀仗圖＞　／高351公分

128. 永泰公主墓壁畫〈宮女圖〉　/ 高177公分　長198公分

各不相讓；場景遼闊而氣氛緊張。
〈客使圖〉描繪六組外邦使臣朝覲的情
形，每個使臣的表情都很肅敬，而負
責接待的唐朝官員則神態自若，相當
反映盛唐時的「天威」。〈宮女圖〉描
繪宮苑婦女忙裡偷閒的情景，有興緻
高昂的，也有疲憊凝思的，刻劃了王
宮內院中較靜謐的一面。

　　李重潤是唐中宗李顯的長子，死
於洛陽，後亦遷葬於乾陵，追封爲
「懿德太子」。其墓室也有壁畫四十餘
組，面積約四百平方公尺。其中〈闕
樓儀仗圖〉非常完整的顯現唐代的宮
闕形制和布局，是研究唐代建築很好
的資料。〈列戟圖〉基本上是幅狩獵
圖，但圖中的列戟形制則印證了文獻
上所記載的唐代宮禁等級之規定，對
研究唐代的禮制當有參考作用。

　　李仙蕙是中宗的第七女，死後追

封爲「永泰公主」，亦葬於乾陵。其墓
室中最珍貴的一幅壁畫是〈宮女圖〉，
共繪十餘位仕女分排兩列；右列一組
九人，由一手挽紗巾者率領，以次諸
人分持玉盤、方盒、燭台、團扇、高
腳杯、拂塵、包袱、如意等物，徐徐
而行與左列會合。人物正側背向高低
參差，或凝視、或默想、或傾聽、或
低語，各有神態。拿張萱、周昉傳世
的仕女圖來比較，可以看出唐代繪畫
有由盛唐到中唐日益趨於繁瑣富麗之
特徵。

　　李賢、李重潤、李仙蕙三墓俱成
於盛唐時期，墓中壁畫的內容很眞實
的反映當時王室貴族的生活和禮儀制
度，也刻劃了部份人物的心靈狀態，
由其布局氣魄更可推想眞實世界的排
場規模。至於這些壁畫所流露的繪畫
技巧，則塡補了中國早期繪畫史的空

白，對我們了解唐宋卓越繪畫作品的源頭至有價值。

敦煌千佛洞中的壁畫則表現貴族的信仰生活，其風格與魏晉南北朝的壁畫風格炯異。魏晉南北朝的佛教圖畫色調比較陰暗悲苦，隋唐的佛教圖畫則鮮明活潑，有很強烈的現實色彩；特別是其中很多有關「西方淨土」的描繪，更是歌舞昇平、亭台樓閣、奇花異草紛查交織，名爲天堂世界，何嘗不是盛唐富強繁榮社會的寫照。如〈維摩變〉，畫維摩詰和文殊雄辯的場面，旁邊圍繞著一大堆帝王臣相聽法，其人物表情、衣冠佩戴，盡是現實的寫照。又如〈勞度叉鬥聖變圖〉，描繪舍利佛和異教魔王勞度叉鬥法，其連環畫的形式在創作上獨具一格；最後一幅畫勞度叉被降服後，剃去頭髮摸著光腦袋迫處於皈依的神情，尤其顯得十分人性化。

〈都督夫人太原王氏一心供養圖〉的婦女形象儀態萬千，一派不可侵犯的貴婦人模樣，使人覺得這位王氏夫人名曰「供佛」，實則好像在自我誇耀其身份地位。這種把供養人突顯出來作爲圖畫主題的作品多出現在中唐以後，此正可看出佛教的世俗化跡象。〈張義潮夫婦出行圖〉表現得更爲明顯，圖中的張義潮是唐末河西地方的豪族，曾組織當地民衆擊退入侵的吐蕃，名義上雖尊奉唐帝國號令，實際則是河西地區的最高統治者。這幅壁畫完全以張氏夫婦出行場面爲主題，車駕、儀仗、樂舞、百戲等無不畢具，內容與禮佛一點也扯不上關係，只因張義潮夫婦曾以供養人名義蒞臨過敦煌石窟，主其事者便不惜工本繪製這樣一幅圖來；在這幅畫中供養人的地位是獨立的，幾乎已與諸天神佛並列，此不僅反映了世變，也顯示了藝術題材逐漸脫離王公貴族及神道的範疇。（蘇啓明撰）

129. 敦煌壁畫〈無量壽經變圖〉／高300公分長410公分

130. 唐三彩天王神像 ／高80公分

河南洛陽出土。天王為當時流行的造像題材，其腳下常踏一小鬼
或畜獸以顯示其威猛。國立歷史博物館藏（宙75）

洋溢大國豪情的唐三彩

　　唐代陶瓷工藝較以往任何時期都
要發達，其在種類上，除了青瓷繼續
繁榮滋長外；白瓷也發展起來了，所
謂「北邢南越」，儼然與青瓷同為當時
兩大瓷器主流。青瓷和白瓷，色淨素
雅，唐人多用以製造日常生活用具，
「天下無貴賤通用之」。此外，唐人還
發展出各式各樣的彩瓷。如長沙窯燒
的青瓷，窯工們利用氧化鐵和氧化銅
作呈色劑，在坯上作畫後，再上一層
青釉，經一千二百度左右高溫燒成
後，便成為色彩斑爛的彩釉瓷。這種
瓷現在通稱為「長沙窯」，它是釉下彩
瓷的始祖。又如河南地區的「花釉
瓷」，在已上了黑、黃、褐色袖的瓷坯
上再灑上藍白或黑白色釉，以形成大
小不規則的斑點，然後才入窯燒製，
這是一種釉上彩瓷。絞胎也是唐代發
明的新品種，用白褐兩種色調的瓷土
絞合在一起，再拉坯成形，瓷坯上便
會出現木紋般的紋路，上釉後入窯燒
製即成絞胎彩瓷。

　　唐三彩則是一種釉陶，它是漢、
魏時代的低溫鉛釉陶發展而來的，由
於常集黃、綠、褐等三種顏色於一
身，故稱「三彩」，實際顏色則不限於
這三種。

　　盛唐時期王室貴族喪葬十分考
究，專管百工製作的少府將作監，下
有甄官署，「掌供琢石、陶土之事，
凡石磬、碑碣、石人、獸馬、碾磑、
塼瓦、瓶罐之器，喪葬明器皆供之。」
三彩陶因所需火候不高，又漂亮，可
以大量製造以應急，遂成了主要的明
器。從清末以來，長安及洛陽的唐代
貴族墓葬中便常出土三彩陶，其年代
最早為唐高宗時代，中宗時代達到高
峰，玄宗開元年間燒製也很盛，此後
逐漸衰落，到武宗會昌年間便沒落
了。

131. 唐三彩馬 ／高73公分
河南洛陽出土，國立歷史博物館藏（宙34）

132. 唐三彩駱駝 ／高80公分
河南洛陽出土，國立歷史博物館藏（宙20）

　　三彩陶的製作方法是先將素坯烘
燒，燒好後再敷以透明釉，除臉部及
手部保留原來的坯土顏色外，其他部
份或點或刷，讓彩釉互相雜染，然後
再放入窯中重燒一次；由於燒烘過程
溫度不同，各種釉料會產生融合及滑
溜現象，成品出來後便呈現多彩交融
的斑爛效果。唐墓出土的三彩陶器形
飽滿渾厚，色彩痛快淋漓，藝術價值
極高。

唐三彩的器形種類十分多樣，可大別為生活用具、人物和動物三類。生活用具有瓶、壺、罐、盤、碗、杯、枕等十餘種，有輪製和模製的，其紋飾有寶相花紋、鳳紋、騎馬人物紋、雲雁荷葉紋、柿蒂紋、魚子紋等七、八種，變化豐富但有規律之美。人物和動物造形者多雕塑而成，沒有特定的紋飾，但形態刻劃生動，有一種渾然天成的豪放之美。其人物造形有婦女、文官、武士、樂舞伎，及天王等，大多根據人物的社會地位和等級塑造，有不同的性格及特徵。如文官多顯得彬彬有禮，一派肅敬模樣；武官則勇猛雄壯；天王則怒目凶狠；樂舞伎則嬉皮笑臉；最特別的是胡俑，一律高鼻深目、胳腮大髯，毫無保留的表現出當時中外民族文化熱烈交流之盛況。動物造形中以馬和駱駝最為出色。唐人愛馬，馬很自然的成為各種美術品和工藝品的造形對象，唐三彩中的馬有大有小、有動有靜，有單獨的，也有被人騎著的，無不刻劃入微、栩栩如生；從其身上附加的馬鞍、轡飾，及鬃毛、馬尾的梳理打扮上更可看出相關的工藝水準和審美風格。至於駱駝，這是當時中西往來最重要的交通工具，其造形多呈堅毅能堪負重之狀，或引頸鳴嘶，或舉步回顧，有的則在駝峰上加上一大堆東西，有絲綢物品，也有歌舞雜技團，充分顯現其任重致遠的意涵。

關於唐三彩的製造地，過去不甚清楚，近來則在河南鞏縣、陝西銅川市的耀州窯遺址，及河北內丘縣發現專門生產三彩陶的窯址，其中以鞏縣最大，質量皆精；經比較後，長安、洛陽唐墓中的三彩陶主要便是鞏縣的產品。

嚴格來說，唐三彩不是瓷器，它只是上釉的彩陶；也不必把它看作是陶與瓷的過渡物。無論從土質論（白粘土），從燒法論，從釉色紋樣及造形論，三彩陶都可以自別為一種屬類。唐代中晚期後雖不再流行燒三彩陶，但當時中國的四鄰地區則繼續燒製，如日本、高麗都有受唐影響的三彩陶；後代的遼、宋兩朝也延續其技術，乃至有遼三彩和宋三彩。

（蘇啟明撰）

長沙窯

長沙窯為五〇年代新發現的唐代瓷種，主要窯址在湖南長沙市望城縣銅官鎮至石渚湖一帶的湘江岸邊。器型多樣，除生活用具外，還有各式各樣的動物模型。瓷胎細膩堅實，多灰白色，也有青灰、灰黃、醬等；以釉下彩繪和釉下彩飾為特點。用鐵或銅作呈色劑，塗飾或繪畫於未經燒製的瓷胎上，再上一層釉，其效果有點像唐三彩。

長沙窯型制紋飾非常豐富，產品遠銷海內外，在陝西、河南、江蘇、山東、遼東、廣東，及日本、朝鮮、菲律賓、西亞各國都有遺物發現，是中國最早的貿易瓷。右上圖是一繪奔鹿圖案的水注；右下則為鳥形哨。

繁華的隋唐服飾和織繡

隋唐文化融合南北，其服飾妝扮便兼有胡漢風格。《舊唐書‧輿服志》謂：「隋代帝王貴臣，多服黃文綾袍，烏紗帽，九環帶，烏皮六合靴；百官常服，同于匹庶，皆著黃袍，出入殿者，天子朝服亦如之，唯帶加十三環，以為差異。」唐代大體沿之，惟武周時規定文武百官的朝服上要加繡動物紋樣，文官繡禽、武官繡獸，品級不同種類也不同，這是後來明清官服上章補制度的濫觴。

從隋唐墓葬的壁畫中，我們可以很具體的看到當時人們的穿著服飾。如山東嘉祥縣英山一號隋墓中的壁畫，文官戴小冠，插簪導，大袖交領右衽衫，衣長及膝；武官則穿褲褶裝；女子多穿圓領襦衣，窄袖合身者較多，偶見博袖襦衣者，裙腰高提至腋下，腰間施一件小襴裙，並垂二飄帶於腹前。類似的服飾在李壽、李賢、李仙蕙等初唐墓中的壁畫上也可看到；略有不同的是唐代仕女的襦衣

134. 聯珠鹿紋錦
新疆阿斯塔那唐墓出土，「鹿」象徵「祿」，也是一種吉祥圖案。

有大翻領者，還有半臂衫套在外面。《新唐書‧車服志》說：「半袖裙襦者，女史常供之服也。」便是此種服飾。

唐代後期流行寬大的服飾，色澤也趨於明艷，此從當時一些詩文的描述可以得知。如白居易〈上陽人〉：「平頭鞋履窄衣裳，青黛點眉眉細長，世人不見見應笑，天寶末年時世裝。」說明窄袖合身的衣裳到中唐以後就已過時了。又元稹〈寄樂天書〉中亦提到：「近世婦人……衣服修廣之度及匹配色澤，尤劇怪艷。」可知當時確實流行寬鬆且色艷的服飾，尤以仕女為然。文宗開成四年（公元839年）為了抑止衣裳日趨寬大的風氣，朝廷還曾特別下詔規定：凡婦女衣袖寬四尺的，要改為一尺五寸；裙曳地四、五寸的，則要減為三寸。可見當時婦女衣裳之寬博。

唐人重視穿著，織繡工藝自然也極發達。隋代政府有織染署專管織業生產，唐代分工更細，據《唐六典》所載，其織紝之作有十（布、絹、

133. 牽駱駝胡王錦
北朝至隋間的織錦殘片，新疆出土，上繡「胡王兩字」，紋飾呈上下顛倒的對稱格式。

絁、紗、綾、羅、錦、綺、繝、褐），組綬之作有五（組、綬、條、繩、纓），紬線之作有四（紬、線、絃、網），練染之作有六（青、絳、黃、白、皂、紫）。當時實行「租庸調法」，織品是地方常貢的必要項目之一。據《冊府元龜》記載：天寶八年朝廷所收到的地方貢調中有絹七百四十餘萬匹，錦一百八十五萬餘石，布一千六百零五萬端。若就《新唐書》〈地理志〉所列各道、各州貢賦之物產觀之，當時產絲最多的地方為河南道（今河南、山東）、河北道（今河北及河南一部）、河南東道（今江蘇、浙江）三個地區；其中江南東道所貢絲品名

目特多。白居易〈繚綾〉一詩曾描述越女織綾之美曰：「繚綾繚綾何所似？不似羅綃與紈綺，應似天台山上月明前，四十五尺瀑布泉；中有文章又奇絕，地舖白煙花簇雪。織者何人衣者誰？越溪寒女漢宮姬。」鮑溶〈采葛行〉也道：「蠻女（指越中女子）不惜手足損，勾刀一一牽柔長。（指採野葛做織料）……殷情十指吐蠶絲，當窗嫋嫋機聲起。織成一尺無一兩（言其細也），進供天子五月衣。」張萱的〈搗練圖〉則具體描繪出當時宮中織坊順理絲布的情形。

　　隋唐的絲織品不僅自用，還從海陸兩途大量外銷到西方去，乃至在現

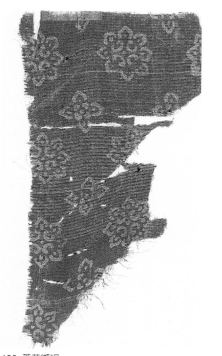

136. 菱花纈絹

新疆巴阿斯塔那唐墓出土，是目前最早的紋纈印染織品實物。

在甘肅、新疆一帶當年「絲路」所經之處出土許多隋唐的織品，從這些實物中不難看出當時織繡工藝的高超水準。如吐魯番的阿斯塔那古墓群中有一種「胡王」錦，圖案是一個人牽著駱駝；還有套環貴字綺，以「貴」字作裝飾圖案。這兩種織錦被認為是隋代遺物。唐代的織錦遺物更多，其紋飾有聯珠紋、團窠紋、對稱紋（多以動物組成）、散花（常用花草鳥蝶自由組合）、幾何紋（如萬字、雙勝、龜背、鎖子、棋格、十字、鋸齒等）；而暈繝是最華麗的一種，它用多種色彩相間排列，構成斑爛複雜的條紋。阿斯塔那古墓中有一件暈繝提花錦裙，用黃、白、綠、粉紅、茶褐五色經線織成，然後再於斜紋暈色彩條地上，以金黃色細緯線織出蒂形小團花，被稱為「錦上添花錦」。同墓中也出土一雙雲頭錦鞋和一雙錦襪。錦鞋使用了三種錦：鞋面用黃、藍、綠、茶青四色絲線織成寶相花平紋經錦；鞋裏襯用藍、綠、淺紅、褐、蛋青、

白六色絲線織成彩條花鳥流雲平紋經錦，其中綠、藍、淺紅三色施暈繝；鞋尖和錦襪則同用一種由大紅、粉紅、白、墨綠、蔥綠、黃、寶藍、墨紫八色絲線織成的斜紋緯錦。整個錦面構圖繁縟，配色艷麗，組織也極為緻密。鞋內還附有黃色回紋綢墊一雙，綢面光平，回紋勻整。這是目前出土的唐代織品實物中作工和紋飾最絢麗的一件。

唐錦的製作，多採用緯線起花，即用二層或三層經線夾住緯線，使成一種經畦紋組織，這樣不僅可以織出更為複雜的花紋，而且可以顯出華麗的色彩。初唐時便有這種織法，盛唐起大為流行。歷來為區別唐以前漢魏六朝運用經線起花的傳統技法，乃稱漢錦為「經錦」，稱唐錦為「緯錦」；漢錦古拙樸質，唐錦則華美艷麗。

印染和刺繡也很發達，也都有實物可資參證。

唐代的印染方法很多，主要有夾纈、蠟纈、絞纈、鹼印、拓印幾種。夾纈是最流行的印染，它起於北朝末年，係以兩塊雕鏤相同的圖案花板，將布帛夾在中間，然後入染，也有染成二、三種色彩的。可以作為婦女的披巾，更可作為家具的裝飾。日本正倉院便藏有唐代的夾纈山水屏風和夾纈鳥木石屏風等多種。絞纈又稱「撮纈」，是民間常用的印染法，係用線將布釘紮成各種花紋然後入染，形成具暈染效果的白花紋飾。阿斯塔那古墓中出土一種用淡黃絹為地，連續折疊縫綴，然後染成有暈繝效果的棕色菱花遍地紋樣，這是比較複雜的一種絞纈，而此件也是目前發現最早的「撮纈」實物。

刺繡運用極為普遍，不僅用在服飾上，也用作佛像和佛經，其繁麗精巧之狀在唐人的詩文中多有吟詠。史載武則天晚年曾命繡工繡製淨土變相

137. 藍印花棉布
新疆巴楚古城出土，為唐代棉織品實物。

圖四百幅。現存日本藥師寺講堂中的一件高二丈、長二丈一尺八寸的巨幅阿彌陀淨土變大繡帳，據研究可能便是日本持統帝時期傲效中國的淨土變相圖繡成的；其上繡有阿彌陀佛、脇侍菩薩等像百餘尊。另敦煌千佛洞中為斯坦因竊走的文物中亦有唐代辮繡佛像，長一丈多，氣派莊嚴無比；還有一件靈鷲山釋迦說法圖繡帳，全為平繡法所繡。唐代是刺繡針法大創新的時期，由現存實物看，此時已有餤針、攙和針、紮針、蹙針、平金、盤金、釘金箔等多種針法；餤針和攙和針的出現，使刺繡作品能製作出色彩退暈和暈染的效果，再加上各種平繡針法的配合，便可以反映各種物體的紋理質感，此使得刺繡的藝術表現力大為增強，為後來宋代繪畫性的刺繡藝術創造了發展條件。

阿斯塔那古墓中還發現雙面錦和緙絲，過去認為雙面錦是明代林洪發明的，而緙絲則起源於五代；現在看來這兩種織藝又是唐代的發明了。

（蘇啓明撰）

會合中西的金屬和玻璃工藝

隋代的金屬工藝實物目前僅見西安李靜訓墓中所出，有金杯、金項鍊、金手鐲、金戒指、銀杯、銀筷、銀勺等，大多帶有波斯風格，顯示當時中外文化交流密切。

唐代中西交通貿易更加發達，受西方的影響，王室貴族非常喜歡使用金銀器，除了設官開礦製造外，復常以各種名目索貢於地方；而地方官員為巴結朝廷權要，亦往往不惜所貲訂製金銀器進獻之。這些事情不僅史乘多有記載，即今日出土的許多唐代金銀工藝品中也多明白註記。

白居易有詩曰：「銀生楚山曲，金生鄱溪濱，南人棄農業，求之多辛苦，披砂覆鑿石，砳砳無多春。」出土物證實唐代的金銀器工藝可能以南方為主。據《唐六典》載，當時金的加工方法就有十四種，即銷金、拍金、鍍金、織金、趿金、披金、泥金、鏤金、撚金、餤金、圈金、貼金、嵌金、裹金等。至於冶銀的方法，是用灰吹法，就是用上等爐灰先作成灰窠，再將含銀的鉛砣置於窠中，加熱使熔化，鉛入灰中而純銀則留在灰窠上；其器物製作則主要採用錘打法，並有切削、拋光、焊接、刻鑿、鉚、鍍等各種加工手續。

初唐時期的金銀器可以甘肅涇川縣大雲寺舍利石函內的金棺槨和金銀釵為代表，係以錘鍱焊接法製成，陰刻纏枝忍冬花紋，整體上看仍具有南北朝的某些風格。盛唐時期的金銀器工藝實物出土甚多，其中如西安東北郊大明宮東內苑遺址所發現的銀盤和銀鋌；西安南郊何家村窖藏的二百七十件金銀器；及湖北安陵王子山唐吳王妃楊氏墓出土的一百餘件金銀首飾

等，都極具代表性。大明宮出土的銀鋌有四條，每條重六十餘兩，上刻銘文，表明是楊國忠領銜進獻給唐玄宗的貢品；大銀盤有二個，均鎏金，為六瓣花口，邊飾曲枝牡丹花紋，盤心隱起回首張口的行獅，極為生動。何家村的窖藏金銀器有碗、杯、觴、壺、盒、匜、熏球、釵、梳背等，種類相當豐富；其中舞伎八棱金杯、掐絲團花金杯、寶相花銀蓋碗、鸚鵡紋提梁壺、仕女狩獵紋八瓣銀杯、球形鏤空銀熏爐等，無不出棱見瓣、備極工巧；最特別的是一件銀壺，外形仿皮囊壺器，器身兩面各浮凸一匹銜杯舞馬，馬身塗金，頸繫飄帶，搖首揚尾，狀至可愛。據《明皇雜錄》等文獻記載：唐玄宗曾命人訓練四百匹舞馬，會隨著音樂跳舞，玩各種把戲，

每到「千秋節」（即玄宗生日）就命舞於勤政樓下，使百官一同觀賞娛樂。類似的舞馬造型在唐代的陶塑中亦有發現，顯然確有其事。

　　中唐時期的金銀器有陝西耀縣柳林背陰村出土的窖藏銀器十九件，是當時的鹽鐵轉運使敬晦準備進獻給唐宣宗的，其中有塗金刻花五曲銀碟一件，碟心刻大葉團花，內腹又刻五簇大葉橢圓形花朵，作工猶有盛唐遺風。比較重要的是江蘇丹徒丁卯橋出土的九百五十六件金銀器群，其器胎均薄，鏨刻的圖案有一種淺隱的柔美效果；有一件塗金龜貝的玉燭，底座是一隻銀龜，昂首曲尾，背負圓筒，筒身刻滿龍鳳卷草紋，並有「論語玉燭」四個字，筒內便放置刻有《論語》章句的五十支銀酒籌，支支精美。

138. 舞馬啣杯紋銀壺　/ 高18.5公分
陝西西安何家村出土，現藏陝西省博物館。

140. 海獸葡萄紋鏡　/ 徑11.3公分
海獸葡萄是唐代常見的紋飾，頗有融合中西藝術風格之美。
國立歷史博物館藏（9793）

139. 鴛鴦蓮瓣紋金碗　/ 高5.6公分口徑13.7公分
陝西西安何家村出土，現藏陝西省博物館。

141. 雲龍葵花紋鏡
此種紋飾的銅鏡為皇室專用，又稱「天子鏡」，玄宗常於壽辰時頒賜群臣。本件為國立歷史博物館藏品，曾於2000年在台北「龍文化展」中展出。

「玉燭」是古代行酒令的器具，這樣費工的製作尚屬首見。

晚唐的金銀器有陝西藍田楊家溝出土的十一件金銀器，和浙江長興出土的一百餘件金銀器。前者有鴛鴦綬帶紋銀盤、鳳啣綬帶紋五瓣銀盒等，也是地方官吏進貢朝廷之物。長興的金銀器有銀杯、羽觴、湯勺、釧、釵等。此外江蘇鎮江、廣東廣州亦出土不少晚唐的金銀器，紋飾風格較粗獷，很有地方特色。

從以上出土的金銀器情況來看，可知唐代金銀器工藝自始至終盛而不衰；而各個時期的器型及紋飾變化是周而復始的輪番流行著；南方的影響在中晚唐時期似乎還超過北方，此與唐代後期南方對外關係發達而西北國勢萎縮大概也有關係。

銅鏡是唐代另一項重要的金屬工藝。由於瓷器逐漸普遍，許多生活用品都不再用銅來製造，唯獨照面用的鏡子在當時仍無法用其他材質取代，因此銅鏡工藝仍續有發展。又唐代王室貴族癡愛金銀器物，賞賜饋贈率以金屬工藝品爲尚，銅雖不如金銀貴重，但也不是普通金屬，仍有一定價値，受到金銀器製作的影響，其工藝水準也日新又精，一般士庶買不起金銀器當禮物送人，用精美的銅鏡也不錯，於是社會不分貴賤逐漸形成一種喜歡以銅鏡作獻禮和饋贈的習尙，這也就更加促進銅鏡工藝的進步，並形成唐代特有的美術風格。

根據出土的實物看，唐代早期的銅鏡製作仍保存漢晉六朝以來厚胎圓鏡的風格，鏡背紋飾變化不多。到中晚期時才打破過去的形制尺碼和圖案規格化的陳式，出現了薄胎的方鏡、菱花鏡、葵花鏡等，圖案也不大用四靈、乳丁、重山等傳統的漢式圖案，而多以花草、鳥獸、人物自由組合，雖也講究對稱，但更富變化。其常見的裝飾題材有海獸葡萄紋、雙鸞銜綬紋、花卉紋、花鳥紋、走獸紋、表號紋，和人物故事神話紋等；其中走獸紋特別能表現唐鏡的設計水準，它喜歡用龍、虎、狻猊等瑞獸爲題材，在有限的鏡背空間上，還要避開鏡鈕，設計眞是煞費周章，然而從出土及傳世的一些走獸紋鏡看，無論是龍是虎卻皆矯健生動，飽滿而不造作，實在不簡單。人物故事神話紋也是唐鏡創新的圖案，不僅古代傳說或神話故事如伯牙彈琴、孔子問榮啓期、王子晉吹笙引鳳、眞子飛霜、嫦娥奔月等常被用爲裝飾題材，即唐人現實生活中的打馬球、狩獵等習尚也作圖入鏡，相當反映唐人開朗不狹猊的文化性格。

唐鏡的鑄造加工也有創新之處；如金銀平脫法，以金銀捶成薄片後，按圖案要求製成所需的形樣，然後粘貼在鏡上，再整體刨光即成。又如包金、鎏金、錯金，及各種鑲嵌技術等，也常被運用在銅鏡的裝飾上，故知其受金銀器工藝的影響很大。就成色言，唐鏡也較符科學原理，分析其銅錫鉛比例約爲七十、二十五、五之比，由於錫的比例較多，故一般呈灰白色；鏡面勻潔清晰、花紋也富立體感；有些小型的鏡面還呈微凸，可以照全人面。這些特點也爲後代所繼承。

玻璃工藝到了隋唐時代有振興之勢。原來自魏晉南北朝以來，中國本土發明的玻璃製造技術逐漸爲西亞和羅馬傳來的外國玻璃成品所取代；北魏末期直接輸入西方的技術來製造自己的玻璃器，於是刺激了中國匠人重新尋找失落的本土玻璃製作法。如隋朝的太監何稠便不斷嚐試從燒青瓷的方法中燒製玻璃，後來獲得成功。西安李靜訓墓中出土的淺綠色玻璃瓶、罐、杯、珠、卵形器等，其質感就很

像當時的北方青釉，或許便是何稠的成果。

　　唐代王室貴族日用當中也寶愛玻璃器，特別是舶來品，這無形中也促使本土的玻璃製造不能不吸收西方的技術經驗。目前出土的唐代玻璃器主要分布於陝西三原、甘肅涇川、黑龍江寧安、遼寧朝陽等地，數量甚少。此外何家村的窖藏中也有幾件波斯製造的環飾玻璃碗。朝陽、涇川、三原出土的玻璃器呈青黃色，半透明，質地輕脆，經分析含鉛量都在百分之六十五左右（三原的較低），屬高鉛玻璃。其形式有碗、瓶、盤、杯等，具中國器物造型特點，但多以吹製法製造，可謂是融會中西的典型工藝了。

（蘇啓明撰）

142. 單把手瓜形玻璃瓶 ／高16.8公分
唐代時期由羅馬傳進的玻璃製品，係吹製而成，底部有鐵夾留下的痕跡。
國立歷史博物館藏（85-334）

143. 玻璃大碗 ／高12公分 口徑19公分 底徑9公分
亦吹製成型，但經過拋光，因此透明度佳，由造型看，應為唐代的本土製品。
國立歷史博物館藏（85-212）

法度謹然的唐代書法

　　魏晉時期奠定的各種書體，到了唐代都有發揮且都達到相當成就。在草書部分，草書的發展是從章草、今草到狂草，唐代中晚期草書本有的靈動、活躍、線條奔放等特色與來自其他書體的刺激，再加上個人的情感表現乃創造出輝煌而具代表的草書風格。在行書部分，魏晉時期的行書著重飄逸神采，到了唐代也被發揚光大，王羲之的書法風格成為行書學習的一條主軸；中唐顏真卿的書法特色與唐代壯盛的國勢有著相互輝映的現象，而其行書的面貌也開啟了行書學習的另外一條主軸。在楷書部分，書體隸變到楷書規範化正是在唐代完成，就連早期通行的篆書和隸書，到了唐代也展現新的生命，使得作品更具藝術性。顯然中國書法藝術的古典基礎在唐代已然完成。

　　唐代初期的書法作品風格，主要的影響來自以唐太宗為主的皇室喜好和引導。由於皇帝對書法的喜好，造成民眾對於收集書法的熱衷，以及社會重視書家的風氣。書法的發展雖然尚未成為一種晉身上流社會的手段，卻已經有著獨立成為一門藝術的趨勢。另一方面來自隋代的碑刻字形，線條明快、稜角清楚，成為楷書在唐代發展的一項特色。

　　相對於楷書工整規矩，唐代的行書與草書則出現多樣而豐富的景象。早期行草的風格主要以王羲之的風格為主，後來李邕出現，行書的面貌從王字中脫出，並造成一種雄強的氣勢，這一氣勢主要是因為在結字上採用了較敧側的方式，由骨架來表現其氣度。中唐顏真卿的出現，為唐代行書開創了一條更新的道路，因為顏真卿的取法是遠溯篆書，也就是要求其用筆中鋒，這一方式便與王氏點劃用側鋒而產生嫵媚的外形有了截然不同的狀況。

　　整個唐代的書法表現約略分為三個階段：承繼建立期、勃發期、整理期。從唐代建國到孫過庭〈書譜〉出現前，是唐代書法的承繼建立期。主要在於楷書表現及尊崇王字風格兩大特點，兩大特點都是在傳統有一定的學習和努力再加上個人風格的表現而成。初唐時期的楷書，是以崇尚晉代為根基，將自然無拘束的楷書，精心苦練後建立起新的風貌；也就是說楷書的創作思想是將晉代王羲之書法精神，經過焠練而後復興的文化產物。其具體表現是在外形上將漢代的隸書與魏晉的楷書重新結合，在結構上蘊含漢隸的整飾，筆法上約略採用王羲之的隸法，不像北魏的碑刻作品那樣強悍，而是脫離隋代風行的方形字體，轉而朝向楷書特有的狹長字型。這一類型的楷書悠悠自適，洋溢著頗具古雅的意趣，如果對應當時的政治狀況，無疑是在這開立新象的時代樹立起最適合、最優雅的風格。

　　王字系統尊崇地位的建立，以李世民的影響為最重要。李世民對外開拓疆土，對內改革政治，用人唯賢，發展科舉制度，造成了歷史上有名的貞觀之治。在書學觀念上，也竭力推崇王羲之書法，其行書作品明顯可見承襲自王字風格的痕跡，不僅是在字體形象上追求神似，通篇架構上也作相同的努力，這種方向的採定使得書法的愛好產生重大的迴響，使得王字的傳統在此時起便成為書家學習的重要方針，整體面貌展現著一種尊貴的氣度。

　　第二階段是孫過庭〈書譜〉的完成到韓愈〈送高閑上人序〉的出現，是書法表現的勃發期。這一時期的政治是先經歷一段強勢發達的永徽之

治，繼之產生變革的武則天主政，而後又重新發展到整個唐代的最高峰開元之治，然後到安史之亂而逐漸因動亂而衰弱的歷程。玄宗時期的社會安定對於文化建設有著相當影響，不只是前期纖麗的文風逐漸疏淡，書法的創作也較為多樣而蓬勃。再者，這個時期國勢壯大，來自外域的藝術豐姿，與國內自身力量交互衝擊，藝術品的內涵與形式，甚至製造的技巧都產生融合，各項藝術的發展都有極大的表現空間，無論是文學或是美術、工藝作品，每一單項都出現特別鮮明的具體形象；也可以說，唐代是經由這一時期輝煌的文化表現而擴展其時代的偉大。就書畫藝術發展而言，來自西域的藝術觀念被中土大量接受，也體現於壁畫及經書的書寫。

相似於前期的狀況，王字的影響依舊存在，而對於王字的收藏和摹刻風氣則更盛；又初唐三家的書法風格因為受皇室所重也成為當時社會學習的主流。不過屬於承襲自隋代書法風格的那種銳利趣味已經消失，繼之而起的是較為寬容的面貌。所謂「勃發」，便是在這種書法廣泛被大家接受而學習者從以往基礎上再求發展的行為來論。

德宗時期的顏真卿是勃興期最重要的人物，其書法的表現風格，是將從晉代以來的流美風尚，一變轉成為敦厚風貌。這種型態上的改變，影響往後中國書法的開展，自此在書法的學習途徑有秀美與沈雄兩路，即代表流美的王字系統與代表沈雄的顏字系統。從社會的觀點來說，代表著盛唐的民風在此時得以充分的發展，而書法所代表的時代感，是一種迎合社會要求，代表著忠貞的氣味以及軍事紀律的嚴謹。顏真卿的書法風格映和著唐代的豐功偉業。因為國勢富強，經濟力量足以引發的變動，一是對於藝術品的欣賞與收集；另外則是有個性特色的作品被認同。就前者而言，在文學作品、繪畫作品、書法作品上都促進作品的產生；而後者更將這些藝術家的主觀意念作正面的回應，使之在創作的過程有著寬廣的空間。兩者良性互動便為這一時期的藝術社會做出貢獻。代表這一時期的行草書作品，從李邕突顯王字的骨架以後，詩人李白繼之以熱情，而張旭、懷素則將草書引入狂逸豪放的境界。顏真卿則銜接上期規矩方整的遺意，更上追遠古篆書的趣味，所謂「納古法於新意之中，生新法於古意之外。」建立一種符合這一時期的基本精神的字型，而使楷書的另一標準在此確立。八分書有皇室的表現和徐浩的努力，雖然未能像漢代那般豐富，但是卻可

144. 高閑上人行書〈千字文〉 ／ 長311公分 高30.8公分

以作爲後續隸書學習的標竿。篆書表現最突出的爲李陽冰，無論是從豎立時代意義或是考證古文之功都有可觀的成效。

韓愈的〈送高閑上人序〉出現後到唐代滅亡，是唐代書法的衰退整理期。時間約爲敬宗到宣宗，即從公元八一〇年到九〇六年間。

安史之亂後，爲挽救日漸衰微的國勢，國家採取尊崇儒學的作法，加強正統思想的地位。狂草書法藝術，顯然有悖於經世致用的儒家倫理，也與中庸含蓄的傳統審美規範相抵觸。這是中、晚唐的士大夫階層基本上不寫狂草的原因。然而狂草這門藝術卻在僧人書法家中流行起來。因中、晚唐正是佛教禪宗熾盛時期。禪宗主張離法自淨、一任自然的禪理與狂草的表現最相符合，因而出現了懷素、高閑、亞栖、彥修、獻上人、修上人、景雲、貫休、夢龜、文楚等書僧，他們都是以書狂草出名的。其中最負盛名的懷素，當時就有以狂繼顛之說。他是張旭狂草的傑出繼承者，而且把張旭肥勁的筆法轉變爲瘦勁的筆法，在狂草藝術上有所發展創造。

總結唐代書法發展的歷程，其律動大致如下：承繼建立期結字嚴謹字體偏長，發展勃興期結字寬博字體稍方，衰退整理期結字緊俏字體稍斜。從一開始楷書的偏長體態，到厚實體態，到傾側體態，字形呈現變化，逐漸表達自由的趣味，如果把相對於點畫安排的過程納入思考，則唐代楷書可以說是從整齊而逐漸向尚意過渡，這樣的一個過程便爲宋代書法風貌開啓了有力的基礎。

又縱觀唐代三個時期的書法狀態，初唐是強調法的，表意的藝術思想在科舉制度中受到了嚴格的限制。它對不久前成爲獨立藝術的書法形式起到了完善作用，並完成了南北書法的融合統一。盛唐是一個開放的偉大時代，因而出現了極致表意的狂草書法和大氣磅礡、法度謹嚴的顏體楷書，它們是唐代新書體的代表。表意和法度在這時期都得到了充份的發揮。由於尊崇儒學，就更加地強調法度；但這時強調書法法度的目的，和初唐、盛唐不同，不是在豐富其藝術性，而是爲了經世致用，使書法脫離藝術性。（蔡耀慶撰）

145. 歐陽詢楷書〈九成宮〉拓本

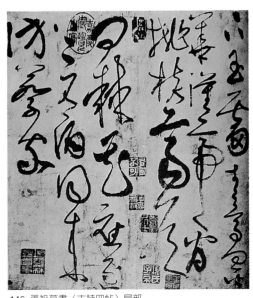
146. 張旭草書〈古詩四帖〉局部

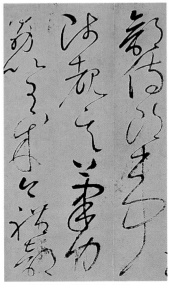
147. 懷素草書〈自敘帖〉局部

青白瓷觀音像龕　／長13公分寬8.2公分高17公分

元代景德鎮製品，國立歷史博物館藏（76─299）

五代宋遼金夏元

青白瓷觀音像龕　／長13公分寬8.2公分高17公分

元代景德鎮製品，國立歷史博物館藏（76─299）

五代宋遼金夏元

從唐朝覆亡到明朝建立以前這段時期（公元907年至1368年）的中國是一個幾大民族並爭的局面；以中原地區而論，自公元九○七年起，便先後有沙陀、漢、契丹、女眞、蒙古等民族在此建立國家政權；而在公元一○三八年到一二三四年的二百年間，中國境內更是至少同時存在三個不同民族所建立的三個王朝。在這樣交錯的時空背景下，中華文化有很特殊的表現。

所謂「五代」，實際是唐末藩鎮割據情勢的延續。其在黃河流域，相繼出現了梁、唐、晉、漢、周五個王朝政權；而與之同時的廣大長江流域及其以南地區則先後並存了九個獨立王國，他們雖在政治上相互對立，但經濟及文化上的交流則未嘗中斷；一般而言南方且較北方進步繁榮。

兩宋國勢不如漢、唐，但因科舉制度的影響，社會階級界限漸趨泯除，士人階層成爲推動文化的主力；加以經濟較前發達，各項文藝活動遂呈空前蓬勃之現象。

遼、金、西夏、蒙古是與兩宋同時並峙於中國北方及西北方的王國；其中蒙古於十三世紀上半葉先後進行三次西征，然後回師滅掉西夏、金、及宋，建立了地跨歐亞洲的大元帝國。在元帝國的統治下，東西文化相互融合，交通貿易不絕，各種傳統工藝都有新的發展；然而由於人文環境不同，若干淵遠流長的文藝創作也不得不以另外一種面貌出現。

繪畫、瓷器、錦繡，漆器等是此時期表現最傑出的美術工藝，此與當時繁榮的工商經濟有關，而工商所以繁榮則與宋元政府積極提倡有關；但更重要的原因則是社會型態的變化。蓋唐代以前的社會士庶階級分明，一般人民世代依附在農地上討生活。自科舉制度實行後，傳統的世族階級逐漸消失，社會流品取代社會階層，人的身份地位可經由科舉考試而改變，於是資源分配較以往有更多的彈性；又自唐代晚期實施兩稅法後，一般人民可以脫離土地的束縛，轉而向工商業找出路，此對百工技藝的興起更有關鍵作用。

在宋元各種工藝成就之中，科學工藝是非常特殊的一項。中國古代科學起源甚早，歷經漢、唐的發展，至宋元時代而達至顚峰，它不僅直接影響到當時的日常工藝製作，也在某種程度上改變著人們的思想觀念和生活方式。

宋代由於發明活字印刷術，知識流通和保存較以往任何時候都便利；同樣的，由於百業發達，生產豐富，留存至今的文物也較之前各代的爲多，可以作爲考鑑歷代文物的基準，其價值更是無可替代。

別開生面的宋元繪畫

接續著富麗華貴的大唐帝國之後，是一個動盪不安、列國紛立的分裂時代，雖然中央政權崩潰，藝術家與畫家失去了宮廷皇室的支持與贊助，但在文藝方面的發展仍舊有長遠的進步。以山水畫爲例，五代時期的山水大家首推北方的荊浩、關全，他

們開始脫離唐代的山水畫法，追求一種更為成熟的皴法表現，呈顯自然生活中體認的真山實水。

荊浩，字浩然，是一位著名的學者、畫家與理論家，其一生大半隱居在山西的太行山，著有《筆法記》，對作畫提出「氣、韻、思、景、筆、墨」繪畫六要，強調圖真。其創作理念體現在繪畫上可以現藏於故宮博物院之〈匡廬圖〉為代表，整幅山勢雄偉、直聳雲霄，以蒼勁之筆寫石之堅硬，空氣清朗通澈，山中飛泉奔流，小道迴腸縈迂，引領觀者的視線隨之穿梭迴繞，遊歷在叢山疊嶂中。這樣一種對山水寫實性的描寫，是對自然認真體會觀察的結果，荊浩在此開創了一個前無古人的山水新境，進而影響到他的弟子關全，他繪有〈秋山晚翠〉山勢雄奇、陡峭高聳，在筆法墨意之間表現出北方大山氣勢，直追其師荊浩，甚至有過之而無不及之風采。

與此同時，另一種山水風格在繁華的江南地區誕生，代表人物是董源和巨然。董源又稱董北苑，因做北苑副使得名，為南唐後主的宮廷畫家，其著名作品為〈瀟湘圖卷〉，畫中漁人張網、葭葦汀渚、山江水色、風光旖旎、不待人說，其皴法的使用與北方的荊浩、關全大異其趣，近看墨點渲漬，遠看則物相畢現，展露江南地區空氣濕潤、迷離閃爍之地域特質，而與北方天乾物燥、物相清明的斧劈鑿痕大相逕庭。另一位山水大家巨然，原是開元寺的僧人，傳有〈秋山問道圖〉，畫中二位高士盤坐圖心、論道述理、山巒疊翠、小道迂迴，吸引觀者目光步步高升。值得注意的是，畫中以披垂交錯的線條構成山勢之表現，為南方山水典型之代表，從此「披麻皴」與「斧劈皴」各代表著中國南柔北剛、土石分別的山水系統。

花鳥畫則以「黃家富貴、徐熙野逸」分佔時代鰲頭，其影響且及於日後中國花鳥繪畫的發展。黃筌，西蜀人，有〈寫生珍禽圖卷〉傳世，此原是供其子黃居寀練習臨摹的畫本，所繪麻雀、知了、鶺鴒、昆蟲等，皆採雙鉤填彩方式寫真，莫不生動傳神、逼真寫實，為後世建立了富麗堂皇的院體樣式。同時，另一位花鳥畫家徐熙，為南唐處士，多描寫野外園圃之蟬蝶草蟲，所繪汀花野竹、水鳥淵魚均秀逸疏散，與黃筌之珍禽異卉截然不同，也展現出兩種殊異的美感品味。人物畫方面首推顧閎中，有〈韓熙載夜宴圖〉傳世，不僅生動地刻畫出夜宴的情節，更適切地表現出畫中人物心情與神態的變化。

經過五代長達半世紀的動亂，人們逐漸將注意力轉向山石湖泊、花草鳥獸等題材的表現，在畫家長時期的關注及努力之下，終於將中國的繪畫帶入黃金時代。

宋朝結束了五代時期中國北方戰亂紛擾的局面，在重文輕武的政策領導與朝廷提倡、成立畫院的情況下，繪畫藝術空前繁華，造就了中國難得一見的藝術盛世。山水畫一方面承繼著五代的古典傳統，另一方面又繼往開來的另創新局。其卓然成家的首推李成，他出生於書香門第的貴族世家，學識淵博、畫境深遠，善畫寒林，其〈寒林平野〉與〈寒林圖〉兩件傑作藏於故宮博物院，所繪景色清曠、煙嵐重深，將寒林平遠蕭瑟的特質發揮極致。與貴雅博學之李成相對的是質樸開朗之范寬，范寬惟一存世的不朽名作〈谿山行旅圖〉，以大山堂堂之姿雄踞畫面中央，以凝重森然的氣勢擋住觀者視線，向世人展現「存在」的份量與價值，它的峻偉迫使你不得不停睛凝視，它的剛陽則激迸你歡喜讚歎，進而從山石的質感皴擦中體會自然與人生的真諦。劉道醇曾

148. 范寬〈谿山行旅圖〉
現藏國立故宮博物院

言：「李成之筆近視如千里之遠，范寬之筆遠望不離座外」，貼切的將二人繪畫作出最好的比喻。郭熙字淳夫，他是宋神宗時代山水畫壇上的重要人物，著有《林泉高致》，提出三遠—高遠、深遠、平遠之觀點，對後世影響極大，傳世作品為〈早春圖〉，畫中空氣如蒸，山石雲氣相互掩映，春靄朦朧、冰雪融化，一片早春欣欣向榮之景像，而山徑縈繞頗有柳暗花明又一村之驚奇，符合「可行、可望、可居、可遊」之畫趣。米芾卜居潤州（鎮江），受波濤風帆、江上雲煙的長期薰陶，創造了獨樹一格的「雨點皴」；其子米友仁克紹箕裘，有〈雲山得意圖〉傳世，以濃淡乾濕的筆墨將雲山表現得傳神秀潤、氣象萬千，而開創出以墨暈為主的「米派山水」，不斷受後人揣摩學習。

從北宋末引導山水畫進入南宋的橋樑人物是李唐，傳世作品有〈萬壑松風圖〉，全圖採用開門見山的主體置

149. 郭熙〈早春圖〉
　　傳郭熙作此圖係為歌頌王安石變法的成效，雖含政治意味，但意境高超，致連新法的反對者蘇軾等
　　亦對此畫發出由衷讚賞。原作現藏國立故宮博物院

150. 李唐〈萬壑松風圖〉
現藏國立故宮博物院

中構圖，山石皴法厚重踏實，松蔭潺泉，筆法墨意層次分明，深具音樂的律動感。另外，馬遠、夏珪以獨特的「馬一角、夏半邊」稱世，其構圖強調角隅的邊陲性格，與北宋主體置中的繪畫習慣有所不同。馬遠有〈雪灘雙鷺圖〉傳世；其子馬麟承其衣缽，在畫面詩情的營造上有更上層樓的雅境。夏珪以〈溪山清遠圖〉寫江山無限、帆影掩映之風光，其空靈清妙使人歎爲觀止。劉松年則以青綠山水著稱於世，世人稱此四人爲南宋四大家，爲輝煌的宋代藝文盛世寫下璀璨的一頁歷史千秋。

花鳥畫方面則以北宋崔白的〈雙喜圖〉爲著名，他不僅採用黃筌以降的鉤勒塡彩畫法，且加入了大筆揮灑的技巧，通體和諧自然，講求畫中動物鳥禽之間的互動關係，從此花鳥畫逐漸脫離裝飾平板的圖樣意味，而朝向畫境深遠、興味盎然的追尋。易元吉則以善畫猿猴聞名於世，所繪〈枇杷猿戲圖〉，在粗糙的樹皮與爛熟的果實之間，二隻攀憩樹上的大猿正在彼此交談、眼神相望，除前景樹石的描繪之外，絹面的留白使得畫面本身產生了立體如浮雕的效果，花鳥畫從此又往前邁進了一大步。南宋林椿〈山楂霽雪圖〉以金線勾勒花瓣，白粉點綴形成花上積雪，美而不豔、嬌而不俗。李嵩的〈花籃圖〉嫣紅妊紫美不勝收，不僅在有限的容器中以小見大，更可一窺宋代的插花藝術。

風俗畫方面則以張擇端的〈清明上河圖〉爲代表，以寫實的手法、長卷的形式，描述宋朝城市經濟的繁榮，爲我們提供了十一世紀中國民間生活的寫照。而道釋圖方面則受道教與禪宗的潛移默化，產生了石恪、梁楷的逸筆風格。如石恪的〈二祖調心圖〉以粗放率眞的筆法簡單勾畫，筆簡意賅，意境深遠。梁楷的〈潑墨仙人圖〉和〈太白行吟圖〉均以筆墨之趣寫形相之神，追求一種濃淡黑白、虛實相應的禪境，東傳日本影響至爲長久。

151. 夏圭〈溪山無盡圖〉（局部）
全圖爲長卷形式，長1639.5公分，高38公分，卷末署有「臣夏圭進」四字，
及明代收藏家項元汴等收藏印記多方，應爲夏圭在畫院中呈奉的畫稿。
國立歷史博物館藏（陝1）。

152. 易元吉〈枇杷猿戲圖〉
現藏國立故宮博物院

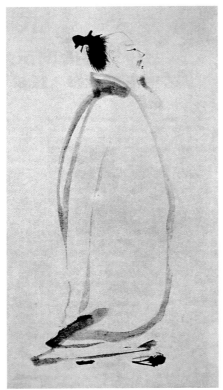

153. 梁楷〈太白行吟圖〉
現藏日本東京文化財保護委員會

「格物致知」的影響，使得各種題材的
繪畫均能充份表現出對象的物情物
性；另外詩、書、畫合一與畫上題詩
的習慣，也對後世「文人畫」的發展
產生巨大的影響。

　　宋朝雖然在藝文方面綻放出無比
絢麗的花朵，卻在國勢上衰微不振，
從十三世紀下半葉開始，北方蒙古族
的鐵蹄便征服了中原的土地，展開近
一百年的統治。由於政治氛圍的殊
異，再加上畫院制度被廢除，使得職
業畫家退出畫壇，文人也因逃避政治
而將才情轉向繪畫，在筆墨之間尋求
解脫與安慰。由於繪畫立場受到政
治、社會意識轉變的影響，在形式風
格的表現上也與前代產生莫大的差
異。

　　首先表現在復古運動之推行，代
表人物為錢選與趙孟頫，提倡以書法
入畫、摒除院畫的纖麗精巧，重視古
意與筆墨。如趙孟頫便曾說：「石如
飛白木如籀，作畫還應八分通；若也
有人能會此，須知書畫本來同」。他有
〈鵲華秋色圖〉傳世，以披麻皴寫鵲山
漫圓，以解索皴繪華山高聳，再用平
遠法將此兩座形式迥異的山結合在一
片河朔平原之上，古樸率真、趣味橫
生。趙氏於元代藝術史的地位，不僅
止於大力倡導復古運動，更重要的在
於連結宋元兩代繪畫，他是開創元代
獨立風格的先驅。

　　元代繪畫以山水畫為主流，四大
家均受趙孟頫啟發。四大家之首—黃
公望，字子久，其〈富春山居圖〉為
不世出之傑作，以披麻皴寫山石，墨
色淡雅自然、線條流暢俐落，章法構
圖無論蜿蜒曲折或平鋪直述，都展陳
了柳暗花明又一村的巧妙，為集結畢
生功力的曠世巨作。吳鎮，字仲圭，
又號梅花道人，擅以漁隱題材入畫，
如〈清江春曉圖〉在近景與中遠景的
鋪陳上，以留白表現了湖面漁隱的悠

　　綜合上述，可得知宋代繪畫不論
在山水、花鳥、道釋、人物均有長足
的發展，不僅在繪畫觀上達到了「主
客合一」的理想境界，同時受到理學

154.〈天王圖〉　／長370公分 寬255公分 絹本設色

　為宋代作品，人物造型則依據唐代類似的題材，筆法一絲不苟，設色飽滿，確為巨型人物畫之傑作。
　國立歷史博物館藏（10751）

閒自在，以濃密披麻皴表現山石厚重的質感，將隱逸之情成熟表露。倪瓚，字元明、號雲林，畫風疏散淡漠、以少勝多、以簡馭繁、惜墨如金，畫面常以「一河兩岸」的形式呈現，為中國「留白」空靈的最佳代言人；畫面逸筆草草、不求形似，蕭條澹泊，為世間難畫之境，以〈容膝齋圖〉、〈紫芝山房圖〉為最佳例證。而風格與之相對的是王蒙，其山水濃郁繁密，具蒼鬱虯結之勢，線條交纏扭轉令人有喘不過氣來的壓迫感，頗有表現主義的情感形式，以〈花溪漁隱圖〉、〈具區林屋圖〉為代表。

　　綜合有元一代，繪畫不再如宋代畫家一般，努力追求外表物象的形似，而逐漸成為一種獨立的美學表現，進而脫離真山實水的寫實意象，轉為心靈的抒發與寄寓，於是書法入畫、題跋墨戲愈盛，以物託情、以象寓意，講求文人筆墨的才氣，從此強調真山真水的自然寫生畫日漸沒落，而追求筆情墨意的寫意畫大行其道。這種「書畫合一」的風尚一經形成，即根深蒂固地成為中國水墨畫壇的圭臬，影響之深遠及明清、甚至今日。

（韋心澄撰）

156. 王蒙〈葛稚川移居圖〉
現藏北京故宮博物院

155. 吳鎮〈漁父圖〉
現藏上海博物館

瓷器的興盛與發展

中國陶瓷的發展，至唐代已形成瓷器的成熟期，白瓷、青瓷、彩瓷均各成系統，並以窯名稱之。五代南唐承繼唐代越窯燒製青瓷的良好基礎，開發了釉色優美的「秘色瓷」進貢，主要窯址在浙江餘姚上林湖地區，但燒製時間極為短促，隨著五代政權的結束，其燒製方法亦隨之失傳。

宋代經濟發達，瓷器工藝亦得以充分地大力推進，在傳統的基礎上力求創新與突破，是中國陶瓷史上極重要的時期。名聞遐邇的五大名窯，汝、官、哥、定、鈞以代表官窯系統著稱於世，是精緻瓷品的重要產地。其他還有河南磁州窯、浙江龍泉窯、陝西耀州窯、景德鎮窯、吉州窯、建窯等亦燒製大量的瓷品，並曾大量運輸國外，成為當時重要的貿易品項之一。各地窯系的形成，如以釉色區分，約可分為白瓷、青瓷、黑瓷、彩瓷四大系統；每一系統的形成，各有其特殊的人文、地理因素，而形成該窯系共通的特徵。

白瓷

宋代白瓷的燒製，以北方地區的定窯為代表。窯址發現於河北曲陽靈山鎮附近的澗磁村、燕山村附近，即為古代的定州。從唐朝，經五代至北宋時達於鼎盛。此外在河北磁州，河南禹縣、登封，山西的介休、平定，陝西的耀州等均有仿定瓷的產品，南宋時亦在景德鎮仿定瓷燒造「粉定」（或稱南定）的白瓷；另外遼瓷中的作品，亦以仿定瓷居多數。

定瓷的極盛時期在靖康之變以前的北宋，其作品的主要特徵在胎土選取的嚴格與精細，力求純淨潔白。裝飾方法以劃花、刻花、印花三種方式為主。劃花採用竹片或金屬刀具刻劃表現的圖案紋飾。刻花有直刀、斜刀的刻法，一般刀痕較劃花寬，刻度較深，刀鋒痕跡較為明顯可見；劃花的線條較細，並出現竹絲的刷痕。印花則用印模，趁泥坯未乾時壓印使其顯現圖案。

定窯的產品以碗、盤、杯、盒為主，瓶、壺較少，因此主題紋飾均在器內表現較多。一般題材，繼承唐代以來生活化的風格，常用花卉、蔓草、飛禽、游魚、嬰戲等主題；其將紋飾鋪滿全器的技法，可能與宋代緙絲或織錦圖案有關。定窯器面的紋飾，層次分明，布局疏密有致，滿而不繁，清新悅目，其瓷工的審美設計觀念確有獨到之處。由於器面花紋具有深淺凹凸的不同厚度，罩上釉後，會產生非常微妙的光影變化，是定窯白瓷最吸引人品賞之處。定窯因為器胎極薄，為避免變形，都用覆燒，因此口緣呈澀邊，傳世定窯瓷品常見金扣、銀扣或銅扣包鑲以增加美觀。定瓷因釉面流動的積釉，產生淚泪痕，為一般鑑定定瓷的重要依據。白瓷整體呈現的淡雅之美，在定瓷得到極致的展現。北宋政權南遷後，金朝曾繼續燒製定瓷，直至滅亡。

157. 刻花白瓷棒槌瓶

／高26公分 底徑8公分
宋代瓷器，瓶身刻龍雲紋飾。
國立歷史博物館藏（6992）

158. 白釉菱花口碟
宋代瓷器，全身素白無紋，僅碟口作菱花狀，
充分顯現宋代藝術的樸素高雅氣質。
國立歷史博物館藏（78－82）

青瓷

　　宋代的青瓷，繼承唐、五代的良好基礎，發展特別迅速。尤其以汝窯、龍泉窯及耀州窯三地所產最重要。北宋汝窯有「諸窯之魁」稱譽，代表宋代皇室致力追求釉色之美的極致。主要是以鐵呈色，並用瑪瑙入釉，達到如「玉」般呈現的溫潤效果。窯址發現於河南寶豐清涼寺，證明為官窯製品。真正貢瓷的汝官瓷，只在北宋晚期燒製，時期極短；香灰色胎地，胎薄釉厚，釉面呈淡青，轉折之處胎地隱隱可見，呈淡淡紅色，互相對應十分協調美觀。器為滿釉，用支釘燒製，留有極細小的芝麻釘痕，但較大器物亦有墊燒。汝窯品只少數傳世，釉色之美前所未有，器型莊重優美，特有的尊貴幽玄品味非任何瓷品所能取代，為宋代官窯產品之首。

　　宋代最普及化的青瓷為龍泉窯瓷器，窯址位於浙江龍泉縣附近地區，亦發現於金村、溪口等地；其同一窯系亦分布於福建的浦城、松溪一帶。創燒於北宋早期，至南宋達到鼎盛，並繼續發展至元明時期。元代時以大件器品大量運銷海外，產品並改用石灰釉，以粉青、翠青及梅子青稱絕於世；又出現素胎印花堆貼裝飾，但釉色已有帶黃特徵，是宋元時期最重要的貿易瓷品，明朝尚維持一段燒製時期。

　　北方青瓷以陝西銅川黃堡窯的耀州瓷規模最大。釉色呈橄欖青，裝飾以斜刀刻花最具特色，宋中期以後以綜合運用的剔花、印花、鏤空技法配合梳櫛所刻劃的篦紋，極為美觀。裝飾題材以植物紋、動物紋或兒童、飛天等人物紋飾為主，亦為宋代青瓷的重要窯系之一，元代以後日趨沒落。

159. 青釉蓮瓣碗　／高8.3公分 口徑7.2公分
宋代龍泉窯產品。國立歷史博物館藏（78－83）

160. 青瓷刻花瓶
／高30公分 口徑10公分 底徑9.3公分
為北宋越窯系瓷器，器身紋飾為蓮葉，瓶蓋則
以蓮花為飾，全器有一種清麗出塵之美。
國立歷史博物館藏（76－293）

彩瓷

宋代彩瓷，以鈞窯最享盛名，產於河南禹縣神垕鎮，後來擴及臨汝、湯陰等地。鈞窯原屬青瓷系統，色釉呈乳濁，有如月白；其青色釉有時會因窯變而呈現銅紅色斑，妍麗如彩霞。北宋徽宗時專燒宮廷所用花盆，器皿以「一」、「三」、「五」等數字刻銘，造形優美。金、元繼續燒製，但器底無釉或胎粗厚，已不如宋代。

民窯以磁州窯最普及，同一窯系幾乎遍及大河南北之中原地區：窯址以河北彭城附近為中心，包括修武當陽峪窯、河南登封窯、山西介休窯等均是。胎地較粗鬆，常使用化妝土；主要裝飾技法有白釉黑花、黑釉褐花及雕釉剔花等方式。其中在地紋上滿布小圓圈的「珍珠地」最為獨特，除瓶、罐、壺、碗等之外，最著名為各式瓷枕的燒製。

宋元時期，新興的彩瓷，以青花瓷最為重要，使用青料彩繪加透明釉一次燒成。青花的起源可追溯到鞏縣的白地藍彩瓷，藍料為鈷，但開始大量燒製則以景德鎮為中心，至元代燒製大盤大碗大瓶運銷海外，成為最重要的貿易瓷品，至明代更成為主流瓷品，遍及全國。

元代在景德鎮設立官窯，並生產「樞府」字銘白瓷，作為宮廷用具，因此景德鎮成為全國製瓷中心，以生產影青、青花、釉裏紅等瓷器為其特色。元代青花燒製技法十分成熟，曾經為迎合回族地區的飲食習慣，製作口徑達五、六十公分的大盤或厚重的大碗、高瓶等瓷器。釉裏紅為新燒製成功的釉色，表現元代瓷工創新求變的工藝風格。

其他尚有建窯黑釉、吉州窯、景德鎮青白瓷等，及遼三彩瓷，均為宋元時期繁榮興盛的瓷器品類。其中如建窯黑釉，其由窯變所生成的各式紋飾，如曜變天目、油滴天目、兔毫天目等各式茶碗，因為日本人茶道的重視，成為珍貴的瓷品。吉州窯則採用木葉或剪紙粘貼於器面燒製花紋而獲得突出的民間藝術效果；景德鎮燒製的青白瓷，亦以胎薄而使釉呈卵青色，具有一種清新脫俗的美感。

綜合觀之，宋代窯址分布全國各地，瓷品種類繁多，開創了中國瓷器生產的新時代，至元代更因版圖的開拓，交通的發達，與海外關係的頻繁，將瓷器工藝的優良產品，運銷海外各地，促進中西文化經濟的交流，「陶瓷之邦」的聲名因而遠播，「瓷」也成為西方各國爭相珍藏的物品。宋元陶瓷工匠的努力與付出，令我們深深追懷不已。

（林淑心撰）

161. 黑釉褐花玉壺春瓶
／高29.5公分 口徑6.5公分 底徑7公分
金代磁州窯產品，以黑釉為底，夾以褐色花斑，另具一種幽玄氣氛。
國立歷史博物館藏（76－295）

162. 磁州窯白地鐵繪瓷枕
／長40公分 寬14公分高15公分
元代磁州窯產品，此種直接在瓷胎上作畫的技法，直接影響到青花瓷。
國立歷史博物館藏（71－1332）

獨一無二的宋元織繡

　　中國織業自唐末以後進入一個新時代，而造成這個新織業時代的主要因素其一是棉的推廣；其二是機織和原料生產逐漸分離。

　　棉不是中國土生的作物，依文獻記載在魏晉南北朝的時候四川似已見棉布，當時稱作「白疊子」或「白疊布」，亦直接從印度語轉譯為「吉貝」。其來源為西域及南海。中國人有很長一段時間都以為嶺南的木棉樹便是棉布的原料。唐末有一種稱為「桂布」的據說便得自於嶺南，其白似雪，可以禦寒，很受時人珍視。新疆巴楚地區曾出土一片藍地白花的棉織花布，而阿斯塔那古墓中亦發現幾何紋圖案的絲棉交織布，證明七世紀時中國西北地區確有棉布存在。宋人筆記中對於棉之形態、種植和製布情形多有詳細記載，雖仍與「木棉」相混淆，但南方一帶的農家應已有種棉及織棉布者。（註1）故元世祖一入主中國，即致力推廣棉業，由嶺南而及於關陝，再及於江南。當時主持其事者的著眼點主要是認為養蠶織絲費時費工，不如種棉來得經濟，所謂「其幅匹之制，特為長闊，茸密輕暖，可抵繪帛；又為毳服毯段，足代本物。……且比之桑蠶，無採養之勞，有必收之效；埒之枲紵，免績之工，得禦寒之益。可謂不麻而布，不繭而絮。」（王禎，〈木棉圖譜序〉）大概從元代開始，棉布就取代麻布而成為中國平民最主要的衣服材料。這無形中使絲織轉變為一種更高級的特種衣料。

　　機織和原料生產分離原來只限於官府所設之作坊，至於民間則普遍仍處在男耕女織的傳統生產方式中。自唐末實行兩稅法，以錢代穀帛等實物課徵，人民與土地的關係出現「鬆綁」現象，機織與服料種植遂逐漸分離開

來。宋代賦稅沿襲唐代兩稅制，但為維持與遼、西夏「邦交」需要，其稅入之一部分亦規定得折為絹帛，於是民間有專門從事絹帛織造的作坊興起，以供應不生產服料的稅戶買以繳稅；甚至有以專門承攬他人租賦輸納為務者，稱為「攬戶」，納稅人若無應輸稅品之絹帛，可由攬戶代向機織戶購買之。宋袁甫知徽州時便注意到這個現象，他在給朝廷的奏摺中曾謂：「自來攬戶之弊，其受於稅戶也，則昂其價；其買諸機戶也，則損其值。」（《蒙齋集》，卷二）元代機織與原料生產分離的現象更顯著。蓋蒙古王公貴族特別愛絲，為供應王公貴族所需，元政府到處擄掠民間工匠集中於官營作坊強迫生產，其稅賦除銀錢外，並易絹帛為絲料，規定每二戶出絲一斤予地方政府，五戶出絲一斤上貢朝廷。於是一般農戶只能育蠶蝶絲，更無餘力從事織造。

163. 宋靈鷲球紋錦袍
新疆阿拉爾出土。

164. 深煙色提花牡丹紋羅單背心
福建福州南宋黃昇墓出土。

165. 棕色印金羅對襟夾衫
元代織金服飾之一種。

　　宋元時期的織繡工藝在上述的時代條件下發展起來也就顯得格外專業。如陸游《老學庵筆記》曾記載北宋末年京師開封織業的情況，他說：「靖康初，京師織帛及婦人首飾衣服，皆備四時；如節物則春旛燈球競渡艾虎雪月之類；花則桃杏荷花菊花梅花皆併為一景，謂之一年景。」當時的絲織中心除四川外，還有江南。四川錦院所產織錦有上貢錦、官誥錦、臣僚襖子錦、廣西錦等四種，全供朝廷使用，而用途有別。江南所產名目尤多，據吳自牧《夢梁錄》所載，僅杭州一地便有下列數種，並各有特色：「綾，柿蒂、狗蹄。羅，花素、結羅、熟羅。錦，內司街坊以絨背為佳。克絲，花、素二種。杜縐，又名起線。鹿胎，次名透背，皆花紋特起，色樣

織造不一。紵絲，染絲所織諸顏色者，有織金、閃褐、間道等類。紗，素紗、天淨、三法暗花紗、栗地紗、茸紗。絹，官機、杜村唐絹，幅闊者密，畫家多用之。錦，以臨安於潛白而細密者佳。綢，有綿線織者，士人貴之。」其中提到的幾種絲織物很能代表宋代的織業水準。

　　例如羅，漢代就有這種產品，宋代發展更臻精巧。它有點像紗，但帶有明顯的橫條紋，係利用經線的左右糾轉，使織物組織有聚散的變化，產生大小不同的孔眼以形成各種裝飾花紋，織造費工費時，清代就失傳了。然據文獻記載，宋時每年向全國徵收的「貢羅」則在十萬匹以上，可見當時織造之盛；其名目除了《夢梁錄》中所述外，還有方目羅、雲羅、越羅、輕羅、亮羅、瓜子羅、透額羅、孔雀羅、滿園春羅、寶花羅、牡丹羅、新翻羅、萬壽藤羅等十餘種。江蘇武進、金壇，和福建福州的宋墓中都出土宋羅實物，製作確是不同凡響。

　　紵絲是宋代的新品種，又稱「緞」。其經緯線中只有一種顯現於織物表面，其相鄰的兩根經線或緯線上的組織點均勻分布，但不相連續，所以外觀平滑光亮，質地柔軟，厚薄可隨用途調整，適用性強。照《夢梁錄》所記，則南宋的緞織品已運用織金、閃色、彩條等工藝。這種絲織品在元、明兩代大為流行，成為用途最廣的一種高級絲織品。

　　克絲又名緙絲或刻絲，它是用所謂「通經斷緯」的綴織法織成的花紋絲織物；即先排好經絲，再用小梭子織緯絲時，把計畫要織的花紋或圖案用各色絲線綴織上去，於是交接處承空而看來有一種鏤雕之美。阿斯塔那古墓中曾出土一件唐代的幾何紋緙絲帶，日本正倉院也保有唐代的緙絲實

物，因此其發明可能在唐代以前，它與北方遊牧民族緙毛的紡織工藝應有關係。宋代大爲流行，皇室亦大力提倡，北宋以河北定州所製最佳，南宋則以江蘇松江最精。當時流行將名家繪畫摹緙在絲品上以製成純欣賞的藝術品，因此發展出很多技巧來，令人嘆爲觀止。朱克柔、沈子蕃、吳煦等都是南宋的緙絲藝術名家，如現藏故宮博物院的朱克柔〈緙絲牡丹〉，即用「長短戧」的調色方法來顯現花瓣由深至淺的暈色變化，使人視之產生一種色彩和空間的混合效果。沈子蕃的作品有〈梅鵲圖〉和〈青碧山水圖〉，吳煦則有〈蟠桃圖〉，也都非常精美。緙絲在實用上多用於書畫裝裱，比錦緞更高級。

遼、金、西夏分據中國北方，長期與宋交往，其織業亦盛。如遼寧法庫葉茂台遼墓出土的絲品中便有絹、紗、羅、綺、錦、和絨圈、緙絲等七類九十餘種品項，其紋飾及織法繡工融合了漢胡各民族的傳統，十分可觀。西夏的織品實物可以寧夏銀川市郊西夏陵區出土的絲物爲代表，其中有一種「茂花閃色錦」，其經線係先經過分段染色，織起來後顯得彩色斑斕，這是中原未見的製作；甚經線較密、緯線較疏，正反面均爲經線起花，很有立體感，色彩富層次之美，從風格上看應是西北當地的產品。

元代在兩宋的基礎上繼續發展，並吸收了遼、金、西夏和其他民族的特點，把絲織工藝推向國際化。其絲織品中以織金最有名，即在織物中加入金線。（註2）

全用金線織出的叫「金緞匹」，又分金錦和金綺兩種；織後加金的叫「渾金緞」。這種織金蒙古語稱爲「納石失」或「納克實」，可能是波斯語的訛譯。據記載，元初曾從外地移入三千三百多戶回族工匠到大都，他們都擅長織造納石失。

元代織金盛行與王公貴族喜愛有關，遊牧民族質樸，認爲穿金戴銀最能顯示其華貴身份，故朝廷賞賜也都以金袍表示恩典。又喇嘛教盛行，所用袈裟、帳幕、佛堂裝飾，無一不用到金錦。而蒙古帝國地跨歐亞，掠奪的金銀很多，因此織金材料不虞缺乏，其生產織金的機構幾乎遍布全國，即使在遙遠的新疆也設置。近年在新疆烏魯木齊鹽湖的元墓中便發現織金實物，係用捻金和平金兩種方法織成，甚爲精巧。另外北平慶壽寺有兩座古塔中也發現四塊金緞匹，上面的植物紋全是用金線織成，渾然一體。塔中同時也出土兩件緙絲作品，一件織成紫湯荷花圖，可能是北宋傳下來的；一件是瑤池集慶圖，爲元末產品。

166. 朱克柔緙絲作品〈牡丹〉局部

167. 沈子蕃緙絲作品〈青碧山水圖〉

168. 元代緙絲作品〈東方朔偷桃圖〉

　　元代緙絲也喜歡摻用金彩，其織法較宋代粗放，但作品卻生動有力，如北京故宮博物院所藏的〈八仙拱壽圖〉和〈東方朔偷桃圖〉，構圖皆簡練流暢，風格甚爲統一。文獻上說元代「克絲之工，妙於南宋，而製用尤廣；進御服飾，參以眞金，組織華麗，過於前代，而精雅漸非古法。」對照出土和傳世實物，所言不虛也。

　　絲織的專業化帶動刺繡的藝術化，這在宋元兩代是可以相互比美的工藝。其在宋代則是欣賞性的畫繡帶動實用性的繡藝，如宋徽宗便於崇寧年間在皇宮內設繡院，提倡畫繡，於是一時名家輩出，如思白、墨林、啓美等俱是能手。明朝項子京《蕉窗九錄》說：「宋之閨繡畫，山水、人物、樓台、花鳥、針線細密、不露邊縫。其用絨一二絲，用針如髮細者爲之，故眉目畢具，絨彩奪目，而豐神宛然；設色開染，較畫更佳。」董其昌在《筠軒清閟錄》中亦曰：「宋人之繡，針線細密，⋯設色精妙，光彩射目。山水分遠近之趣，樓閣得深邃之體，人物具瞻眺生動之情，花鳥極綽約嚵唼之態，佳者較畫更勝。望之三趣悉備，十指春風，蓋至此乎？」由於畫繡以繡線絲理表現物象，除畫面景象外，更具有繡工肌理的美感，這是用筆墨作畫所辦不到的，故有時表現出來的藝術效果「較畫更佳」。這種技術運用到實用物上，其裝飾性就很強，如蘇州虎丘塔曾出土一件北宋纏枝花鳥十字紋刺繡經袱，花紋採用了鋪針、施針、平戧、接針等多種針法刺繡而成，於裝飾中具寫生之趣。又蘇州瑞光塔也出土一塊北宋羅地花草紋刺繡經袱，正反兩面均無線頭線結，花紋一致；浙江瑞安仙岩塔（慧光塔）也發現三件北宋慶曆年間的經袱，以杏紅色單絲素羅爲地，用黃白等色粗絨施平針繡成對飛翔鸞團花圖

169. 宋代繡畫〈白鷹圖〉軸

案，正反面花紋一樣，這些實物顯示北宋時期已發展出雙面繡的技術來。福州市郊南宋黃昇墓出土的大批服飾

中也包括許多實用性繡品，如佩綬、香囊、荷包、衣衫對襟花邊等，其使用的刺繡針法更達十餘種之多，間或施以印金、彩繪，可謂是琳琅滿目、美不勝收。

刺繡工藝到了元代被大量使用到宮廷禮服上，如元英宗時制頒輿服制，規定羅、紗、織錦、紵絲、納石失、刺繡都是主要的服飾元件，各式朝服並有一定的刺繡紋飾：天子用十二章；百官公服用大小獨科花、散答花、小雜花等；儀仗隊武士用生色寶相花及動物紋等。這些後來都為明清所沿襲。又元朝統治者崇奉喇嘛教，刺繡除用於朝服外，更多用於佛像、經卷、幡幢、寶蓋、僧帽等宗教飾物。元廷為此特設梵像提舉司專管織繡佛像的製作，由你波羅（尼泊爾）人阿尼哥主其事。所製「梵像」頗多異國風味，如現存西藏布達拉宮的元代〈刺繡密集金剛像〉便是典型的元代梵像刺繡作品，其風格也為明清的佛像製作藝術所承襲。

170. 絹繡對襟絲錦夾衣
福建福州南宋黃昇墓出土，此為絹繡運用在服飾上的實物。

171. 元代刺繡密集金剛像

172. 刺繡龍紋絲織品
元末蘇州張士誠母曹氏墓出土,現藏中國歷史博物館。

　　除了官繡外,民間的刺繡工藝隨著商業貿易需要也逐漸發展起來。從有限的出土實物看,元代的民繡可能已出現南北兩個系統,如山東鄒縣李裕庵墓出土的元代織品中,有一件綢料夾袍和刺繡腰帶,花紋樸實,針法純熟,可以視為當時北方民繡的代表。而蘇州南郊張士誠母曹氏墓中出土的羅地衣裙殘邊,繡四條龍、龍間有雲紋,運用了接針、纏針、施針、鋪針、扎針、正戧、平套、打子等九種針法,當是南方民繡之典型。一九七六年在內蒙古元代集寧路故城窖藏中,也發現一批絲織品,其中有一件棕色羅刺繡花鳥紋女夾衫,衫長五十

八公分,上繡九十九個大小不同的圖案,有鷺鷥、蓮花、蘆葦、菊花、靈芝、壽石、祥雲等,針法有打子、切針、辮繡、戧針、魚鱗針等,皆用絨絲施繡,判斷也是出自南方的繡工之手。

　　宋元刺繡無論欣賞或實用,其藝術性均很高,它比前代同類工藝多變化,又沒有後代同類工藝中的商業色彩,其在中國刺繡史上的地位是獨一無二的。（蘇啟明撰）

註1：據今人研究,古代中國境內所見的棉可能有兩種：一種是一年生的非洲棉（古稱白疊）,西北地區所見者即此；一種是多年生的印度棉（即吉貝）,很早便為西南少數民族用為服料,如1979年福建崇安武夷山岩墓船棺中便出土一批青灰色的棉布殘片,年代距今三千年左右。南宋海運大通,印度棉被大量引進中國內地種植,並推廣使用,如1966年在浙江蘭溪一座南宋墓中,便發現一條完整的拉絨棉毯,長2.51公尺,寬1.18公尺,平紋組織,雙面起絨,織法相當進步。宋末元初,棉織業已出現於江南,據文獻載：松江府馬泥涇人黃道婆從崖州（今海南島）帶回黎族人彈紡棉花的技術,並廣為傳播,於是松江成為當時棉布的生產中心。至遲到明初,棉花已超過絲、麻、葛、毛,而成為中國最主要的紡織原料。

註2：織金技術雖見長於西方,但在中國亦自有淵源。長沙馬王堆漢墓便出土過金粉印花及用金線繡花的絲織品；《北史‧何稠傳》亦記載：波斯獻金線錦袍,隋文帝稠仿製,踰所獻者。惟漢族織物素以色調配合為主,不愛用金絲就是；北方遊牧民族審美習慣不同,故向來以織金為飾。如陸翽《鄴中記》曾載：後趙石虎出獵時常穿金縷織成的合歡褲。赤峰遼墓中也有織金錦、平金繡、金粉畫繢等實物發現。而金朝的官服,據《大金集禮》所載,便有紅羅泥金夾帕、紅羅繡盤龍躄金帊、紅羅銷金衣等七、八種織金服飾。北宋末年,宋金議和,金更要求宋國給金國撚金錦若干,凡此俱見史乘,可作為元代織金由來之參考。

漆器和金屬工藝

漆器工藝在唐代逐漸復興，到了宋代更形發展，並和瓷器一樣成爲大眾的日常器物。〈清明上河圖〉中便繪有漆器店舖，形象的反映這項工藝品在宋代城市生活中的地位。近年在河北鉅鹿縣出土的宋代漆盤上，還標示著價格及「貨眞上牢」字樣，更說明它已是一種普遍的商品。

宋代漆器出土不少，除了鉅鹿以外，五○年代還在浙江杭州老和山發現南宋初年的漆盤、漆碗；江蘇無錫的南宋漆盤、漆碗；及江蘇淮安楊廟鎮北宋中晚期的漆器七十五件。六○年代在湖北武漢十里舖發現北宋中晚期的漆碗、漆盤、漆盒等十九件。七○年代及八○年代在江蘇武進發現南宋的漆奩、粉盒、渣斗等；江蘇南京沙州發現南宋的銀裏漆碗；江蘇金壇南宋的脫胎剔犀柄團扇；四川彭山南宋的漆盒；湖北監利北宋初年的漆碗、漆盤、漆盒等九件；江蘇常州北環新村北宋中晚期的銀裏漆蓋罐和黑漆鉢等；江蘇吳縣北宋中晚期的黑漆渣斗。此外還有一些傳世品分散在國內外。

和瓷器一樣，宋代漆器以造型取勝，多數漆器是樸實無華的單色漆，而器物結構比例勻稱，很富韻律美。其設計製作兼顧實用與欣賞，式樣豐富多變，如據高濂《燕閒清賞箋》所記，光是漆盒的形制便有蒸餅式、河西式、蔗段式、三撞式、兩撞式、梅花式、鵝子式等七、八種；而漆盤則有圓形、方形、腰樣形、四角形、八角形，及條環樣、四角牡丹狀等等款式。

依據製作方法的不同，宋代漆器可以分爲金漆、剔犀、剔紅、螺鈿四種，分述如下：

金漆是指帶金料的漆器，有描金和戧金兩種。描金是用金粉直接在漆器上繪畫花紋，亦稱泥金；戧金則先在漆面上以特殊工具刻出花紋，再於所刻的花紋中塗漆，然後填以金粉，這樣器上的花紋便呈金色（也可以填銀粉，叫戧銀）。戧金在宋代不多見，江蘇武進出土的南宋漆器中便有三件木胎戧金器，有朱地也有黑地，金色甚濃，皆爲溫州製造。

剔犀是用兩種或三種色漆，在器胎上每色刷若干道，使積成一個色層，然後再換一色，如此累積各色漆到一個厚度後，再用刀剔刻雲朵、回紋、卷草等不同圖案，刀口的斷面即顯露出不同的色層，迴宛如紋。它與犀皮漆不一樣，蓋後者只是將數種色漆混合塗上後再加琢磨即可，並不剔刻。武進南宋墓出土的一件剔犀執鏡盒，木胎，褐底黑面，朱、黃、黑三色更疊，色層紋理彷若行雲流水，其漆層甚厚，故刀刻亦深。

剔紅爲宋代最具代表性的漆器種類。器身表面全部塗朱紅色漆，然後再雕刻花紋圖案，很有層次感。唐代以前，器物多刻後才上漆；自唐代開始才先漆後刻。一層漆就是一個層次，十幾層漆便會顯出十幾個層次來；漆色不同，露出的色層也不同。純用朱漆雕出的便叫「剔紅」，用黑漆雕出者便叫「剔黑」，宋代都有實物遺存。一般剔雕的漆器，皆用木胎，但宋代皇宮則有用金銀爲胎者，即在金銀器胎上塗漆，然後再進行剔雕，使露出金銀胎質並形成花紋，江蘇沙州便出土一對銀裏漆碗，其漆色爲紅、黃、紫三色，一派富貴氣象。江蘇鎮江金壇所出的脫胎剔犀柄團扇，黑面，雕雲紋三組，從刀口可見朱黑兩色漆各十餘層，其扇軸還可在扇柄內轉動，係結合鏤雕與剔雕兩種技術而成的高級漆藝品。張應文《清祕藏》

173. 黑漆碗 ／ 高8公分 口徑18公分
　　　浙江杭州宋墓出土，外書「壬午臨安府符家真實上牢」十一字，
　　　年代約當南宋高宗紹興三十二年，為宋代一色漆中的高級品。

174. 人物花卉紋金漆鎗金蓮瓣式奩盒蓋面 ／ 徑19公分
　　　江蘇武進宋墓出土，係現存最早的鎗金漆器實物。

175. 梔子紋剔紅圓盤 ／ 徑16.5公分
　　　元代張成造，現藏北京故宮博物院。

176. 花卉紋剔紅渣斗 ／ 高9.4公分 口徑12.8公分
　　　元代楊茂造，現藏北京故宮博物院。

177. 東籬採菊圖剔紅盒 ／ 徑12.2公分 高4公分
　　　上海青浦縣元墓出土，為蒸餅式漆盒，現藏上海博物館。

178. 雲紋剔犀盤 ／ 徑19.2公分 高3.3公分
　　　刀口峻深，留肉肥厚，黑漆中露紅線，
　　　是所謂「烏間朱線」作法，為元代剔犀代表，
　　　現藏北京故宮博物院。

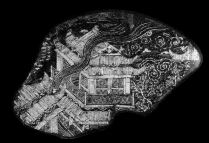

179. 廣寒宮圖螺鈿黑漆盤殘片
　　　北京元大都遺址出土，構圖及嵌工皆極精巧，
　　　可見元代螺鈿漆藝水準之一斑。

180. 堆漆經函 ／ 高16.5公分 長40公分 寬18公分
　　　浙江瑞安慧光塔出土，內外套盒，皆木胎，外函以調灰
　　　稠漆堆雕佛像、神獸、飛鳥、花卉等，並嵌珍珠；漆地
　　　則用金線描繪飛天、花鳥等紋飾，據考係溫州製品。
　　　現藏浙江省博物館。

記宋人剔紅曰：「宋人雕紅漆器，妙在雕法圓熟，藏鋒不露，用朱極鮮，漆堅厚而無敲裂痕。所刻山水樓閣人物鳥獸，儼然圖畫，為絕佳耳。」印證實物確是如此。

螺鈿是將貝殼削割成小片，再按紋飾需要嵌貼於器物上。宋代至為盛行，而其所用螺片則較以前細薄，故嵌貼出來的紋飾亦精緻異常，惜目前尚未見實物出土，但北宋蘇漢臣繪的〈秋庭嬰戲圖〉中則繪有兩張黑漆坐墩，墩上密布淺色纏枝蓮紋，應是一種螺鈿紋飾。

宋代漆器工藝不只表現在日常用具上，有些特殊器物的製作也可看到漆藝的應用，如佛教寺廟中用的經盒或舍利匣，常以堆漆手法在器面上做出浮雕般的紋飾，這也是一種漆器，浙江瑞安慧光塔中發現的經盒和舍利匣，及江蘇蘇州瑞光寺塔中所出的舍利寶幢，便是北宋初期典型的堆漆作品；前者還加上描金，更是罕見。又如樂器中的琴，宋代在唐代的基礎上精益求精，其塗漆隨木質紋理而有各種變化，如蛇腹、龍紋、牛毛、冰裂、亂絲、退光等皆其謂也。史博館所藏〈玉澗鳴泉琴〉造於南宋孝宗淳熙二年（公元1175年），琴面及底部的褐色漆便有明顯的冰裂紋，是傳世宋琴標準器之一。

元代漆器更臻藝術化，嘉興、杭州都是著名的漆器生產中心，唐宋有的漆器種類元代都有，而製作過程且更複雜精緻。其剔紅名家有張成和楊茂，北京故宮博物院便藏有兩氏的作品。其中張成所作有〈山水人物剔紅圓盒〉和〈花卉剔紅圓盤〉；前者盒面刻一曳杖老者觀瀑，漆呈棗紅色，共塗約八十層，甚堅厚；後者盤心刻梔子花一枝，花葉婉轉自然，刀法圓潤。張成善剔雕花鳥紋的漆器，所刻花葉密不見地，而鳥則姿態輕盈，富

有流動美，日本興臨院亦藏一件張成製作的〈茶花綬帶鳥紋剔紅盤〉，飽滿豐實，令人嘆為觀止。楊茂的傳世作品有〈花卉剔紅尊〉和〈觀瀑圖八方形剔紅盤〉，亦收藏於北京故宮博物院。另安徽博物館有一件〈雲紋剔犀盒〉，木胎黑漆，盒蓋及盒底周匝均雕雲紋三組，漆層極厚，刻工圓潤，瑩滑照人；刀口露朱漆三層，盒足內有針劃「張成造」三字。是知張成不僅精擅剔紅，還是個剔犀高手。

金屬工藝方面，宋、遼、元三朝都有長足發展，特別是銀器。蓋自唐末以來，中國逐漸使用銀錢，而遼、金等北方遊牧民族尤尚白銀，宋朝為供應其需要，乃大肆開採銀礦；而隨著商品經濟發達，兩宋政府復大量鑄行銅錢，管制銅的生產和鑄造，這些都直接影響到金屬工藝的發展。

傳世及出土的宋元金屬器物頗多，顯示當時這些器物使用很普遍。宋人筆記中亦經常描寫當時大城市中金銀商店臚列及士庶用銀器吃飯喝酒的情況，也說明宋元時候不是只有統治階層才會享用金銀器。

作為宋代金銀工藝品的典型可以浙江瑞安慧光塔出土的鎏金銀塔為代表。塔分四面七層，全部用薄銀片製作，連基座高三十四‧八公分；第一層四周設欄干，三面立武士像，其餘六層每面都有佛像；塔剎則用鏈子與頂層角檐連接，每層四角皆繫有小鈴；塔身鎏金。整體造型小巧玲瓏，類似工藝品在南方只有這一件。民間使用的金銀器則可以浙江衢州南宋史繩祖墓所出為代表，有金簪、銀絲盒、八卦紋銀杯、八角形銀杯、銀碗、銀梅瓶等，已完全擺脫唐代風格的影響，可視為宋代金銀器的典型。四川德陽孝泉鎮也發現窖藏的南宋金銀器百餘件，種類有梅瓶、匜形器、執壺、尊、茶托、茶杯、鏤空盒等，還有銀製

181. 鎏金舍利瓶　/ 高10.3公分
浙江瑞安慧興塔出土，
為北宋製品，
現藏浙江省博物館。

182. 八卦紋銀杯　/ 高6公分 口徑8.7公分
浙江衢州史繩祖墓出土，為南宋製品。

183. 鎏金銀雞冠壺　/ 高26公分
內蒙古赤峰出土，為遼代器物。

184. 八棱鏨花銀執壺　/ 高25公分
內蒙古巴林出土，為遼代器物。

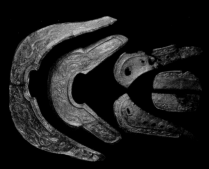

185. 鎏金銀鞍飾
內蒙古赤峰出土，通體鎏金，紋飾鏨刻精細生動，
反映遼代金銀器的工藝水準。

186. 如意紋金盤　/ 高1.3公分 寬16公分
江蘇吳縣呂師孟墓出土，現藏南京博物院。

187. 鎏金花瓣式銀托盞　/ 高5.8公分
江蘇無錫錢裕墓出土，現藏江蘇省無錫市博物館。

188. 蟠螭銀盞　/ 高4公分 口徑6.8公分
江蘇金壇湖溪出土，盞口外沿陰刻
「范婆橋西徐二郎花銀」九字。
現藏江蘇鎮江市博物館。

博山爐、銀熏爐、銀首飾，器形工整素淨，與當時瓷器、漆器的風格頗為一致，也可作為宋代金銀器的代表。

遼代的銀器製作也很發達，內蒙古、遼寧、吉林、河北都有實物出土。內蒙古赤峰洞後村及敖漢旗李家營子遼墓出土的一些銀壺、銀杯等，都帶有濃厚的唐代風味，其作工和花紋圖案皆仿唐制，應是遼境工匠自製的。晚期的金銀器見於內蒙古巴林右旗窖藏和庫倫旗墓葬，其中八棱鏨花銀執壺、八棱鏨花銀溫杯、柳斗形銀杯、荷葉敞口銀杯、海棠形鏨花銀盤等，完全是中原形制。反映了契丹民族接受漢化的過程。不過，遼地製作的金屬馬鞍卻很有名，在當時與宋朝的定瓷、蜀錦、端硯並稱為天下第一；赤峰大營子遼墓便出土過一件銀質鎏金鞍飾，其作工之精美確是名不虛傳。

元代貴族及王室特別愛用金銀，除了日用器物常用金銀打造外，各種首飾、服裝配件，及宗教禮儀用品也多以金銀為質。其工匠來自四面八方，多有名留青史者。江南仍是金銀器工藝的重鎮，出土實物亦多集中於此，如江蘇吳縣呂師孟墓曾出土三十餘件元代金銀器，有如意紋金盤，係錘鍱鐫刻而成，通體鏨陰線纏枝紋，底刻「聞宣造」三字，造型非常別緻，當是陳設品。又無錫錢裕墓出土的鎏金花瓣式銀托盞，猶如盛開的牡丹，生機勃勃，是元代銀器中最富特色的一件。安徽合肥孔廟亦出土窖藏金銀器一批，計一百零二件，有盒、碟、杯、壺、匜、碗、瓶等，有些器皿還有匠人名款，顯然不是汎汎之作；其中一件銀果盒，由十個蓮瓣形組成，分器蓋、格層、器底三部份，紋飾各部不同，極為精巧。最重要的發現則在江蘇金壇湖溪裝在一口青花雲龍罐內的五十餘件銀器，其中大部分都有勒銘或落款，對研究元代金銀器的發展有重要參考價值。這些銀器依年款看，為仁宗延祐年間所製作，其中若干器物如蟠螭銀盞、鎏金蓮花銀盞、凸花人物故事銀盤等，作工精整，很能代表當時江南地區金銀器的製作風格；凸花人物故事銀盤內浮雕唐明皇遊月宮的故事，尤其反映著元代戲曲小說流行之盛況。元代知名的金銀器藝師有朱碧山、謝君余、謝君和、唐俊卿等，皆江南人氏。

與金銀器相比，宋元的銅器工藝遜色很多，但仍較前代精進。宋代銅器的製造中心主要在江蘇句容和浙江台州，宋人好古，因此仿製古代的彝器不少，特別是在徽宗宣和、政和年間，有「新銅器」之稱；其在技術上的研究創新為後來明代的銅器「復興運動」奠下不可取代的基礎。日用器物方面則不甚發達，大概是銅受到嚴格管制的關係；但從少數出土物看，其造型亦甚為樸素典雅，與宋代其他器物的風格相當一致。元代則多顯粗糙，無可稱述，如大都出土的窖藏銅鏡，多為素面無紋者，胎又薄，與元代的工藝水準極不相配。社會習尚不同，器物的講究對象自亦有所差別也。（蘇啓明撰）

科學器物之發展

宋元時代，農業生產力提高，城市手工業和商業貿易興盛，社會流動力較以往活絡，加以統治者心態開明，中外各民族和文化交流密切，乃使得此時期的科學研究和科學器物製作有空前的發展。它是中國古代科學技術史上最重要的時期。所謂的四大發明中，除了造紙一項外，其餘三項都是這個時期所發明的。

首先是火藥。據《宋史·兵志》載：太祖開寶三年（公元970年）兵部令馮繼昇進火箭法；不久又有神衛水軍隊長唐福獻所製火毬、火蒺藜；還有冀州團練使石普能為火毬、火箭。是知北宋初年火藥武器已經受到注意，也可能已使用。宋仁宗時，由曾公亮、丁度等編纂的《武經總要》中便記錄了三種火藥配方，其基本成分有硫黃、硝石、炭末、瀝青等，與後世黑火藥的成分很接近。

早期的火藥武器大概都是以埋藏或放置，或用拋石機投射以引爆的炸藥包之類，有紙製、陶製，和鐵製等多種，宋軍在對抗金軍的幾次戰役中所使用的「霹靂炮」、「震天雷」等就

是此類的武器；其威力已很驚人，如《金史》載震天雷的威力是：「火藥發作，聲如雷震，熱力達半畝之上，人與牛皮皆碎迸無跡，甲鐵皆透。」

高宗紹興年間出現管形火器，至理宗末年，壽春府「造突火槍，以巨竹為筒，內安子窠，如燒放，焰絕，然後子窠發出，如炮聲，遠聞百五十餘步。」元代則出現了銅火銃，北京的中國歷史博物館便藏有一件製於元至順三年（公元1332年）的銅火銃，長三十五公分，重約七公斤，是世上現存最早的火炮。火藥武器的發明直接影響到戰爭型態，蒙古人費了四十年之力才征服宋朝，與宋朝軍隊因擁有先進的火藥武器而抵抗力較強有關。後來阿拉伯人從蒙古人那邊學會火藥製造，再傳去歐洲，對當時歐洲各王國之間的戰爭也發生作用。

指南針的發明和運用也是宋代科學技術的重要成就。中國人很早就發現天然磁石的特性，在戰國時代就有「司南」的器物。唐代航海技術進步，促使了指向工具的發明或改進，於是人工磁化的指向工具便出現了。《武經總要》中載有製造「指南魚」的方法，說把魚形的薄鐵片先在炭火中燒

189.《武經總要》關於火藥製造之記載

紅，然後「以尾正對子位，蘸水盆中，沒尾數分則止，以密器收之」即成。這是利用地磁力量將因加熱而處在分子活躍狀況下的鐵片予以重新排列其分子序列的一種人工磁化方法。

沈括的《夢溪筆談》中則記載另一種更簡便有效的人工磁化法，即「以磁石磨針鋒」也。同書中並提到三、四種磁針的裝置法，其中以「縷懸」最好；這大概就是當時的「指南針」了。它很快就被應用在航海上，如成書略晚於《夢溪筆談》的朱彧著《萍洲可談》即曰：「舟師識地理，夜則觀星，晝則觀日，陰晦則觀指南針。」二十年後，徐兢的《宣和奉使高麗圖經》也說：「惟視星斗前邁，若晦冥則用指南浮針，以揆南北。」所謂的「指南浮針」當是一種水羅盤，即將磁針橫貫於燈蕊浮於羅盤水面之上。江蘇丹徒照臨村元代窖藏和河北磁縣漳河故道的元代沉船中，便發現一種白釉瓷碗，碗內底用褐袖畫三個大點，當中各貫一細直線，碗外側則寫一個「針」字，經研究這就是當時航海用的指南浮針碗。使用時將帶浮標的三枚浮針按著三個大點依次擺上，並與船身中心線對齊，便可測知船隻航行的方向。北京故宮博物院也藏有一個明代的指南針碗，其碗底則標示著二十四個方位名稱，則是一種更進步的指南浮針了。

指南針的發明與航海技術的進步

是相輔相成的，宋元時代關於航海之記載屢見諸史乘，近年來也有宋代船舶遺物出土；而遍布東北亞至西南亞諸海域中的宋元沉船遺物更證實當時航運貿易發達。如果不是農業經濟根深蒂固，中國在那個時候是有機會變成一個海權國家的。

就人類歷史文明的演進而言，大概沒有一樣發明像印刷術那樣影響層面深遠了；這是中國人繼紙之後對世界人類的又一大貢獻。

中國現存最早的印刷物為〈唐成都府卞家刻本陀羅尼經咒〉，係一九四四年出土於四川成都市內一座唐墓中，這是唐代後期坊間印賣的的宗教用品。而現存於大英博物館的〈敦煌唐咸通九年刻本金剛經〉則是世界上最早的一部標有年代的印刷品，由七張紙粘成一卷，全長四百八十八公分，每張紙長七六‧三公分，寬三○‧五公分，卷末印有「咸通九年四月十五日王玠為二親敬造普施」十八字，全卷完整無缺，卷首還刻印一幅佛祖說法圖，印刷非常清楚。咸通九年為公元八六八年，中國刻板印書當然不是這時才開始，很多文獻都記載在此之前民間便有刻本圖書流通，除了佛經、道經外，還有各種詩文集、曆書、醫書等。又史載咸通六年，日本留華學僧宗睿歸國時，帶有《唐韻》刻本一部五卷，和《玉篇》刻本一部三十卷，說明唐代中葉以前已有多卷本的印制書籍。

五代時候開始有官方刊印的儒家典籍刻本，如馮道主持的《九經》印板，歷經唐、晉、漢、周四朝，前後費時二十二年，刻成《九經》、《五經文字》、《九經字樣》各二部，共一百三十冊。又如蜀相毋昭裔曾刻九經諸史，精美冠絕一時。乃至到了宋代，蜀地仍為全國首屈一指的雕板印書中心。

190. 指南浮針

左為浮水指針；右為元代針碗實物

宋代在唐代的基礎上，雕板印刷業更為發達，除了開封、杭州等首都外，四川成都和福建建陽也是印刷業的中心，歷元而不衰。建陽並以造紙出名。最初也是刻印佛經，如宋太祖開寶四年（公元971年）於成都開始刻印的《大藏經》，計一千零七十六部，五千零四十八卷，費時十二年，共用雕版十三萬塊。這種雕板往往要動員上百名工匠在一起刻製才成，由於一頁一板，使書版的存放需要很大空間，書印好後，版即作廢，很不經濟。因此就有人想辦法改進。據《夢溪筆談》記載：宋仁宗慶曆年間，有個叫畢昇的平民便發明了活字印板，他用膠泥作字模，置於鐵板上，再用鐵條框住，加上松香和蠟，加熱予以固定；印完後再加熱便可取下字模，可以重複使用。此種新發明很快就得到推廣使用，並作局部改良。如元代王禎在經過長期研究後，終於創製了

木活字，這是畢昇想做而未做成的。中國的雕板印刷，因為慣用松煙製成的墨，所以字板多以木刻；但木材紋理疏密不勻，又容易和蠟等粘合，不便做成活字模，故畢昇時代始終用膠泥做字模。王禎克服了這些困難，於公元一二九八年在安徽旌德首先印成六萬多字的《旌德縣志》木活字刻本，不到一個月便印成一百部，質量俱佳。這是有記錄的第一部木活字印本。據說王禎還發明了轉輪排字架，將字模按韵分放在編好號碼的轉盤上，排字時按號取字既省時又方便。他更著有《農書》一書，對怎樣寫刻字體、怎樣選材、怎樣排印等技術問題都作了詳細記述，是研究古代印刷術很重要的資料。

刻板印刷技術自唐代起便流傳中國域外，迄今朝鮮、日本仍有當時遺留的實物。遼、金、西夏亦不例外，諸國且能用自己的文字刻印書籍。一

191.《吉祥遍至口和本續》經本
寧夏銀川拜寺溝方塔出土，用西夏文寫成，
為現存最早的活字版印刷品實物。

九○九年俄國探險隊在寧夏黑水城故址發現的大批西夏文獻中便有泥活字印刷的佛經四種；而一九九一年在銀川拜寺溝方塔塔基中發現的一批佛經中更有木活字排印者。都是用西夏文刻成，這可能是現存最早的活字版印刷品。

元代波斯商人來中國貿易，也應用中國的印刷術印造紙幣，於是印刷術經其傳入歐洲，從而普及了各地保存的宗教經典和古代圖書，間接促成了歐洲的文藝復興運動。其對世界近代歷史文明的推進確有關鍵作用。

宋元時代的天文學和醫學也很發達，其發明製作在中國科技史上有非常重要的地位。

唐時中外文化交流極盛，政府於太學和科舉考試科目中都有設立數學及天文學的項目，因此培養不少這方面的人才，其成就也很可觀。宋代繼承這個基礎並往前發展，至元代終於

創造出中國古代天文學的高峰。其首要成就是建立了較完善的恆星觀測系統。根據史籍記載，北宋在太宗大中祥符三年（公元1010年）至徽宗崇寧五年（公元1106年）百年之間，共進行了五次大規模的恆星觀測工作，它改進了傳統的二十八星宿距星的測量方法，從而獲得更精確的數據，其中以第五次最標準，一舉改寫了沿用三百多年的唐代僧一行的觀測數據；主持人姚舜輔且發現這些恆星的距度自古以來都在變化，因此各個時代的「天道」亦有不同。現存蘇州文廟的「石刻天文圖」便是根據第四次觀測結果的原圖所繪刻，圖長八公尺，寬二‧五公尺，刻星一千四百三十顆；以北極為中心，繪三個同心圓分別代表北極常顯圈、南極恆隱圈和赤道，二十八條輻射線表示二十八宿距度，還有黃道和銀河。

公元一二七六年郭守敬等人又進

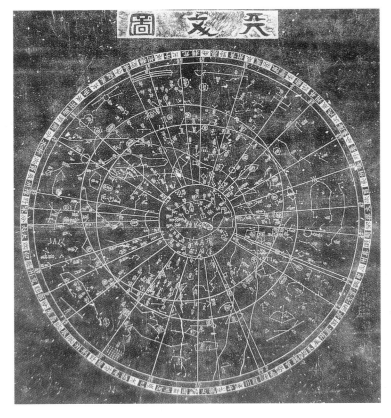

192. 石刻天文圖拓本
南宋淳祐七年刻製，
原碑現存蘇州文廟。

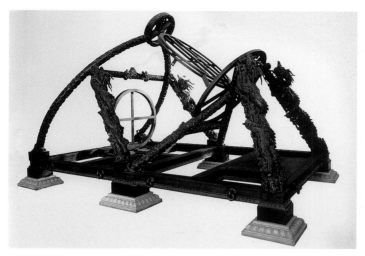

193. 簡儀模型
　　實物為明代正統年間仿郭守敬原
　　式製造；守敬所製元代簡儀被毀
　　後，此儀遂被移置於南京紫金山
　　天文台迄今。

行了一次恆星觀測，其精確度較前更
提高一倍，總共發現了二千五百顆恆
星，還製成星表，可惜未留傳下來。
歐洲到十四世紀時發現的恆星數才一
千零二十二顆而已。

　　天文觀測帶動了天文儀器的製
作。宋元時代，傳統的漏壺、圭表等
計時器，和渾儀、渾象等天體運行模
型器等都有突破性的改進。如宋仁宗
天聖年間，燕肅發明蓮花漏壺，在壺
的一部開孔，使壺的水位變化較穩
定，從而提高了計時的準確性。現存
北京中國歷史博物館的銅漏壺，製造
於元延祐三年（公元1316年）是一種
多級受水型漏壺，分日壺、月壺、星
壺三級，呈階梯式排置；底下有一個
受水壺，中插一把銅尺，上刻十二時
辰，依受水高度便可以知道時間。這
是現存惟一的宋元時代漏壺實物。

　　圭表是測日儀器，主要根據日光
投影的變化來記錄及計算太陽運行的
「軌跡」；古人相信日動說，故發明這
種儀器。它比較麻煩的是日影有時會
因日光渙散而不清，為了解決這個問
題，宋代沈括曾提出增置「副表」的
辦法；而蘇頌則提出加望筒觀測的辦
法。到了元代郭守敬則乾脆把表加高
為四文（傳統為八尺），並配以「景符」
的觀影器來使用，其實物現在還存放

在河南登封觀星台，經實驗確實精
確。

　　渾天義的製作始於漢代張衡，這
是一種以地球為中心的天體運行模型
器，「渾天」的意思指天與地的關係
就像蛋清包著蛋黃一樣，渾成一體
的。這種「渾天說」創於漢武帝時的
天文學家洛下閎，支配了中國古代天
文學說思想達二千年之久。宋代製作
的渾天儀特多，從太宗至道元年（公
元995年）到仁宗元祐七年（公元1092
年）之間便製造了五個巨型的渾天
儀，每個用銅都在二萬斤以上，這顯
示了宋朝政府對天文觀測的重視。不
過隨著天體知識愈來愈豐富，渾天儀
的製作也愈來愈複雜，最明顯的是表
示固定測量線的環愈來愈多，結果造
成天區被掩蓋，其調校自然不便。郭
守敬有鑒於此，乃於至元十三年（公
元1276年）改良製作了「簡儀」。它廢
除了黃道坐標環組，只保留了四游、
百刻、地平、赤道四個環，增加一個
立運環；其中百刻和地平兩環是固定
的，其他三環都可旋轉，這樣就避免
了環圈互相遮擋的缺點。「簡儀」的
刻度標示非常統一而確實，比歐洲同
類型的儀器還早三百年。其實物原置
於大都司天台，清康熙年間被德國傳
教士故意毀掉，現存有明代仿製者，

陳列於南京紫金山天文台。

　　古人花這麼多力氣從事天文研究，最主要的目的不外是要掌握天時以利人事運作及百業生產；其最具體的表現就是曆法的製作。自公元前一〇四年漢武帝頒行「太初曆」以來，中國陰陽合一的曆法體係便告完成，其後經魏晉南北朝到隋唐，期間經過了十幾次修正，乃出現了玄宗開元十五年（公元727年）由僧一行所製訂的「大衍曆」。它根據實際測量的新天文資料，修改了沿用八百多年的傳統曆法結構，從而把中國曆法又推向更高的科學標準。歐陽修在《新唐書》中稱贊說：「自太和至麟德，曆有二十三家，與天雖近而未密也，至一行密矣，其倚數立法固無以易也，後世雖有改作者，皆依倣而已。」說明至少在北宋的時候「大衍曆」仍被使用。

　　南宋以後，數學突飛猛進，對天體運行的計算更精密，於是改訂曆書的要求又被提出來。經過張文謙、王恂及郭守敬等人的努力，終於元世祖至元十七年（公元1280年）制頒新曆，取《尚書・堯典》：「敬天授時」之義定名為「授時曆」。「授時曆」依據實際觀測的天文資料和進步的數學計算方法，所採用的各種天文常數值都較傳統舊曆準確。例如它所定的回歸年長度為三六五・二四二五日，與現今世界通用的格里曆數值完全一樣；又如對每日太陽和月亮運動的位置之推求運用了當時最先進的招差法和弧矢割圓術（即高階等差級數和球面三角計算），其精確度在當時世界各種曆法中更是無出其右。這部曆書一直被沿用，直到清代引進西方依據太陽中心說等新的天文理論來制訂新曆法（即「時憲曆」）後才被取代。

　　在宋元諸多天文學家中，郭守敬無疑是位最偉大的人物，他生於公元一二三一年，卒於公元一三一六年。

為河北邢台人，精天文、數學外，也擅長水利工程；其研究重視理論和實際測量之結合，故其對天文觀測、曆法制定皆有堅實的科學根據，即使抽象的數學也常被他運用於實際的天文和水利工程計算中。他還首創以海平面為標準來測量比較大都與汴京的地形高低，這是世界最早的「海拔高度」測量實例。可見其科學觀念之新。

　　同天文學一樣，宋元時期的醫學也是在唐代的基礎上發展起來，並為後代創造了新紀元。首先在本草藥物學方面，由於隋唐以來海內一統，外來藥物和新發現的藥物增加許多，傳統的本草經錄勢必修改，唐高宗顯慶年間編成的《新修本草》便是第一部由國家頒行的藥典。北宋太祖和仁宗在位期間，也先後進行了兩次藥典的編纂，根據各地出產採得的草藥實物加以整理，共記載了一千零八十二種藥物，比唐代還多出二百多種。不過成就最大的卻是唐慎微個人修纂的《經史證類備急本草》一書，它收錄的藥物達一千七百多種，並對歷代草藥來源和運用作了比較說明，可以說是古代藥物學的總集成，在明代李時珍《本草綱目》出世前，它是最重要的本草學著作，連李時珍本人都很推崇它。

　　南宋以後，醫學發展愈來愈精，此從太醫院中科別的增加即可看出。如唐時只分四科，北宋分九科，南宋及元代則變成十三科。分科愈細，鑽研愈精，遂出現了理論與臨床各有側重的門派，如劉完素，重視病源中的熱燥因素，主張降心火、益腎水，被稱為「寒涼派」；而李杲反其道，主張從補益三焦之氣著手，特別是脾胃，被稱為「溫補派」；又張從正，主張去邪攻嗑，有「攻下派」之稱；朱震亨發揚劉完素的學說，而以滋陰降火為結，被稱為「養陰派」。這便是

中國古代醫學史上有名的金元四大家。

中國醫學自成體系，其對病理的形成、病候特徵之觀察研究都是根據長久的臨床經驗而來，故這兩方面的成就也較大。宋元時代在本草藥物學以外最重要的貢獻還有法醫學的勘驗技術和針灸。前者的代表作是南宋宋慈編纂的《洗冤錄》五卷，記述了人自然死亡和非自然死亡的種種特徵和辨識方法，還有許多解毒救溺治傷的急救方法。在現代法醫學興起前，它普受中外重視和運用。後者以王惟一和滑壽為代表，他們分別整理並發展了各家的針穴學說，使針灸一科得到理論和臨床上的統一。王惟一鑄造的針灸銅人像共布穴位六百五十一處，是後世乃至今日所有針灸銅人像的鼻祖。

宋元時代的科學器物嚴格而言不只以上所述，它應用的範圍實在很廣泛，如農業生產工具、水利工程、建築工程，乃至紡織、陶瓷、冶金、地圖測繪等，在當時無一不是結合著理論研究來實行。僅以沈括《夢溪筆談》所記內容用現代的學科分，其範圍便包含了數學、天文曆法、地理、地質、氣象、物理、化學、冶金、兵器、水利、建築、動植物及醫藥等項目，都是他的實地見聞。固知宋元時代科學發達之一斑。（蘇啟明撰）

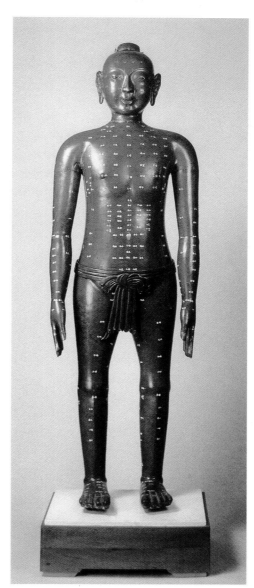

194. 針灸銅人 ╱ 高213公分
明代製，全身共有六百六十六處穴位，
較元代王惟一製的銅人還多出十五處。

明　清

明清

明清時期，中國長期統一，民生經濟得到比較穩定的發展環境；而在科舉制度與兩稅賦制兩大體制籠罩下，社會階層流動性大，士庶生活資料多元化，各種美術工藝及文藝活動得以全面發展，並爭相競妍。

就中華文物演變之全程歷史來看，明清時期適居於所有傳統工藝美術創作與製作的尾閭，在這個階段裡，很多有深厚基礎的傳統工藝，如陶瓷、漆器、織繡、金屬器物等，或因為在稍前一段時期已達至完全的成熟，乃至到了此一階段後遂變得無以復加而流於程式化或堆砌化，當然此是從審美的眼光看；如果就技術層面言，此時期由於生產條件的進步，使得人們更能掌握工具和材料，很多東西的製作水準還是遠遠超過前代的。

所謂的生產條件不只是就技術或工具言，它還包括了市場、行會、傳習關係等等社會因素。明清時代的社會是一個庶民文化蓬勃的社會，各種工藝美術品幾乎只要透過商業交易就可以獲得；反過來說許多民間工藝美術品的製作自然也是以商業市場的需要為取向。這種庶民文化和商品經濟的因素對明清時代的工藝美術發展遂產生相當程度之影響。

由於商品經濟的刺激，明清時期工藝美術品的製作生態也大異於以往，很多地方因為條件優越自然而然就成了某些工藝或美術品的生產或創作中心，如景德鎮的陶瓷、蘇杭的織繡、廣州的家具等，幾乎每種工藝製造都有其擅長的地方。又不只此也，隨著技術傳承日漸行業化的趨勢，許多工藝品製造也出現享譽全國的藝師，如刻竹的三朱、製砂壺的供春與時大彬、天津泥人張、上海顧氏家族的刺繡等，其人其藝俱是口碑。這也是明清工藝美術史上很重要的特點。

當然，明清時代的工藝美術不是只有傳統的部分，它也有創新的成分在內。由於西洋勢力不斷東來，文化互動關係愈來愈頻繁，新的文物製作也應時興起。其中有些是加在固有的傳統工藝之上的，如琺瑯器；有些則幾乎完全取代了傳統製作，如玻璃、輿圖測繪等；亦有全為西洋製造而移入者，如鐘錶。從我們現在所處的時代看，則明清時代的文物發明又是一個新舊交替的階段了。

妍麗精緻的明清陶瓷

中國陶瓷自青花瓷興起後，單色系的釉瓷便不太流行，代之而起的是一系列的彩瓷。彩瓷除了釉色不同於以前的單色瓷外，紋飾的作法也不同。明代以前瓷器上的紋飾多用刀刻或竹劃，也有用模印的，即所謂的「刻花」、「劃花」及「印花」；明清的彩瓷則是用筆繪，與繪畫一樣。又唐宋時代的陶瓷多以窯為名，某些名窯便是某種系統的瓷器；明清雖也以窯名辨別瓷器的種類，但因江西景德鎮燒的瓷始終一支獨秀、佔主要地位，因此在景德瓷系中又特別注意製造的年代。明清兩代宮廷御用及官府使用的瓷器全為景德鎮製造，因此弄清楚景德瓷在各時期的特徵和種類變化，也就大體能瞭解明清陶瓷工藝的

發展狀況了。

　　一般而言，清瓷是明瓷的延續，明瓷的製作尚有發展脈絡可循，清瓷則仿來仿去，顯得有些紊亂，只能在風格上作比較。

　　明代陶瓷多胎體厚重；造型豐滿、渾厚、古樸；釉質肥厚、滋潤。紋飾以寫意居多，構圖疏簡而高雅，筆勢毫放瀟灑。從洪武到萬曆年間可說是代有佳作、紛呈競秀。清初猶有明風，但受繪畫程式化的影響，紋飾亦趨裝飾化，造型亦以奇巧為尚，惟釉色變化豐富，至為可觀；康、雍、乾三朝氣派宏大，嘉道以後就逐漸衰頹了。

　　青花瓷是景德瓷系的一種，其風格演變因鈷釉料的品質而有不同。如洪武和永樂年間的青花瓷顏色都很濃暗；宣德年間因採用南洋進口的「蘇泥勃青」而色澤就變得亮麗起來；成化時期改用國產的平等青，色調即轉為淡雅；弘治、正德年間以瑞州石子青代替平等青，結果顏色又顯灰藍；嘉靖以後以雲南「回青」為料，於是再變成藍中泛紫。清代鈷藍原料來源漸廣，國產與進口者同時使用，而以浙江所產為主，但調製技術純熟，因此大體比明代穩定。如果結合造型、紋飾來看，以永樂時期的最好，其胎體厚薄適中，釉色自然，所繪花草動

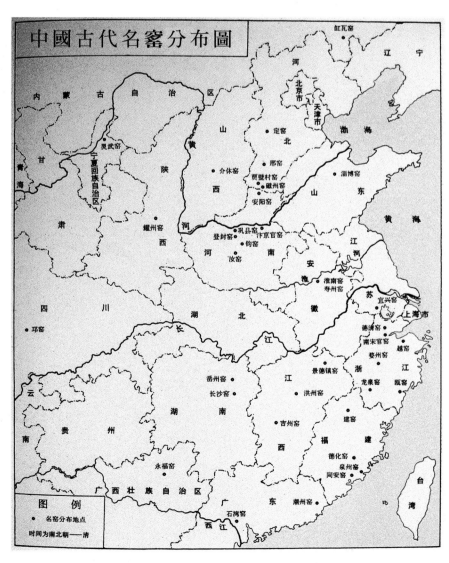

195. 青花束蓮大盤 ／ 高7.2公分 口徑38.3公分 底徑28.5公分
明永樂年間燒製作，胎極勻整，釉厚而艷，
為明代早期青花瓷精品。國立歷史博物館藏(16-75)

196. 青花雙龍壽字罈
／ 高51公分 口徑26公分 底徑27.5公分
明萬曆年間燒製，有年款，罈身正反各一條行龍，
兩龍間草書一壽字，下層繪山石波濤，
故有「壽山福海」之寓意，可能為宮廷皇帝壽辰之用具。
國立歷史博物館藏(81-408)

197. 花鳥粉彩蓋瓶(一對) ／ 高23公分
清康熙年間燒製，
國立歷史博物館藏(83-77)

物明快而典雅；代表器物有「壓手杯」，坦口折腰，以手把持，其口正壓手，故名；有雙獅戲球、鴛鴦、花蕊三種紋飾。

　　永樂年間還新出一種被稱為「甜白釉」的半脫胎瓷，釉色細膩潔白，胎骨薄到幾乎只見釉層而已，絕的是它還刻劃著紋飾，其溫潤的感覺非他器可比，這是景德瓷系中非常獨特的單釉瓷。

　　彩瓷是景德瓷系的另一支主流，又可分鬥彩、五彩、粉彩三類。「鬥彩」創於成化年間，又叫塡彩；它先在素坯上用青花料勾繪圖畫輪廓，然後上釉入燒，燒成後再塡上各種顏料，再入窯燒一次即成，這樣使青花和其他彩釉鬥合起來所以叫做「鬥彩」，由於是一種釉上彩，頗有層次感的效果，在當時便很受珍視，有名的〈成化鬥彩雞缸杯〉就是代表。所謂「五彩」實際不限於五色，它也是一種

釉上彩；與鬥彩不同的是，它不僅用青花勾繪輪廓，還將圖案完全繪滿，有時甚至不用青花作線描而直接在上了釉的白瓷上加彩，這是兩者的主要區別。「五彩」瓷起源較早，宣德年間便有，而以嘉靖、萬曆時期最盛行；清康熙年間也仿製，而技術更成熟，當時特稱為「古彩」。至於「粉彩」，則是清代的發明，創於康熙，盛於雍正；它用「玻璃白」塗底，然後用油料調色，以渲染的方式繪圖作畫，因此燒出來有種撲朔迷濛的效果，又稱為「軟彩」，這也是一種釉上彩。

　　明清的景德瓷系除了青花和多彩瓷外，還有許多單色釉瓷，紅、黃、綠、紫、金、黑都有，其中特別是紅色釉的運用。南京明故宮便出土一件洪武年間的白釉紅彩雲龍紋殘盤，是一種釉上紅彩，色彩鮮明；永樂的釉裏紅直追元代，鮮艷甚且過之；宣德

198. 青花紅彩瓷瓶(一對) ／高23公分 口徑5公分
　　清乾隆年間燒製，有年款。青花與紅彩同繪於一器的技術在元代已有，清代更為純熟，
　　俗稱此種雙色瓷為「青花釉裡紅」。國立歷史博物館藏(16-294)

年間多用為祭器，有〈釉裏紅三魚高
足杯〉傳世；正德年間有〈釉裏紅白
魚影花盤〉，全器除盤內及盤外的白魚
外，全部施紅，也是一絕；嘉靖以後
改出礬紅器，紅中透黃，色如秋葉，
亦鮮艷奪目。清康熙時紅釉器燒製尤
其登峰造極，其特點是釉不掛口，凡
口沿部分皆呈淡青色，但器身紅釉凝
艷自然，頗有尊貴孤芳之韻。乾隆年
間瓷器的釉色調配達於鼎盛，可謂是
無色不備，光是紅釉就有寶石紅、朱
紅、棗紅、雞紅、礬紅、抹紅、珊瑚
紅、胭脂紅、醉紅、海棠紅、豇豆紅
等十幾種，不看實物，誠難以分辨。
　　琺瑯彩脫胎於元明的琺瑯器，也
是一種彩瓷，為清代特有。它創製於
康熙年間，至乾隆時達於極盛。其瓷

199. 描金藍底團花瓷瓶 ／高38公分 口徑9.5公分
　　清光緒年間燒製，國立歷史博物館藏(29463)

胎來自景德鎮，所用琺瑯顏料色澤晶瑩凝厚，塗繪後有微凸堆起之感；主要作爲宮中器物，故繪製甚工，造型亦極精巧，整體特點是華麗飽滿，但器物本身則兼具輕、薄、堅、細的優點，可列爲中國瓷器的後起之秀。

明清陶瓷除上述的景德瓷系外，還有幾種地方窯系也很有特點。

其一是福建德化窯。以產白瓷爲名；所製瓷器，坯胎緻密，釉色乳白如玉，光色如絹，多做瓷雕，如達摩、觀音、彌勒、羅漢、壽星等，無

不雕作精細、奕奕有神。何朝宗、張壽山、林朝景等俱是名家。清代以後亦燒青花瓷和釉上彩瓷，其品質直追景德。

其二是江蘇宜興窯。以產紫砂陶著名；所謂紫砂是一種五色泥，深埋於岩石層下，有褐、黃、赤、綠、黑等各種顏色，質地細密，不必上釉而有釉瓷的耐高溫效果，故多做爲茶壺，在明代後隨著飲茶方式的改變而馳名中外。亦可捏塑爲各式各樣的泥玩，頗富情趣。供春原名龔春，是宜

200. 招絲琺瑯龍耳罍

／高38公分 口徑21.8公分 底徑17.6公分

清乾隆年間製作，國立歷史博物館藏(76-274)

201. 紫砂八果 ／長10.5公分 寬9公分
宜興紫砂陶藝雅玩，無款，傳為明末陳鳴遠所作。國立歷史博物館藏(8096)

202. 石榴紅釉李鐵拐塑像 ／高39公分
清代石灣窯燒製，國立歷史博物館藏(37839)

興砂壺的開山大師，時大彬、趙良璧、陳鳴遠等是他的弟子；其中以陳鳴遠最有成就，他善仿古，所製茶壺雅玩，敦厚周正，各方爭相購藏。至清代又有楊彭年、楊鳳年及邵大亨等，使宜興壺藝大放異彩。

其三是廣州石灣窯，所造日用陶器多仿鈞釉，有天藍、玫瑰紫、翡翠綠、雲斑、霞片等各種變化，濃艷紛陳，十分耐用；也做瓷雕，人物衣褶生動逼真，行銷海內外，與德化瓷互相爭輝。

明代陶瓷中還有一種被稱為「琺華」的釉陶製品也很有特色，它創於金元之際，至明代而大盛，多用於宮殿、廟宇等建築飾件及佛教用品上；產地在山西的陽城、長治、平陽一帶，河南、陝西稍後亦有生產。其器物特點是花紋輪廓用高起的凸線，再飾以藍、紫、綠、黃等釉彩，複雜而神祕。景德鎮亦有仿製者，可見其流行程度。傳世品中以萬曆時期所製最佳。

清代中葉以後，西洋瓷器漸漸傳來，而中國內外多故，官窯沒落，民窯不復競爭能力，亦無人講求，傳統的陶瓷工藝便完全淪為一種普通商品了。（蘇啟明撰）

兼顧傳統與現實的服繡

中國自元代後，棉花種植得到推廣，棉布成為主要服飾材料，而絲織品則變成高級的工藝品。明代時，為因應市場擴大之需要，紡織機也大加改良並普遍運用，因此服飾製作逐漸出現商品化色彩。清朝以滿州人入主中國，和明朝的大漢後裔雖然不同；但是，清朝重視漢文化，認真致力於文化上的漢化，和蒙古人的元朝政府作風截然兩樣。故清朝時代各種文化藝術上的發展，幾乎都看得到明代的影子，不比明代遜色。

唯一的例外是服飾。清朝政府以統治者的優勢，一觸及文化政教方面，便完全投誠，對漢文化崇拜得五體投地。但在服飾這事上，卻表現了他們固執的一面。或許，他們初入關那個時候，太過刻意渲染了「留頭不留髮」的政治象徵。凡歸順清朝的人，就要換成清朝人的「辮髮」，若還是如明朝男子那般「束髮」，便是眷戀故國，或是有反清復明的異心。因為如此，清朝採納了明朝各項典章制度，唯獨裝束人身的服裝，卻保留著滿州人一貫的樣式。但「留頭不留髮」的政令，更激起民怨沸騰，導致發生中國歷史上絕無僅有的服制抗爭，不畏刑戮者不計其數。清朝政府不得不讓步，允許人們「十不從」，比方：男從女不從、生從死不從、官從隸不從等。也就因此，清朝服飾固然不同於明朝，卻也充分承繼了明代服飾技藝的成就。特別是在刺繡方面，明清兩代完全是承先啟後的關係；清朝人喜愛迷戀刺繡的程度不下於蒙古人，故清朝的刺繡成就說得上「青出於藍而更勝於藍」。

服飾意指服裝和飾物。服裝包括：衫袍、裙褲、肚兜、背心，以及鞋帽等。它們都以經過染織的絲、麻、綿等類織物為地，加飾各形各式的刺繡紋樣。而飾物則指頭飾、頸飾、肩飾、手飾、腰飾、腳飾等，大部分是用織物為地做成的刺繡品；另外也有用金銀、玉石、皮革、羽毛等材料製作的。換言之，服飾、刺繡和染織這三者，可以說是人們衣飾生活上相應相成的三種基本要素。

明代處於蒙古人建立的元朝和滿州人的清朝之間，是中國專制政權裏漢人主政的最後一個朝代；因此，一般以明代服飾做為華夏服飾的代表。目前的傳統戲曲凡演出清以前的故事，都是穿明代服裝，便可做為一項證明。概言之，中國服飾固然因朝代遞嬗而有方圓、寬窄、長短、高低等的差異，但整體可見的形制、色彩和紋飾這三者的中國特色，卻是代代相承，形成傳統，而明代即是最完整的傳統保存者。其次，中國服飾不只具有服飾固有的二種功用：即用以蔽體禦寒以及觀瞻之美，更是「別尊卑、示貴賤」的表徵。比方，黃色和紅色是皇家慣見的顏色，若是平民百姓，只有結婚喜慶之時才能穿紅色喜服。而龍鳳花紋是帝后專用，一般百姓不能隨意僭用。這樣的服裝倫理，則不僅限於明代，清代也是謹守不渝。

服飾有尊卑貴賤和男女老少之分；有春夏秋冬，以及常服、禮服之別。而從頭至腳，各個部位又各有不同的穿戴；各類穿戴又各有不同的形制、色彩和紋飾的要求。所以，看似簡單，實則繁複無比。明太祖於開國不久即制定袞冕制度，確定帝室的朝服、禮服和常服的樣式及配色。按照《明史‧輿服志》，皇帝上朝頭戴冕，身穿配套的袞服，由玄衣、黃裳、白羅大帶、黃蔽膝、素紗中單，和赤舄所組成。舄即翹頭鞋，中單即裏衣。慶典之時，便換成頭戴通天冠，穿絳紗袍、皂色領、白紗中單、絳紗蔽

膝、白色假帶、方心曲領、白襪、赤
舄。平常時間，則是戴翼善冠，穿團
龍紋盤領窄袖袍，腰圍玉帶。

　　洪武二十六年又詔定了大臣公卿
的公服制度：頭戴烏紗帽、身穿團領
衫，束帶。另有與宋朝大大不同的新
規定，即：「文武一品至九品，皆有
應服花樣。文官用飛鳥，象其文采
也；武官用走獸，象其猛鷙也。」也
就是：文官一品仙鶴、二品錦雞、三

品孔雀、四品雲雁、五品白鷴、六品
鷺鷥、七品鸂鶒、八品黃鸝、九品鵪
鶉。武官一、二品獅子，三、四品虎
豹，五品熊羆，六、七品彪，八品犀
牛，九品海馬。這在清朝仍然沿承下
來，慣稱爲「補子」。除了色彩、紋
飾，質料也有一定的規矩。平民百姓
都穿青或褐色布衣，不能隨便穿絲綢
綾羅。

　　清代服飾在「十不從」的緩衝之

203. 藍地織錦龍袍
／長131公分 寬(連袖)219公分
清代皇族常服，
國立歷史博物館藏(27479)

205. 紅綢百褶裙 ／長100公分
清代婦女常服，國立歷史博物館藏(29835)

204. 藍緞彩繡馬掛 ／長59公分 寬(連袖)144公分
清代皇族常服，國立歷史博物館藏(29829)

206. 綠綢鑲邊女鞋(一雙)
清代婦女繡鞋，國立歷史博物館藏(29908)

後，平民女子僧道等人不改如昔，帝后公卿大臣卻大異於前。不過清朝統治者畢竟存著心結，以至於規定的冠服制度，浩繁無比。舉皇帝冠帽為例，便分成：冬朝冠、夏朝冠、吉服冠、常服冠、行服冠、雨冠等。冬朝冠、夏朝冠是朝冠已分了冬、夏，故吉服、常服、行服、雨時之冠自亦分成冬用與夏用。譬如常服冠，冬日所戴為有折檐的圓形帽，滿綴紅纓、紅絨結頂，用皮或青絨製作；夏日則以玉草或藤、竹絲編織，紅紗、綢裡、石青織金緣邊，上綴朱緯、紅絨結頂。

概言之，清代冠服除箭袖、蟒服、披肩、翎頂為王公大臣朝服所必具之外，四季色彩質料、當胸補子、朝珠等級、翎子眼數、頂子材料等都有嚴格區別。但我們除了瞭解他們對滿族傳統服飾有所堅持外，也應瞭解，他們堅持的是款式形制；紋飾方面卻全盤採納了自堯舜以來通行的「十二章」制度，以及明代識別品級的補服規定。

相對於皇室大臣之外的平民服裝，清代初期因民間仍存在著遺民思想以及習慣，故普遍以明朝為樣式。但中期以後，「上行下效」日久，不論男女老幼便一概都穿清式服裝了。男子主要是在袍衫之內穿襯衫，袍衫上則穿馬褂或披馬甲（背心），頭戴瓜皮帽；販夫走卒則是短衫短褲，頭戴氈帽。女子主要是梳旗髻、穿馬褂、外罩坎肩（背心）或褂襴（長背心），或穿襯衣、氅衣，紮圍巾或披雲肩；外套叫一口鐘；裙子則有各種樣式，如：百摺裙、馬面裙、襴杆裙、鳳尾裙、月葉裙、粗藍葛布裙等。

根據《尚書‧皋陶謨》上的記載，舜的時代中國已有刺繡，而且已有稱為「十二章」的十二種紋飾，即：日、月、星辰、山、龍、華蟲

207. 清朝文官五品朝服補子　／ 長寬各29.5公分
紋飾為白鷳，國立歷史博物館藏(78-987)

208. 花鳥刺繡橫披(局部)
清代刺繡，全長496公分，國立歷史博物館藏(29458)

（雉）、宗彝（祭品的容器）、藻、火、粉米、黼、黻等。可見刺繡最早是服務皇室貴族的。唐宋以後，刺繡工藝興盛，除用在服飾外，更發展出純欣賞性的畫繡藝術，到了明代和清代，可謂開花結果期。第一、刺繡技法經過歷代的開發研創，此時恰進入集大成的階段。第二、衣服、佩飾物、生

活用物之外，佛繡、畫繡等各個朝代中繡品領域的擴張，使得明清時期的刺繡，展現出更為多采多姿的花紋樣式。第三、明清兩代，不論百姓或官宦，對於刺繡的要求既重量，也重質，講求美好精緻。

就明代言，上海露香園的顧氏家族所發展出來的「顧繡」最重要。顧氏一族，幾代都擅長刺繡，既能從蘇州和吳縣為中心的蘇繡汲取養分；又因蘭心蕙質，對刺繡具有獨特天分，因而將刺繡作品從民間工藝的界域，提昇至與書畫相同的純藝術領域。一般公認它是南繡，即南方刺繡系統的代表。而北繡系統，指的是宮廷的繡作坊，以及自漢以來即以刺繡著名的「魯繡」，即山東刺繡等。

清代除了宮廷設立繡作坊，供應皇室家族袍服紋飾上的需要，還在蘇州、杭州和南京，設有三處織造局。而上有好之，下必效焉，地方特色的蘇繡、湘繡、粵繡、蜀繡、京繡、魯繡、甌繡、閩繡等更是競美爭奇、紛紛崛起。宮廷刺繡加上地方刺繡的相互激盪，可以想見清代刺繡發展之盛況。

清代刺繡發展中還有一事不能不提，即《繡譜》和《雪宦繡譜》的出版。《繡譜》是丁佩於道光年間所撰；《雪宦繡譜》是清末民初的沈壽在清朝滅亡後不久完成。此二書詳細地記述我國刺繡工藝的內涵、形成、步驟、作法等，辭美意切、文筆鍊達，可以說是中國藝術史上表現閨閣女子才情的重要見證。（黃春秀撰）

古典家具源流與內涵

中國自古即是講究禮儀的國家，家具更是實質反映禮儀與藝術實用結合的用具。居家生活中家具是不可或缺的生活用品，但除了實用性，隨著時代的發展，家具品類日趨完備，更發展出每個時代的獨特性；實際上古典家具的美即蘊含中國一貫優雅樸實的精神美德。中國家具要求簡單流暢的線條，均衡穩重的質材，符合人體工學的科學精神，尤其是明朝文人雅士的參與設計，更將中國家具的發展帶入最高峰，不僅在觀念上改變傳統文人輕視技藝的守舊觀念，更由於文人親自參與設計與創新的家具理論不斷出現，對於後世家具發展提供具體而實際的貢獻。

中國家具發展概述

公元一九七八年至一九八〇年間中國社科院考古所山西工作隊發掘的龍山文化之木几、桌案等，距今約四千年之久，可能是現存最早的中國家具實物。春秋戰國時期的家具實物則有河南信陽墓出土的木床，雖因年代久遠而部分毀損，卻可看出當時作工繁雜與精美，此床或可視為架子床的前身。而公元一九七一年發掘的戰國時期河北中山王國錯金銀龍鳳銅方案，在設計、技術、與裝飾風格上更具古代家具藝術表徵。戰國時期，鐵器大量使用，髹漆工藝發達，尤以楚國為甚，較具代表性的有湖北曾侯乙墓出土的漆案。

西漢國勢強盛，地大物博，加速了戰國以來長期分治的社會民風習俗的融匯，並在漢代物質文化基礎下創造出一高度發展的國家，生活坐具亦在此時有重大發展。漢代以前「席地而坐」的習俗，在漢代同時形成另一種「坐榻」的習慣，寫下中國家具史

上新的篇章。描繪漢代生活的畫像石中的漢代家具，便別具一格。而家具屏風則為漢代家具中最具特色者，公元一九九八年史博館展出「西漢南越王墓文物特展」曾展出廣州南越王墓出土的漢漆木屏風，屏面分三間，正間有兩扇可向後打開的板門，屏風頂部、翼障下及轉角有精緻華麗的鎏金銅鑄雕件。此時期家具結構簡單合理，形體低矮，品類與形式不斷增加中，家具依然保存古風，但家具中銅嵌、髹漆與彩繪的技術則不斷提高。

魏晉南北朝時期，中國社會動盪不安，人民經歷戰爭及五胡亂華的苦難，造成人們藉著宗教慰藉生活精神上的不如意，佛教傳入中國，寺廟的興建，在中國社會造成一大變革。此時生活中的家具一方面繼承既有形式，又有來自天竺佛教國家的束腰台座及西域胡床的傳入，形成魏晉南北朝時期更加多元化的家具發展局面。敦煌二五八窟人物坐像中便有最早的坐椅形像，其他如四足凳、箱型凳、

209. 河南白沙宋墓壁畫中的桌椅配置

腰凳等新樣式的流行，圍屏高度的下降，「圍榻」的坐具乃後世椅具的先河；另外值得一提的是此時期高型坐具的出現，則揭開中國家具的另一番新面。

隋朝國祚短暫，僅維持三十七年，家具形式亦沿襲前朝為主，較少變革。緊接著大唐帝國開創中國的一大盛世，社會經濟及人民生活安樂，家具形式隨著「垂足而坐」的生活習慣開始出現各類高型椅及高桌，裝飾富麗華貴，各種舖設錦緞的坐具，漆飾艷麗，裝飾小掛件等，光彩奪目。

210. 廣州西漢南越王墓出土的羽紋漆木屏風（複製品），1998年曾在國立歷史博物館展出。

國立故宮博物院收藏的〈宮樂圖〉中月牙凳即為唐代貴族婦女所喜愛的新興坐具，配合唐代婦女婀娜多姿的體態，相得益彰。

五代、遼、金、宋、元時期，中國家具發展逐漸進入品類完整時期。由於整個家具品類與日常生活方式更加適應，仿效大木作中國古建築中柱梁木架結構的組合方式，加強家具的強度與堅固性，榫卯接合更趨成熟，重視材質的造型功能，並出現硬木作家具，為日後中國家具黃金時期的發展打下堅實的基礎。北京故宮博物院所藏〈韓熙載夜宴圖〉圖中所繪各式家具可視為此時期最典型的佳作代表。

明朝結束元代的異族統治，開創中國歷史的另一黃金時期，在中國家具發展史上創下千古不朽的「明式家具」，獨樹一格，至今仍為世人所深深喜愛。由於經濟富庶，社會繁榮，無論精神上與物質上皆獲得最大的滿足，尤其文人雅士的提倡與喜愛，明式家具也在這快速發展中得到重大成就。當時南京、江蘇、河南、泉州等地均有家具生產，質地優良，形制出奇制勝，千變萬化。明中期以後，以江蘇為中心的江南家具，除髹漆以外，更出現以花梨、紫檀、雞翅木、鐵力木、紅木、櫸木等高品質的硬木家具，是為中國家具的顛峰時期。由於明式家具的發展與形成跟當時文人的審美情趣與創新風格不可區分，所以明代家具從某種表徵上或可稱為是中國文人風格的家具。公元一九七一年山東魯王朱檀墓，出土了代表明代早期家具風格之供桌、紅漆半桌、石面半桌，其風格與宋元相承。此外，上海盧灣之潘允徵墓出土的家具，及蘇州虎丘王錫爵夫婦墓出土的家具模型（今藏於上海博物館），皆可一窺明代家具之風格發展。

清代家具從早期沿襲明代風格，歷經康熙、雍正、乾隆三個時期的發展後，品類漸多，技法不斷創新，遂產生華麗威嚴的清式風格。一般而言清代家具主要分為早期受明代風格影響，但可以清楚斷定為清代的家具；另一類則因屬明式風格，但無法斷定是明代或清代的家具。康熙、雍正時期，清代家具漸漸由明式風格發展出清代風格，尤其乾隆時因經濟富裕，大興土木，家具品類齊全，裝飾富麗華美，為清代家具的黃金時期。道光以後內憂外患，加上外來影響，本土家具製作已受到相當程度衝擊，古典家具遂逐漸式微。

古典家具之分類

古典中國家具在型制上大致可分為椅凳、桌案、床榻、櫥櫃、屏架及其他類等六大項；而各種類型的來源及特點皆有其內涵。

椅凳類主要包括燈掛椅、太師椅、玫瑰椅、圈椅、禪椅、官帽椅、交椅及寶座等。

燈掛椅　以其造型類似竹製燈托而得名，是明代相當普遍之家具造型。椅之靠背較高，搭腦向兩側挑出，整體言之，風格簡潔高雅，明顯獨特。

太師椅　是指有靠背又有扶手的椅子，常放置於廳堂之兩側，中間配置茶几擺放。清代常將扶手椅泛稱太師椅，是由羅漢床演變而來。

玫瑰椅　型制比一般椅子矮小，椅背和扶手、椅座垂直，椅背高度扶手距離相近，或為一般婦女所使用，文獻上較少記載資料，江浙地區俗稱為「交椅」。

官帽椅　取其造型類似古代官吏所戴之帽子而得名，主要分為「南官帽椅」與「四出頭官帽椅」，造型上以搭腦和扶手兩端皆突出稱「四出頭官

211. 束腰大四出頭官帽椅 ／座高113公分　座寬68公分
明末，黃花梨材質，美國奈爾森艾特金美術館收藏，
1999年國立歷史博物館「明清家具收藏展」展品。

212. 圈椅 ／座高112公分　座寬77.5公分
清末，黃花梨材質，造型為明代蘇州款示。

213. 楠木雙龍吐珠扶手椅 ／高119.5公分
為清末製品，造型受到西方家具影響，
紋飾則仍以傳統的雲龍紋和蕃蓮紋為主體。
國立歷史博物館藏(77-474)

214. 朱漆彩繪鼓形凳 ／高45.5公分
清代製品，風格近廣州樣式。國立歷史博物館藏(77-473)

帽椅」，若無上述之特徵則爲「南官帽椅」。

圈椅 之名因其圓靠背形狀如圈而稱之，西方人稱爲「馬掌椅」。圈椅之椅背流暢如其名，坐者能很舒適的享受座椅所帶來的愉悅感。

交椅 源自於古代之胡床，遊牧民族攜帶方便可摺疊，是馬札的進一步發展，是一種輕便又不占空間的坐具。

寶座 是一相當特殊之坐具，爲帝王之家所御用，爲顯示帝王之威望權勢，以單獨陳設並表現統治者尊貴權力爲特色。

桌案類主要包括方桌、酒桌、琴桌、抽屜桌、香几、平頭案、翹頭案、炕桌及書桌等。

方桌 是最普遍及最常使用之家具，包括每面可坐兩人的八仙桌、尺吋略小的六仙桌、四仙桌等。

215. 羅漢床 ／ 長199公分 寬95公分 高78公分
黃花梨材質，爲明末製造，1999年國立歷史博物館「明清家具收藏展」展品。

216. 黑漆酒桌 ／ 高92.5公分 桌面長115.5公分 寬82公分
榆木材質，明末製造，可拆卸及組裝，便於攜帶，造型具北方風格。
1999年國立歷史博物館「明清家具收藏展」展品。

217. 紫漆描金多寶格櫃 ／ 高161公分 寬86公分 深35公分
紫檀木材質，清代中期製作，北京故宮博物院藏。

　　酒桌和琴桌　前者多用於陳設筵餚酒類，最大特色為有邊緣突起的「攔水線」，防止酒水飲用時弄髒衣服，是相當周到的設想。後者高度較矮，裝飾簡單，設有共鳴箱。

　　香几　顧名思義因承置香爐而得名，後來用途更廣泛，或擺飾其他用品，造型為圓形或方形，腿足則作彎曲誇張，造型典雅古樸有如其名。

　　翹頭案、平頭案　主要依造形取名；案頭平直者為平頭案，案面向兩端翹起者為翹頭案。

　　炕桌　為因應北方寒冷天氣，於炕上放置較低矮的桌案，作為日常用餐或接待客人時使用，炕桌體積小、重量輕、易於移動，因此也在床榻上使用。

　　床榻類主要包括羅漢床、架子床、拔步床等。

　　羅漢床　以三屏風式左右及背面加上圍子的式樣最為常見，型制尺寸較大者稱為床，尺吋較小者稱為榻，早期使用於寺院中，故又稱「彌勒榻」，相當於今日廳堂所置放的沙發。

　　架子床　之三面設有圍子，四角有立柱，上有床頂支撐，南方稱之為「四柱床」，明清時代至為盛行，作工材質均十分講究，江南一帶至今仍沿用。

　　拔步床　又稱為「撥步床」，俗稱「八步床」，造型異於一般床，類似架子床安置於一大平台上，多天天氣寒冷時還可於床前放置火盆取暖。

　　櫥櫃類主要包括圓角櫃、方角櫃及亮格櫃等。其中亮格櫃兼備陳設與收藏兩種功能，是亮格與櫃子結合的家具，或櫃子在下亮格在上，亮格部分擺百裝飾品；還有一類上為亮格，中為櫃子，下為矮几，一般稱為「萬曆櫃」。

　　屏架類包括屏風與面盆架等。屏風出現的年代相當早，或在席地而坐的時代已經出現，尺寸有大有小，隨功能與時空之不同而有不同之形制，兼具實用與裝飾之功能。面盆架則為日常生活器用品，承托面盆之用，有高矮之分，足有三足、四足、六足等。

　　其他類包括官皮箱、鏡台、提盒及腳踏。

　　官皮箱　為一般家用之箱子，裝飾不同之吉祥圖案，或鑲嵌以珠寶象牙，或彩繪，或講究造型之美，配合方便實用之功能。

　　鏡台　是一種放在桌案上隨時可以使用的移動式小型梳妝台，鏡台上層有支架放置銅鏡，名清靜台；有三種形式，即摺疊式、寶座式與五屏風式。

　　提盒　有大小之分，盛放酒食，便於外出時提用。

　　腳踏　有兩種：一種作為「承足」之用，使坐在椅座踏上腿足更舒適，常與床榻、寶座等配套使用；另一種腳踏有醫療作用，可當作腳底按摩之用。（高玉珍撰）

218. 楠木梅花几 ／高91.5公分
清代製造，雕工極其精緻，係供置盆栽之用。
國立歷史博物館藏(77-472)

多元的明清貨幣

　　明清兩朝的貨幣制度，是在宋元貨幣制度上繼續發展的，明代早期以紙幣為主，明代中葉以後，白銀成為最通行的貨幣，直到清代，延續著白銀為主的貨幣制度，銅錢退居為輔助的角色；到十九世紀清代晚期時，除了銀兩、制錢之外，又加上新式的銀元與銅元。

　　白銀為明清兩代最通行的貨幣，以不同的「銀錠」樣式，及清代晚期的「銀元」形制，在市場流通。銅錢形制，則是從秦始皇時代統一天下錢幣外圓方孔「秦半兩」的標準形制傳衍下來，歷朝皆做為主要貨幣使用，到了明代則逐漸退居於輔幣的地位。明代稱本朝所鑄的銅錢為「制錢」，前朝的錢為「舊錢」，清代因襲不變。

明代貨幣的種類

　　明代在前期雖然鑄造過銅錢，但主要還是行用紙幣。明代沿用元代以紙幣為主的貨幣制度，發行紙幣「大明通行寶鈔」，在明代二百七十多年中，只用這一種紙幣。寶鈔的面額也維持了統一樣式，面額以一貫為最高，即使後來有通貨膨脹的危機，也沒有發行大鈔。明代中葉以後，白銀成為最普遍通用的貨幣，同時以銅錢為輔幣。

　　朱元璋在稱帝以前，原想把國號定為「大中」，就在江西鑄造五種「大中通寶」銅錢。後來決定用明作國號，乃頒布「洪武通寶」錢制，錢分五等：小平、折二、折三、折五、當十。正面面文均為洪武通寶四字。由於明太祖朱元璋的名字中有元字，在避諱之下，所有的明代銅錢都稱「通寶」。

　　由於明代中葉以後，白銀成為主要貨幣，銅錢退居輔幣性質，致使銅錢使用數量銳減，從宣德以後，歷經代宗、憲宗，其間有五十餘年不鑄制錢。明代中後期，民間私鑄銅錢問題嚴重，市場上官鑄與私鑄混雜，越到晚期越嚴重。

　　洪武七年（公元1374年），朱元璋設立寶鈔提舉司。次年，詔命中書省主持印製大明通行寶鈔，面額分為六等：一百文、二百文、三百文、四百文、五百文、一貫。以當時的幣值換算，每鈔一貫，合銅錢一千文，或合白銀一兩；鈔四貫約合黃金一兩。

　　大明通行寶鈔的製作，基本上仿照宋元紙幣的形制，用桑皮紙作為底料，紙地呈青色，寶鈔外圍有龍文花欄，上額則橫書「大明通行寶鈔」六字。內中兩旁用篆書寫「大明寶鈔」、「天下通行」。寶鈔居中在面額上畫銅錢，「壹貫」下畫十串，「伍拾文」下畫五十個。下半部以楷書書寫「戶部 奏准印造 大明寶鈔與銅錢通行使用偽造者斬告捕者賞銀二十五兩仍給犯人財產 洪武 年 月 日」。「壹貫」的票面長度三三·八公分、寬二二公分，可說是世界上最大的紙幣。

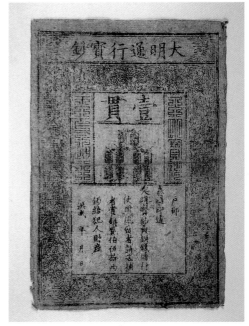

219. 大明寶鈔

220. 元代銀元寶　／長13.5公分　重1930公克
正面中刻「行中書省」及「至元十四年」款識，
左側並記「重五十兩」、「鑄銀侯君用」等字，
底部則刻「元寶」兩大字，為元代官銀。
國立歷史博物館藏(88-2090)

銀錠，就是俗稱的「元寶」、「寶銀」，亦是所謂的銀子、銀兩，多仿照元代的元寶樣式製作。銀錠的貨幣功能，開始於漢、唐時期，當時由於白銀的本身價值高，常被用作爲窖藏屯積來保值，一般交易甚少使用。五代起白銀使用漸多，宋元以來，由於社會經濟的發達，以及政府信用的漸次喪失，官方鑄造的銅錢及紙鈔，不斷貶值，原來用作保值的白銀，在大宗買賣上便成爲主要交易媒介，日益具有貨幣功能，一般物價也漸捨棄銅錢改以銀兩計值。明代中葉，更規定各地方的賦稅應折換爲銀兩上納。明英宗正統元年（公元1436年）取消用銀禁令，銀錠成爲正式貨幣，從此流通更爲廣泛。

明代的白銀貨幣，有幾項主要的用途，首先是用於計價，明代嘉靖以後，各種銅錢都同白銀互爲計價通用。其次則是政府用在稅收方面，萬曆以後實行一條鞭法，各種稅收一律以銀徵收。第三是政府官員的俸銀，在正德以後，十分之九用白銀，十分之一用銅錢。此外尚用於地租、匠班銀，百姓的工資及儲存等計數。據記載說，明代武宗時的宦官劉瑾所擁有的財富，僅銀元寶一項，即有五百萬錠又一百五十八萬兩。

銀錠的形狀，仿元代元寶樣式，上面鑄有年代、地名、重量和匠人姓名等。一般元寶，大者一錠五十兩，小的有十兩、五兩不等，元寶的形式一直延續到清末。

清代錢幣的種類

一般來說，清代的幣制，大致以銀錢平行本位：即以白銀爲主，銅錢爲輔，大數用銀，小數用錢的制度；清初一百年流通銀兩，到了嘉慶之後，外國銀元開始在中國通行；至清末，則進口機器鑄造銀元與銅元。

銀兩在清代是法定的本位幣，是自由鑄造的，政府所鑄造的銀錠，主要用於官俸及稅銀，均由各省自鑄發給。稅銀種類甚多，如各州稅銀、山東鹽課銀錠、河東解池潞鹽加價局戳印的「鹽金加價」稅銀、土地稅與人頭稅的地丁稅銀、捐輸稅銀、「海防捐」的海防稅銀、貨物通過稅的釐金局稅銀、茶稅銀錠（四川灌縣）、皖南牙釐總局銀錠等。

清代銀錠的形式延續明代元寶樣式，主要有馬蹄形、元寶形等，統稱爲元寶銀。元寶銀若以重量計，略分爲大中小三種：大型約重五十兩，中型重十兩，小型一兩至五兩，又稱稞子或散銀。

由於清代允許民間自由鑄造銀錠，其中以山西票號執全國金融之牛耳，在咸豐、同治兩朝最是興盛，各票號並經常代公家匯解款項，經手銀兩甚鉅，銀爐業也特別發達，因此山西省鑄造的元寶特別多。由於白銀的成色、重量、形式各地均有很大差別，於是清政府規定以紋銀的成色作爲計算標準，其成色爲千分之九三五點三七四。

221. 清咸豐通寶鐵錢

222. 清光緒銅元

223. 清末銀元
光緒年間首在廣東鑄行，重一兩，又稱「龍洋」。

明代中後期時外國銀元流入中國，最早流通於福建、廣東一帶，當時稱為洋錢、洋銀和番銀，其成色、形式、重量比較劃一，在市場上與銀兩並行。

中國自鑄銀元，最早是乾隆五十七年（公元1792年）寶藏局以西藏原有銀幣「章卡」改鑄的新幣「乾隆寶藏」，但僅限於西藏一帶使用。光緒十五年，張之洞在廣東試鑄「光緒元寶」銀元，次年流通於市，此為清政府自鑄新式銀元的開端。之後湖北、江蘇等十多省群起自鑄。光緒三十一年清政府頒布「整頓圜法酌定章程」十條，在天津成立鑄造銀錢總廠。宣統二年（公元1910年），制定「國幣則例」二十四條，規定以元為單位，一「元」重七錢二分，次年開始製造，稱「大清銀幣」。

滿州人在入關前，努爾哈赤於天命元年（公元1616年）鑄造滿文的「天命汗錢」和漢文的「天命通寶」。清太宗皇太極繼位（公元1627年），改元天聰，鑄造滿文的當十大錢「天聰汗錢」。清人入關以後，清世祖順治帝仿明代錢制，於戶部設寶泉局，鑄錢充軍餉：於工部設寶源局，鑄錢充工程費用。所鑄造的制錢「順治通寶」為楷書面文，有五種式樣。此後康

224. 清末發行的兌換券
券正面有攝政王載灃的肖像，背面為雲龍。

熙、乾隆至光緒、宣統各朝，皆鑄造以年號為名的通寶錢。

銅元又稱作銅板、銅鈿、銅幣、銅角子等；清代機製銅元是在光緒二十六年（公元1900年）兩廣總督李鴻章奉旨在廣東開始鑄造的，銅元每枚重二錢，含銅成分佔百分之九十五，鉛佔百分之四，錫佔百分之一；銅元的正面面文為楷書「光緒元寶」，無孔，中間有寶廣兩個滿文。光緒三十一年，清政府為統一幣制，在天津戶部造幣總廠鑄造「大清銅幣」。

清代懲元明兩代紙幣發行過濫造成經濟崩潰之鑒，不以發行紙幣為政策，早期因軍費需要，曾在順治八年（公元1651年）仿造明代鈔法發行鈔貫，但也僅僅流通了十年而已；此後直到咸豐三年（公元1853年）近二百年間，未再發行紙幣。

清代中葉後，內憂外患不斷，國家財政不足，不得已才再發行紙幣。咸豐三年發行紙幣兩種，一種是戶部官票，另一種是大清寶鈔。戶部官票，簡稱官票，又稱銀票，以銀兩為單位，分一兩、三兩、五兩、五十兩多種。大清寶鈔，又稱錢票、錢鈔，則以銅錢為計算單位。寶鈔和官票總稱鈔票，是後世鈔票一詞的由來。

光緒二十四年（公元1898年），清廷設立中國通商銀行並發行銀兩、銀元兩種鈔票，這是中國最早的銀行兌換券。此後配合錢幣改革又陸續印製銀兩票、銀元票、錢票及銀兩券、銀元券等多種紙幣。（楊式昭撰）

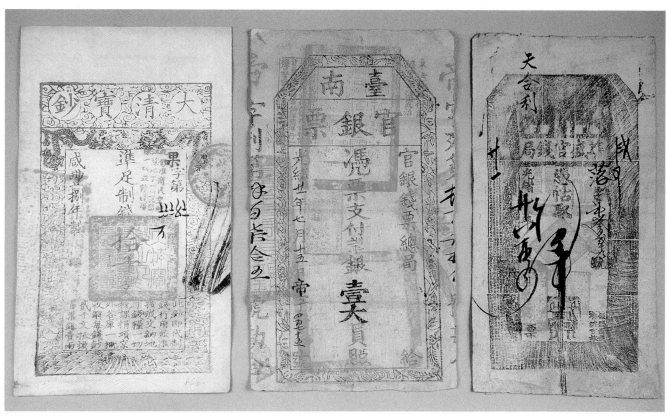

225. 清代紙鈔
　　左為大清寶鈔（即錢票），中為台灣府發行的官銀票，右為奉天發行的官票。

結合生活與藝術的文人清玩

宋元以後，科舉制度行之既久，文士無形中又成為社會的主流階層，除了學術思想以外，各種文藝美術也多受其好尚影響。所謂「文人清玩」指的便是宋元以來文士賞玩的美術工藝品，它包括文人直接使用的各種文房用具，和為文人所珍賞的擺飾及收藏；由於文人對這些美術工藝經常摩挲審視，乃日漸形成一套審美價值，它不但影響到這些美術工藝品的設計與製作，也促成一種社會風氣和時尚。所以文人清玩有其不可忽視的文化意義。

文房用具中，最重要是筆墨紙硯；其材質面貌隨著書寫繪畫的發展而逐漸演進。如毛筆，現存最早的毛筆實物發現在戰國時代的楚，筆管實心，筆毫尖硬，並且是綁在筆桿外。秦代開始流行以竹材為筆管，筆毫亦用膠粘固於筆桿中。至唐代，因帖書盛行，筆毫逐趨於柔軟，材質也較多樣。當時製筆中心在宣州，元朝以後移至湖州，製作考究，乃至有名垂青史的筆工，如宋代的諸葛高、元代的馮應科；馮應科所製的筆，在當時甚至與趙孟頫的字、錢選的畫並稱三絕。就實用性言，毛筆的主要功能全在筆毫；但以工藝表現言，則筆管頗有發揮之處。據文獻記載漢代天子所用的筆便有以金、銀、玉、牙、角、水晶、玳瑁等為管者。唐代以後筆管裝飾更趨繁複，如現存日本正倉院的唐代斑竹筆，上半部嵌沈香，末端則雕以象牙。宋代文人亦有以沈香、松梗為管者，其審美觀念尚以天然淳樸為高；明清時代則變成以人工雕琢為主，如史博館曾展覽過一支明代萬曆描金龍紋筆，在窄不及寸的圓管上，髹上細巧的金、紅、黑、藍等色漆，龍紋生動，頗具富麗莊嚴之美。傳世的明清裝飾筆還有漆雕、螺鈿、牙雕者，無不豪華氣派。

墨的起源也可追溯到戰國時代，係呈墨碇狀，需用研石壓碎與水調和後才能使用。魏晉時發明用松煙製墨的方法，從此松煙墨成為中國墨的主流，其製造方式和過程在賈思勰的《齊民要術》中有很詳盡的記載。唐宋以後，製墨名家輩出，如祖敏、李超、李廷珪等均有相當成就；李廷珪所製墨專供南唐內府使用，號稱「天下第一品」。宋代的製墨名家多與文士直接往來，如潘衡便受過蘇軾的指點；由於大家重視，墨質得到很大改善，歙縣、休寧等產佳松之地都成了製墨中心。明代以後，復講究墨的外觀造型，除了質地要堅實外，墨色、香氣，乃至形狀紋飾都有一定的要求。程君房、方于魯是當時最有名的兩家，分別出版《程氏墨苑》和《方氏墨譜》宣傳所生產的墨。而若干文人如董其昌、邢桐等亦網羅名工為之製墨，其墨上的雕刻塗金等均出自巧師之手。明代末期更流行一組一組的套墨，或以四季花卉為一組，或以四靈、十二生肖等為一匣，墨條造型各異，墨上詩文圖畫精絕非常，令人捨不得使用。

紙發明於漢代，過去考古發現最早的實物為漢武帝時的灞橋紙；此外新疆民豐、羅布淖爾，內蒙古額濟納及甘肅旱灘坡等地，也發現過漢代的麻類纖維製成的紙。近年在甘肅天水縣放馬灘漢墓中更發現繪有山川地圖的麻紙殘片，年代更早於漢武帝。東漢和帝時蔡倫加以改良和推廣，遂使紙的使用得到士人階層認同。東晉桓玄時下令以紙代簡，從此紙便成為主要的書寫工具。當時書法盛行，迫使紙張製造精益求精，除了麻紙外，楮皮紙、桑皮紙、藤皮紙也相繼出現；

同時爲了防蛀，還加入黃蘗汁而成黃紙；爲了提高紙的潔白度，也有在紙面上加白色礦粉而成「粉箋」的；而竹簾撈紙技術的發明，和以植物膠液作懸浮劑的使用，皆使紙張纖維更形均勻細薄，易於受墨。唐代時，製紙技術突飛猛進，各種色紙和帶明暗花紋的紙競相出現；至宋代更與繪畫技術結合而成爲風貌各殊的加工紙，如著名的「十竹齋箋譜」、「夢軒齋箋譜」便是明代流行書箋的總集，以各種生動的山水、花鳥、龍鳳、故事爲箋紙地紋圖案，深受文士喜愛。這些加工紙大都出自供御的作坊，有各種名目，如明代宣德年間的「素馨紙」、「磁青紙」、「金花五色箋」，和清初的「梅花玉版箋」、「描金五色蠟箋」等，都是精細原料與湛深畫技結合的宮廷用紙。這種紙不僅可供書畫，其本身就是可以欣賞珍藏的藝術品。不過明清以來，一般文士作書繪畫的用紙則以綿紙和宣紙爲主。宣紙發明於唐代，係以檀樹皮爲主原料，以安徽宣城所產最著，五代南唐後主李煜所造宣紙特加蓋「澄心堂」印，是歷史

上最名貴的書畫用紙。此外江西、福建的「連史紙」亦很有名。

硯也是文士非常講究的工具，唐代以前流行陶硯，其形制多爲圓形或箕形，有些並在外表施以釉彩。唐代時，一些優良的石材漸被發現，如山東紅絲石、廣東端石、安徽歙石、甘肅洮河石等，質潤紋美，容易發墨且不損筆，於是石硯逐漸受到重視；其中以歙硯和端硯最有名，前者在南唐時並由朝廷設官督採。宋代以後，硯的發展也趨向裝飾賞玩。高濂在〈燕閒清賞牋〉中，曾對硯提出如下的賞評標準：「質之堅膩、琢之圓滑、色之光采、聲之清泠、體之厚重、藏之完整、傳之久遠。」說明硯的質地、形式、色澤、雕工、及年代都是審美的焦點。以形式言，唐宋石硯仍以箕形和抄手式居多，硯面多樸素大方，線條簡練，墨池、墨堂均工整；南宋以後式樣漸繁，明硯常於硯面上浮雕仿古或寫生的圖案；清人則直接將硯石視同雕材，把硯面和硯背作整體設計的立雕，然亦有以硯石的天然紋理和色澤爲欣賞重點，一點不加雕琢

226. 雲龍彩紙
清皇室用紙，裝在木質漆盒內，現藏中國歷史博物館。

227. 龍紋彩漆毛筆
明神宗御用之筆，現藏中國歷史博物館。

228. 描金龍紋墨（一對）
清宮御用之墨，現藏中國歷史博物館。

229. 漢磚硯 ╱ 長18.7公分 寬17.5公分 厚5公分
漢磚以漢中地區出土最多，其質佳者常被製成硯，向為文人喜愛。

230. 姚元之篆刻印章
姚元之為清乾隆年間的篆刻家，此印印文為「奇樂于書」；印石邊款則刻清初大畫家惲壽平的題詞：「昔人論倪高士書得力于楊羲和黃庭內景經，故落筆有煙霧之致，今人未易及也。」

者，這便脫離實用範圍了。

　　文人清玩中除了「文房四寶」外，很多與書房擺設有關的工藝品（書畫除外）也很重要。其提倡則始於北宋中葉的文人團體，如歐陽修、梅堯臣、蔡襄、蘇軾、米芾、黃庭堅等文士。他們在爲官論政之餘，亦從事書畫創作，復致力蒐集古董文物加以研究考據。如歐陽修便撰有《集古錄》，呂大臨亦撰有《考古圖》，趙明誠則撰有《金石錄》。這些學者將古物收藏、名物考據鑑賞視爲興趣的一部份，直接影響了此下的文人生活方式。

　　由品鑑古文物而及於書齋生活的充實，於是一種思古幽情的審美觀也隨之洋溢於文人的起居天地中。所謂「明窗淨几，羅列布置，篆香居中，佳客玉立相映，時取古人妙蹟，以觀鳥篆蝸書，奇峰遠水；摩挲鐘鼎，如親見商周。端研涌巖泉，焦桐鳴玉佩，不知身居人世。所謂受用清福，孰有踰此者乎！是境也，閬苑瑤池，未必是過。」此種古物玩賞的境界，眞道盡文房清居之精髓；自宋以後，古玩佳品遂成爲文房生活不可或缺的一部份。

　　北宋文人珍視古物的風氣、對個人癖好的執著，及文人團體所共同培養的審美觀，隨著時代而逐漸擴展。如南宋趙希鵠所撰的《洞天清錄集》中，便羅列考辨了古琴、古硯、古鐘鼎彝器、怪石、研屏、筆格、水滴、古翰墨、古今石刻、古畫等十類文人清玩。該書不僅以眞僞之辨爲器物收藏賞玩的標準，更強調文人賞玩與凡俗享用的不同所在；舉凡一物之造形、質材與周圍氣氛的配置，也都在考究之列。明代曹昭根據宋人開創的傳統，也著有《格古要論》一書，所列包括古銅器、古畫、古墨跡、古碑法帖、古琴、古硯、珍奇、金鐵、古窯器、古漆器、錦綺、異木、異石等十三類，其範圍又較宋人廣泛許多。以下分別就其中幾項文物進一步敘述，以說明此時文士的文化生活：

　　首先是石：傳統文人賞玩的石有兩類，一類是案頭擺飾，以造型取勝；一類是印石，以篆刻爲重。在書齋中布置各種奇奇怪怪的石頭，其風氣起於北宋，蘇軾及米芾都頗好此道。蘇軾曾作〈雪浪石〉、〈雙石〉、〈壺中九華詩〉等吟詠雅石的詩詞，提倡「怪石供」，將一些紋彩繽紛奇形可愛的小石養在銅盆清水中，充作案頭擺設，他形容這些石頭有的似「岡巒迤邐」，有的則以「石間奔流，盡水之變」，爲此特名其書齋爲「雪浪齋」，還作銘文以爲記。米芾則是有名的石痴，傳有袍笏拜石之舉，他有一塊研山便長得奇峰林立、池谷幽迴，他特爲之圖繪，並爲每座峰崖湖谷命名，陳列案前，終日賞玩。據明代屠隆《考槃餘事》所記，研山之置即始自米芾，可見他的影響力。明代以後，雅石成了文人重要的收藏，所謂「石令人古，水令人遠；園林水石，最不可無。」雅石的造景藝術似與園林山水有異曲同工之妙。

　　印石篆刻首倡於元代，至明而大盛；在此之前印章多用銅及玉，有專門工匠爲之，其用途多離不開官署身份鑑別。元代畫家王冕首先倡導用石刻印，並由文人自行爲之，從此文人治印變成文人書畫不可或缺的一環。明代的文彭、何震開始講求印文的章法和刀法，並致力搜尋適合篆刻的石材，遂使這項藝術風行起來，名家輩出，至清而不衰；而且還衍生出玲瓏精緻的小品石雕藝術來。就印石而言，明代以浙江處州和青田縣所產最有名，清代以後則以福建壽山石爲主。

　　其次是古琴：音律一事本來就是

231. 北宋冠古琴 ／ 長117公分
琴名「冠古」是因琴底槽腹刻有隸書「冠古」兩字，又琴腹內刻有「宋元豐關律年莫呂月黃均氏造」款識，
另一側則刻「清光緒元年季秋月蜀西季口口修」，是此琴曾於清季整修過。國立歷史博物館藏（79-353）

232. 南宋玉澗鳴泉琴 ／ 長126公分
南宋孝宗淳熙年間造，明武宗正德三年整修，龍池上方刻有隸書「玉澗鳴泉」四字，故名。
國立歷史博物館藏（79-354）

古代文士的傳統修養之一，但自科舉考試以經義為主後，一般文人就不大懂了。不過在書齋裡懸一張琴確是不可少的布置，故如明代文震亨所謂：「琴為古樂，雖不能操，亦須壁懸一床。」惟就琴本身而言，它確實曾在古代士人文化生活裏扮演非常重要的地位。傳世的古琴以唐琴最早，但考古出土的實物則可遠溯自戰國時代楚國的七絃琴，湖北隨縣曾侯乙墓則出土過十絃琴，馬王堆漢墓的琴亦是七絃，這些古琴較傳世的唐宋琴都短小，但結構、造型則基本雷同。結合文獻記載和實物，唐琴最稱規整，向為後代琴制所宗，有伏羲、神農、鳳勢、連珠、師曠、子期等各種款式，至唐末出現仲尼式後，遂成為古琴的標準款式。其標準長度在一百二十公分至一百二十五公分之間，由琴面、琴底、琴腹三個部份構成，以桐木為主要材質。宋代的琴較扁，所謂「唐圓宋扁」是也。《格古要論》載：「宋時置官局製琴，其琴俱有定式，長短大小如一，故曰官琴。」其君臣皆不乏精擅琴藝者，如宋太宗曾創九絃琴，徽宗則蓄南北名琴於宣和殿百琴堂；蘇軾著有《雜書琴事》，歐陽修著有《三琴記》等，都保存了一些古琴發展資料；而趙希鵠的《洞天清錄集》更是第一本考辨琴制的著作。明代操琴之風較唐宋為盛，如明憲宗、思宗都好琴；思宗「所善可三十曲，鼓琴多至丙夜不輒休。」其宮中太監亦頗多鼓琴能手。而宗室特愛造琴，其中以潞王、益王、寧王、衡王所製最精；而潞琴形制最一，數量也最多。與唐宋比較，明琴樣式富於變化，其中以斲古琴之材者最貴。清初沿襲明

風，琴制亦不失規矩，至中葉以後水準才見下降，但修琴工藝則頗精良，故清末有心人士有賴以復興製琴工藝者。古琴的演奏方式自由度很大，同樣的琴譜卻可以依個人的體會和心情作不同的表達，所以很受文人重視。

最後是薰爐，又稱香爐；起源很早，春秋時代的楚國便已使用香爐，其用途是爲了除濕、殺菌，和提神。秦漢以來，隨著神仙方術思想流行，香爐製作趨於考究；有所謂「博山爐」者，傳爲漢武帝時發明，上鑄峰巒起伏狀的爐蓋以象徵蓬萊仙山，下作承露盤以象徵大海，點香以後，「上似蓬萊，吐氣委蛇；芳煙布繞，遙沖紫微」，很受士人歡迎，流行至魏晉而不衰。唐代由於柱香和香水傳入中國，香爐一時沒落；至宋代受到文人好古風氣影響又見流行，而其造形則多仿三代彝器，所用香料亦愈見精研，於是焚香成爲一種嗅覺美學，與點茶、插花、掛畫合稱四藝，同爲文士書齋必備之物。明代中期，青銅工藝復興，香爐製作達於鼎盛，特別是宣宗宣德年間所製，用銅數萬斤，採用鎏金、滲金、金屑等方法，合金冶煉，其造型則參照古代銅器和瓷器樣式，並加以變化，統計光是顏色便有六十

233. 銅薰爐　／ 高9.5公分 口徑8公分
漢代燃香之器，爲後代薰爐鼻祖。國立歷史博物館藏（85-21）

多種，耳、足則各有四、五十種，搭配起來無不協調大方，特稱爲「宣德爐」，其後代有仿製，迄清而不衰。

自宋人好古及提倡文房清趣以來，中華文物的內涵爲之一變。首先是自古截然分途的工、藝兩個範疇從此趨於合一：由於文人參與設計，若干器物的審美層次無形獲得提昇，匠人的地位也受到正視和尊重。其次，受到文人賞玩器物的影響，帝王、高官、巨賈也爭相附庸風雅，社會也因此出現收藏文物的風氣，工藝市場遂形成，這就改變了傳統的工藝供需結構；博學的文人、高明的藝師、有錢的收藏家三者成了推動工藝美術發展和文物保存的主體。故知文人清玩在文化上的意義不可小看。（蘇啓明撰）

234. 明宣德銅爐　／ 高7.5公分 口徑12公分
鎏金，平耳式，爐底鑄有「宣德年造」四字，整體光潔平滑，流露著天人合一的氣質。

明清書畫

　　中國書畫發展至元代以後，文人畫成為主流，書法與繪畫被視為同源一體，於是運用書法技巧來繪畫，或將繪畫觀念引入書法，成為明清書畫的普遍現象。

　　明清時期書法和繪畫兩者關係之密切，可從兩方面略知梗概：其一是此時期的書法家與畫家無論在理論闡釋或創作實踐上皆自覺的以發揮筆墨特性為最高指導；但是他們卻又都不約而同的認為，筆墨本身不是書畫創作的直接目的，藉筆墨形式來遣興抒情表意才是目的。這種矛盾的藝術心理正是書法與繪畫兩種藝術形式相互影響的結果。其二是縱觀明清兩代六百年的書畫發展歷程，書法與繪畫兩者的風格演變起伏律動相當一致，說明此時期的書法與繪畫創作基本屬於同一路數。

　　明朝初年朝廷頗以光復漢唐舊物

為己任，而很多生於元代的士人和藝術家入明以後思想及創作力適達於成熟期，因之明初的藝文創作一開始便呈現一種新氣象。其在書法方面有三宋（宋克、宋璲、宋廣）、二沈（沈度和沈粲）；繪畫方面則有戴進、吳偉、林良、呂紀、沈周等。三宋的書法出於宋元而進於晉唐，乃至在草書方面獨闢蹊徑；二沈則專在楷書上發展，終而因時際會奠定所謂的「館閣體」規模。戴進、吳偉等則以民間畫師身份躋登畫院，竟改變初明襲自南宋的沈鬱之趣而成健拔勁銳之體，一時藝苑風靡，學者群起，遂有「浙派」之目。及至沈周，以家學淵源之故而繼承元四大家之業，成後來居上之勢，是為「吳派」開山之祖。

　　宋克、沈度，與戴進、沈周四人各擅明初書法及繪畫牛耳，他們創作的共同點是都飽含一種原創力。宋克傳世的名跡以〈急就章〉最有名，其寫本不一，但神韻恬合、首尾氣勢連貫靈動之態，確可入晉人之室。沈度的佳跡則有〈敬齋箴〉，確是勻稱有度、婉麗自然；而最壯觀的則是北京西郊覺生寺鑄在永樂鐘上的經文，共二十三萬一百四十八字，無一筆潦亂，可見其功力之深。戴進名跡以釋道人物畫、山水畫、花鳥畫最多，他的〈風雨歸舟圖〉手法奇特，構圖別出心裁，將滂薄大雨摧枝折葉和漁人逆風而歸的景象描繪得有聲有色。沈周「以元人筆墨運宋人丘壑」，傳世作品有〈廬山高〉、〈策杖圖〉、〈杖藜遠眺〉等，構圖都是一大片山水樹林，兩三間小屋在山谷中若隱若現，然後有一個策杖老人踽踽獨行其間，似乎整個景色都是為這個老人而存在的，非常令人神往。

　　明代中期城市經濟繁榮，士紳階級成為藝文活動的主導者，宮廷王室的影響力反居其次，於是書畫創作也

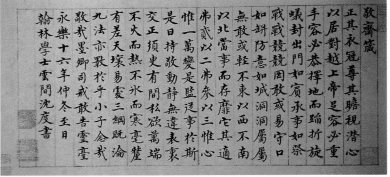

235. 宋克行書〈急就章〉局部

236. 沈度楷書〈敬齋箴〉

237. 戴進〈風雨歸舟圖〉

不再以院體為尊貴。人文薈萃的江南成為領袖群倫的重地，代表性的書畫家如祝允明、文徵明、王寵、張弼、唐寅、仇英、陳復道等氏，都活動於此。其中祝、文、王號稱「吳門三家」；而文、唐、仇三人又與沈周並列，號稱「明四家」，分別代表著明代書法和繪畫藝術的最高成就。

祝允明專工書法，真、行、草皆有相當造詣。他追摹歷代名家名跡，擷英咀華，融會貫通而獨具風神。楷書代表作有〈關公廟碑〉，謹嚴清秀，具晉唐書法儀軌；草書作品有〈前後赤壁賦〉和〈羅浮詩卷〉等，奔放豪

邁、情墨交織,落筆果斷又急速,大有一種「千金立盡而面無吝色」之概。文徵明則是書畫兼能的大藝術家,他的小楷寫得特別好,被譽為明楷第一,其祕訣如他所說:「小字貴開闊,字內間架宜明整開闊,一如大字體段。」傳世墨跡頗多,〈顧春潛傳軸〉、〈醉翁亭記〉等皆是精絕作品,後者是他八十二歲高齡時所作,可謂是人書俱老。他也寫草書,代表作有〈七言詩卷〉,其奔放跌宕之勢頗得懷素和黃庭堅的遺韻,說明其內在才情是洶湧的。他的畫則學自沈周,以山水畫最精到,能自由運用水墨和青綠的表現方法,既有粗放的一面也有細緻的風格,但總的說來要比沈周秀氣,故畫史上說他們是「粗沈細文」。〈千巖競秀圖〉是他晚年代表作,係一條幅,自上而下畫連脈山巒

238. 沈周〈策杖圖〉

數座,到底下直瀉一條瀑布,然後兩棵老松夾著瀑布亂石對峙,一濃一淡,枝椏盤根錯結,像在對話一樣;整個畫面予人一種冷峻、熾烈的矛盾感,其用筆爽利、墨色層次分明的視覺印象十分耐人尋味,和他草書一樣靜中有動,道盡一代大師的深厚涵養。

王寵也工詩文書畫,兼及篆刻。他的小楷被列為徵明之後第一人,其特點是行筆緩、筆勢穩、點畫圓潤、章法疏朗、潔淨超逸,很有一種空靈之美;草書亦然。代表作有〈送陳子齡會試三首〉、〈自書詩卷〉等。

唐寅的成就主要在繪畫,師承周臣,而上繼李、范及南宋四家;天賦極高,不僅擅長山水,在人物、花鳥方面也有獨到之處,惟際遇不若其他江南諸子,故作品中常流露一種傲桀不馴的才情。他的山水畫筆墨變化多,構圖頗富實在感,描繪精確,隨物賦情,不像一般文人畫僅以韻致取勝,這可能與他大起大落的遭遇和豐富的閱歷有關。人物花鳥也畫得很高雅,姿容秀麗而有生氣。傳世名跡中以〈溪山漁隱圖卷〉和〈函關雪霽圖〉最有代表性。前者畫一條桃花溪畔,兩條漁舟比肩而過,一個漁人吹笛,一個擊掌唱和、神態甚是自得;而岸邊坡石花林掩映,更顯示一幅桃源世外景象,整件作品展現的聲色律動令人十分流連。〈函關雪霽圖〉則描繪一輛車馬行向函谷山隘,宿夜方盡、山光雪白,其內蘊的生命語言更在筆墨之外。〈西洲話舊圖〉是他生前最後一幅傑作,描繪他在病中朋友來看他敘舊的情景,他在畫上題了一首詩來總結其一生:「醉舞狂歌五十年,花中行樂月中眠。漫勞海內傳名字,誰信腰間沒酒錢。書本自慚稱學者,眾人疑道是神仙。些須做得工夫處,不損胸前一片天。」道盡他外在瀟洒

與內心痛苦糾纏的處境，令人不由得不爲這位天才一掬同情之淚！

　　仇英也是周臣調教的高足，他出身低微，但很受同代士人敬重，此可見其造詣之不凡，也反映了明代藝文環境的平民化之一斑。他創作力旺盛，態度嚴謹，入畫題材十分豐富，技法不拘一格，而以刻劃精細、敷色鮮麗、形象妍妙爲特點，董其昌說他是自李昭道以來五百年第一人。代表性的作品有〈春夜宴桃李圖〉、〈秋江待渡圖〉、〈桃村草堂圖〉等。

　　「吳門三家」和「明四家」的書法及繪畫基本上可以看作是明代中期文人士子對明初以來以「館閣體」和畫院爲中心的書畫主流的一種反動，可以看作是明代文人第一次自覺性的將書畫創作主導權回歸到自己手中，故視爲宋元文人書畫精神的復興亦無不可。自此以後，文人寫字作畫或爲遣興自娛，或爲換取生活所需，其創作意識無論如何大體都是依著自己的感會來進行；他們也會寫應試作官的字，也會畫宮廷帝王愛好的畫，但沒有人把這些當作藝術創作，社會也不以此爲高尚，這個基調一直持續到明末。

　　明代晚期政治腐敗，而士人的自覺性更高，乃至在學術思想、文學理論與創作，甚至部份文人本身的行事風格上，普遍出現一種反現實的潮流，此時期的書畫藝術也反映了這種氣氛，而其特質則是極端主張性靈抒發與創作的獨立性。代表人物有徐渭、董其昌、張瑞圖、米萬鍾、傅山、陳洪綬等。

　　徐渭是中國書畫「大寫意」一派的開創者。他的作品以豪放不羈、暢快淋漓爲特色，袁宏道初次看到他的書法單幅時便贊嘆說：「強心鐵骨，與夫一種磊落不平之氣，字畫之中宛宛可見，意甚駭之！」清人張岱也說

239. 文徵明〈千巖競秀圖〉

240. 唐寅〈函關雪霽圖〉

他「書中有畫、畫中有書。」鄭板橋、齊白石等都對他傾慕備至；白石老人還自言恨不得提早出生三百年來為他磨墨理紙。可見其書畫的魅力。他的書法早年學黃庭堅，晚年則似米芾而更為放縱；特別是草書，風格粗獷放肆，字形或大或小、忽草忽楷，筆觸則或輕或重、忽急忽緩，似乎是故意要反秩序、反統一、反和諧，其耐人尋味處也就在此。〈夜雨剪春韭詩〉、〈七絕詩軸〉、〈詩詞卷〉等是其代表作。他的繪畫也是不守成法，

用明快而精煉的筆墨把形象概括或予以簡化，卻無一不具神采。曾自云：「奇峰絕壁，大水懸流，怪石蒼松，幽人羽客，大抵以墨汁淋漓，煙嵐滿紙，曠如無天，密如無地為上。」「百叢媚萼，一幹枯枝，墨則雨潤，彩則露鮮，飛鳴棲息，動靜如生，悅性弄情，工而入逸，斯為妙品。」可見其意趣。傳世畫跡以花果畫最多也最突出，如〈墨葡萄圖軸〉，用中鋒圓筆寫幹，轉折流暢，有筆走龍蛇之妙；畫葉則用潑墨法，濃淡相間，筆飛墨舞，變化萬千；畫果用禿筆，隨意點擢，或濃或淡，累累如貫珠，令人垂涎欲滴。又有〈雜花圖卷〉，全長十餘公尺，畫石榴、梧桐、芭蕉等花果十餘種，都可看出他以狂草筆墨入畫來發抒內心情感的意態。這種大刀闊斧、酣暢縱橫的技法把文人畫的寫意風格帶到空前的境界，對明末清初乃至乾嘉時期揚州八怪的畫風產生直接的影響，乃至吳昌碩稱譽說：「青藤（徐渭號）畫中聖，書法逾魯公。」

董其昌也是一位有大影響力的人物；不過他的影響力主要是在理論方面。他把中國自唐以來的畫學分為南北兩宗，謂李思訓至馬遠、夏圭以來的著色山水為「北宗」；而自王維用渲淡一變勾斫之法以後，歷經荊、關、董、巨，乃至郭、米及元四家則為「南宗」；他自己的畫路則是師承南宗而來。明末文人門戶之分甚盛，董其昌的說法在當時藝壇稱得上是一種最有體系的主張，因此很快就為人所附和，並以「正統文人畫」相標榜，其影響力一直延續到近代。他談畫論書的思想見解主要見於《畫禪室隨筆》一書，認為要從仿古入手，領會古人的畫法後再進一步以天地為師；卓越的畫家一定是時時透過藝術作品的經驗去觀照大自然，然後再依自己的體會去創作。他說：「畫家未

有學古而不變者也！」這個見解本來沒有什麼不對，但很多人捨難就易（因董其昌說過「臨摹最易，神會難傳」），混淆臨摹和會通後的功夫，遂產生了堆墨劈斧、任意師心的流弊。董其昌本人在創作實踐上可能也不像他自己所說的那樣做到師古而後又進以師造化的地步；不過他在師古方面確有獨到之處，因此他的畫「修飾性」很強，可說是筆筆皆有來歷，他是真的用學問來作畫。傳世畫跡有〈江山秋霽圖〉等，這是他很得意的作品，他在畫上自題：「黃子久江山雪霽似此，當恨古人不見我也。」他的書法一如其畫格，但表現得較有精神；他主張「以動利取勢，以虛和取韻」，而

241. 徐渭草書〈七律〉

其基礎也是一步步從古人名跡處會通而來，故宮博物院所藏的〈前後赤壁賦冊〉便是其行草代表作，全篇流利通澈，字形奇崛側倚，但有莊重淨逸之感，點畫撇捺筋骨血肉皆具，結體舒密有致，確為不可多得的佳構。董其昌在理論上和創作上，全然是一位書畫合一的實踐者，他在講述繪畫技巧時便常以寫字作比喻，如《畫禪室隨筆》裡談到畫樹之法，說：「須專以轉折為主，……每一動筆，便想轉折處，如習字之轉筆用力，更不可往而不收。」這也為後來專事臨摹作畫的人開闢了一條可以自圓其說的憑據。

邢侗、張瑞圖、米萬鍾三人是與董其昌並列的明末三大書家。邢侗的字全出於二王，但龍跳虎臥的韻致則又過之，〈草書卷〉是其代表作。張瑞圖的字比較怪，運筆橫撐豎挫，以側鋒方勢逕直往來，不作收藏轉衄之法，亦無緊馭怒奔之態，非常不同於一般行草線條圓轉之常規；然韻律生動自然，雄奇空靈兼具，確實是鍾王之外的另闢蹊徑之作；傳世作品有〈杜甫詩軸〉和〈王建宮詞軸〉等。米萬鍾的字則相反，特以點線盤曲紆環、結體圓勁舒達見稱於世；擅名四十年，時譽「南董北米」，其筆力變化稍遜於董，但沉勁過之；傳世名跡有〈尊拙圖詩軸〉等。明代書法發展至董

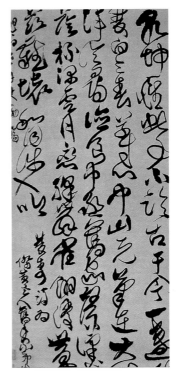

243. 傅山草書〈雙壽詩軸〉

其昌，可謂是已集帖學之大成，然論性靈風神之美則邢、張、米三氏便各勝一籌了。這同畫一樣，董其昌也在若干程度上總結了宋元以來的所謂文人畫正統，但自徐青藤出後，野逸一派便與之爭壇了。

傅山與陳洪綬是繼續發揮晚明狂怪放逸風格的代表人物；一以書名，一以畫名。傅山把人品、修養和習書、為學看為一體之事，認為字的好壞不在美醜，而在於有沒有骨氣，他說：「寧拙毋巧，寧醜毋媚。」曾把學趙孟頫字比作「與匪人游」。他精擅各體，且都甚可觀；其篆隸能融真行書筆意，宗古而不泥古；楷書則脫胎於顏真卿，線條粗壯雄渾，逆入頓出，一反當時流行的婉約秀麗楷風；行書濃郁蒼潤，沈酣而有勁力；草書夭矯翻騰、圓勁連綿、擒縱互清、夷險交輝，通篇看去充滿百折不撓的氣勢與韻動；他主張寫字不到變化處就不是妙，從其草書中最能表現出來。傳世作品很多，學他草書的人也很

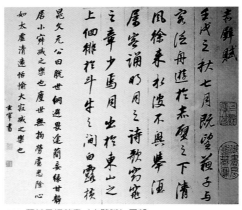

242. 董其昌行草書〈赤壁賦〉局部

多，〈雙壽詩軸〉、〈五律詩軸〉都是
很有名的草書作品。

　　陳洪綬的畫以人物最有內涵。他
師承於晚明復興浙派的大畫家藍瑛，
又受學於明末浙東學派的思想家劉宗
周，因此他的畫路始終帶有強烈的社
會性和個人色彩。所繪人物，選題皆
有深意，造型誇張但描繪細膩，擅用
線條勾勒，簡潔質樸，清圓勁緻有李
公麟遺風，而森森然如折鐵線卻又有
金石味，這在以書入畫以後的明清時
代是絕無僅有的。〈屈子行吟圖〉是
他十九歲時的創作，原為〈九歌圖〉
中最後一幅，其創造的屈原形像至清
代兩個多世紀仍無人超過。〈升庵簪
花圖〉畫明代文學家楊慎（號升庵）
出遊；主題人物身軀肥胖頭戴簪花卻
怡然自得，隨侍的兩名仕女則畫得苗
條婀娜，近景一塊石頭，背景一棵樹
花，也都畫得古樸蒼勁，這種亦工亦
寫的畫風予人印象至為鮮活深刻。陳
洪綬人物畫的代表性作品還表現在許
多版畫和酒令紙牌畫上（當時叫葉
子），多根據小說和歷史人物而畫，並
加題語，其人物性格和文史典故結合
得至為傳神，亦顯示其不同流俗的情
思。他的畫風影響極大，後來的揚州
八怪和民初四任幾乎都學他。說他是
文人畫家中的「庶民畫派」之祖並不
為過。

　　對很多明代士大夫來說，晚期是
個無可救藥的時代，宦官弄權、忠良
被陷害、外患日盛一日，民生經濟窘
困、社會騷動不已，而士大夫間還在
鬥來鬥去。怪誕、狂放的風格本身就
是這種時代的特徵之一，它可能是一
種不滿現狀的情緒反映，也可能是一
種深沈的批判與抗議，也或許根本就
是一種逃避。無論如何，晚明的藝文
思潮與氣氛之奔放紛歧是不爭的事
實，書法繪畫在這個時代氛圍中則是
以一種主角而非配角的身份來發言。

244. 陳洪綬〈升庵簪花圖〉局部

在近代以前的中國，書畫藝術的獨立
地位從未有如晚明者。

　　公元一六四四年在東北與明朝對
抗多年的滿清終於入關並正式取代明
朝的統治地位，對大多數的知識分子
而言，這是件翻天覆地的大變局：其
心理及思想上的衝擊也是空前的！傅
山、陳洪綬都是經歷此種衝擊的藝術
家，與他們同時代並且同樣藉藝術創
作來表現其內心的失落感、憤懣，與
不屈意志者還有很多人，如八大山人
（朱耷）、石濤、石溪、龔賢、梅清
等，其內在的人格氣質和發於筆端的
藝術修養亦都予人一種震撼力及深刻
的感染力；這些人中，如就藝術發展
的影響性言，則以八大山人和石濤較
重要。

　　八大山人是明皇室之後，明亡後
遁入佛門，孤傲狂怪的度完其一生，
他的書畫簡潔疏放，善於誇張概括的
塑造一些怪相，如畫山水則截頭去
尾，大有一種殘山賸水、天地無情之
慨嘆；鳥魚則孤零蹲踞或瞪眼凝視，
似乎在冷眼旁觀這個乾坤倒錯的世

245. 石濤〈黃山畫冊〉局部

界。他用禿筆作字，蒼勁流轉、圓潤寬綽卻又有一種不馴之勢；其條幅字不多，但字與字的位置和關係卻安排得非常好，不會有空疏的感覺。這亦如同他的畫，簡而不略、小而不少，蓋亦位置經營得當也。他畫荷花時，常是一筆畫成，端詳其荷桿簡直就是大字的豎筆，氣勢之妙全在一個奇字！

石濤也是明皇室之後，但他不像八大山人那樣孤絕，他接駕過康熙皇帝，也樂於與新朝權貴交遊。晚年長住揚州，專心從事書畫創作和園林設計。他的畫以山水最有名，特別是畫黃山，完全經過實地徜徉後再概括提煉出來，技法變化多端而無不傳神。他常說要「搜盡奇峰打草稿」；要「在墨海中立定精神，筆鋒下決出生活。」一派職業畫家的風範。他晚年正是所謂正統文人畫走到不能再走下去的時候，因之其統攝自然與古人創作經驗的繪畫風格很自然受到一輩求新求變藝術家的注意，即使身居「四王」之冠的王原祁也不禁對他嘆服，遑論直接受他衣缽的「揚州八怪」！

中國的傳統藝術，特別是書畫一門，其實發展至明代已幾乎到了完全成熟的階段。清人以異族入主中國，本來在客觀上有為中華文化再注入新血液使其得到代謝更新之機會，就像北魏那樣；然由於政治上的需要，滿清統治者一開始就以主導者的姿態來推行其「以漢制漢」的文化政策，結果便導致了本已臻成熟的傳統文化藝術又重新跌入同明代差不多一樣歷程的演變循環中，一直到清季西洋勢力

246. 龔賢〈千岩萬壑圖〉局部

入侵進來後才掙脫。

清代傳統書畫的這種演變循環具體敘述就是：前期完全繼承董其昌一派的所謂正統文人書畫，也藉科舉功名來灌溉之，於是董派書風及依其程式創作的「國畫」儼然居於主流地位，其代表人物有張照和「四王」。逮至中期，終激起以拋卻形似、追求更進一步創作語言的揚州畫派出來革新；同時書法方面也由於帖學日隳、金石日盛而產生完全不同的精神和面貌。這種起伏的歷程一如明代文人書畫取代館閣體書法和院畫，然後再面臨野逸派的畫風和書風挑戰一樣。

張照是清初館閣體的代表，他的地位就和明初的沈度一樣；不過就字論字，張照的字較沈度峻挺，清聖祖說他：「書有米之雄，而無米之略，復有董之整，而無董之弱。」至為確當。清聖祖喜歡董其昌的字，因此康熙時士人皆學董字；至乾隆時，因高宗喜歡趙孟頫的字，於是趙字又風行矣；下逮宣宗道光時期，以皇帝書尚工整，法度謹然的歐陽詢書風隨之盛行。這就是清代館閣體書法的發展狀況。

繪畫方面則以「四王」獨尊，他們是王時敏、王鑑、王原祁，與王翬；如再加上吳歷和惲格便是所謂「清六家」。四王在繪畫主張和創作實踐上奉行董其昌的理論。他們論畫作畫全以古人為根據，此在他們眾多的畫上題款和言談記錄中都可以讀到，絕非後人的成見或批評。如王原祁便在其作於一七一〇年的〈仿董華亭山水〉上自題曰：「雲林畫高淡簡逸，頗不為時目所喜；董華亭從倪黃合作處發出精神，於瀟灑出塵中見渾厚華滋之氣，學者領略入門，脫盡傖父面目矣。」類似畫題很多，說明他們在繪畫的時候腦子裡想的全是古人怎麼畫？我要再用那些古人的畫法來更上

一層樓？王原祁在其論畫的名著《雨窗漫筆》中說過一段很有名的話：「作畫但須顧氣勢輪廓，不必求好景，亦不必拘舊稿。若於開合起伏得法，輪廓氣勢已合，則脈絡頓挫轉折處，天氣妙景自出，暗合古法矣。」更可知他們是如何看待藝術創作了。其實王時敏、王原祁都是下過苦功夫的人，也都親身走過天下名山大川，但他們以印證古畫的心態來觀察大自然，好像河山再美也不脫丹青一樣，這樣的創作自然就容易流入程式化的框框了。今人對四王的評價仍十分不一致，有人認為他們的創作是屬於「藝術史式的藝術」，不宜全部否定；但由於他們刻意劃分門戶，而造成有清一代所謂正統文人畫的無生氣並趨於沒落，則是不爭的事實。

在四王畫居主流的清代前期，有一些地區性的畫風則走著不同的路，如江陵的龔賢，和在乾隆時期興起的「揚州八怪」。龔賢也是隱逸的遺民畫家，其作品的個人色彩也很強烈；他的畫直接自董源、巨然臨來，又以沈周為宗，因此精神氣味完全不同於董其昌一路。他很強調寫生，曾自豪的說：「我師萬物，安如董、黃？」所創作的山水畫都以江南山水為主，很能掌握江南濕潤溫和的環境特徵；其用墨率多濃重，與當時流行的枯淡皴擦完全相反。他有一幅〈千岩萬壑圖〉，現藏美國納爾遜美術館，全幅鋪天蓋地，鬱鬱蒼蒼、層層疊疊，可說是前無古人的作品，而後來者也大概只有當代畫家李可染可以比擬了。

所謂「揚州八怪」指的是乾隆年間聚集在揚州的幾位風格獨特的職業畫家，依清末李玉棻《甌鉢羅室書畫過目考》所列舉者，主要是汪士慎、李鱓、金農、黃慎、高翔、鄭燮、李方膺、羅聘八位；其中以鄭燮、金農最具有代表性。另外還有一個叫華嵒

的，雖未列名八怪，但也是重要的揚州畫家。鄭燮號板橋居士，專畫竹、蘭、石，謂「四時不謝之蘭、石節長青之竹、萬古不敗之石、千秋不變之人，爲四美也。」顯然他也是有所爲有所不爲的人。他又說：「凡吾畫竹，無所師承，多得於紙窗粉壁日光月影中耳。」他的寫意手法受徐渭、石濤的啓發，因此他說：「鄭所南、陳古白兩先生善畫蘭竹，燮未嘗學之。徐文長、高且園兩先生不甚畫蘭竹，而燮時時學之弗輟，蓋師其意，

247. 王時敏〈山水〉立軸

不在跡像間也。」「石濤和尚客吾揚州數十年，見其蘭幅極多，亦極妙。學一半，撒一半，未嘗全學；非不欲全，實不能全，亦不必全也。」這些話反映了他的創作意態確是不同於正統文人畫；而對照其大量的蘭竹作品，其得力處亦確如其所言。他的書法也自成一格，主要學自黃庭堅，但又雜以篆隸筆法，波磔之中有石文蘭葉之逸，古秀獨絕，他自稱是「六分半書」。詩人蔣士銓說：「板橋作字如寫蘭，波磔奇古形翩翩；板橋寫蘭如作字，秀葉疏花見姿致。」這種書畫交融互參的境界正是他藝術的突出特點。但最難得的是他沒有那種不食人間煙火高高在上的文人氣；他非常平民化，曾說：「凡吾畫蘭、畫竹、畫石，用以慰天下之勞人，非以供天下之安享人也。」

金農擅畫梅花，也畫佛像和人物，總是寥寥幾筆，但氣勢卻很不凡，這種以簡取勝的造詣自倪瓚以來大概只有他功力相當。比較特別的是他的書法，所書行楷，用筆方而粗，結體緊湊，體勢側斜；所書隸書，則橫畫粗長，豎畫細短，好像用扁刷刷的一樣，他自稱爲「漆書」。金農長期研究過漢魏金石文字，他的書風當源於此。華喦也以花鳥畫見稱，形象生動、清新自然，一掃惲格以來陳陳相因的作風，傳世名作有〈柏樹八哥圖〉和〈水禽圖〉等。一般認爲揚州畫家一則爲避四王的風頭，一則爲賣畫方便，罕作山水畫，如就「八怪」的作品來看似乎如此；但若再看同時期活躍於揚州的其他畫家就未盡然了，如李寅和蕭晨便以山水畫見長，其清曠之風、點景樹石人物之活較宋畫一點都不多讓。又如袁江和袁耀，擅畫樓台園林（稱界畫），氣魄之大、刻劃之精亦可謂獨步千古；「界畫」一門自魏晉名士眨爲下品之後就不爲正統畫

家重視，而袁江卻專事此藝，其作品多爲山西鹽商購藏，此亦反映了當時市場因素對藝術創作的影響程度。其實自明代中葉以來，傳統藝術創作的社會供需結構便已隨著城市經濟的興起而發生改變，職業畫家愈來愈多，揚州所以能成爲一方藝壇重鎮便與其繁榮的城市經濟有關。其後的廣州、上海，乃至北京亦莫不如此；經濟力量既能左右藝術的發展，那麼傳統繪畫走向多樣面貌也是極自然的事了。

揚州八怪的畫雖受現實環境左右，但這些藝術家在書法的表現方面則始終有其一貫的精神與風格，他們的共同特徵是都排斥帖學，並標榜書畫合一；如鄭板橋便謂他畫竹是「以書之關紐透入於畫」，而畫蘭葉則是「借草書中之中豎、長撇運之。」黃愼更直接把草書帶入畫中，其枯勁的運筆使畫面頗得飛白迅疾之趣，乃至時人評他的畫是「迂倪無此豪，顛米無此勁。」這種書畫合一的境界到後來金石派誕生後則又更進一步，而論其發展由來則不能不從碑學書法的復興說起。

康有爲《廣藝舟雙楫》曾論清季碑學興起源由曰：「國朝之帖學，薈萃於得天、石菴，然已遠遜明人，況其他乎！流敗既甚，師帖者絕不見工，物極必反，天理固然。……碑學之興，乘帖學之壞，亦因金石之大盛也。乾、嘉之後，小學最盛，談者莫不藉金石以爲考經、證史之資，專門搜輯、著述之人既多，出土之碑亦盛。……出碑既多，考證亦盛，於是碑學蔚爲大國，適乘帖微，入纘大統。」說明清季碑學之興有其主客觀因素。然事實上，仔細追考，則碑學所追求的渾樸古雅之風在明末張瑞圖等人以隸運草時便已初現端倪；特別是當萬曆初年〈曹全碑〉在郃陽出土後，其柔中帶剛的韻致普遍引起書壇

248. 鄭板橋〈竹〉

贊賞。王時敏、鄭簠、朱彝尊等皆據碑臨習；特別是鄭簠（谷口），專門學漢代諸碑，於〈曹全〉、〈史晨〉用力尤深，終寫出一筆凝厚而靈動的隸字，對清代隸學復興產生了直接影響。奠定「四王」畫風的王時敏，在書法上則頗醉心漢碑，其字端莊沈穩而寓倔強之勢，也是得自於漢隸的啓發；朱彝尊則是個歷史學者，精於金石考證，因此也寫得一筆遒勁的隸書，他有一通〈節臨曹全碑軸〉全仿曹全碑筆意寫成，對當時一昧學帖法的人刺激很大。王、鄭、朱號稱「清初三隸」，嚴格而言清季碑學書風係由他們首發其端；惟康、雍、乾三朝帖學正盛，學碑不成風氣就是。但此時考據學占據著學術主流，不少金石學家如洪亮吉、孫星衍、翁方綱等在研究金石文字之餘，也寫篆隸古字；其中以翁方綱最有影響，他本來帖法造

詣就高，與王文治、劉墉、梁同書並稱「清代四大書家」，他的字雖乏風韻，但出入篆隸的體格則很引起一些人效法。又有王澍者，非常致力寫小篆，理論和創作合一，在當時書壇上也很有份量。

金石學的盛行直接促進篆刻藝術的進步，而由篆刻上的領悟轉而推動書法向碑刻銘文看齊，卒至開創出全新的書風；其關鍵人物就是鄧石如。鄧氏出身微寒，但自幼即嗜篆刻，後得梁巘介紹寄寓於江寧梅鏐家，遂得以遍臨梅家所藏歷代金石遺刻拓本，「舉秦漢之際零碎斷碣靡不悉究，閉戶數年不敢是也。」從此書印大進，浪跡天涯以書刻為生。他由篆刻中體會到文字的源流演變，於是由刀入筆，自開生面，一掃前人截鶴斷鳧整齊過甚的毛病，而創出一種長腳曳尾渾融無跡的新書體來，所謂「筆從曲處還求直，意入圓時覺更方」，把過去幾百年來的作篆方法完全推翻。晚年更由篆隸入楷草，成就亦高。

鄧石如死於嘉慶十年（公元1805年），就在他死後不久，著名的考據學家阮元寫了〈南北書派論〉和〈北碑南帖論〉兩篇文章（皆收在《揅經室集》，道光三年印刻），用他宏博的經史學問論述了歷代書學流變，謂書學自魏晉後即分為南北兩個系統：東晉及宋齊梁陳為南派，「疏放妍妙，長於啟牘，減筆至不可識」；而趙燕魏齊周隋為北派，「是中原古法，拘謹拙陋，長於碑榜」。至唐，北派先盛，南派後來居上；宋代以後專向閣帖，不重中原碑版，於是北派愈微矣；惟蔡襄能得北法，趙孟頫楷書摹擬李邕，董其昌托跡歐陽，自然入于北派也。他的結論是「短箋長卷，意態揮灑，則帖擅其長；界格方嚴，法書深刻，則碑據其勝。」希望「穎敏之士，振拔流俗，究心北派，守歐褚之

249. 鄧石如篆書〈庾信四贊屏〉

舊規，尋魏齊之墜業，庶幾漢魏古法不爲俗書所掩！」稍後數年，曾與鄧石如有過接觸的包世臣也正式刊行其書論名作《藝舟雙楫》，也極力闡揚北碑之優，說：「北碑字有定法，而出之自在，故多變態；唐人書無定勢，而出之矜持，故形板刻。」他在書末〈國朝書品〉中並把鄧石如的隸書和篆書列爲「平和簡淨、遒麗天成」的神品。自此以後，碑學取得創作模範和理論上的依據，遂一天天的興盛起來，乃至變成清代後期的書學主流，其間名家有何紹基、伊秉綬、趙之謙、張裕釗、吳昌碩、李瑞清等；其中張裕釗更被康有爲譽爲是集清代碑學之大成者。

　　清季碑學的發展由來大略如上，其對繪畫的直接影響則見於崛起於清末的「金石畫派」，代表人物便是趙之謙與吳昌碩。趙、吳兩氏繪畫的共同特點是：第一、他們均精書、畫、印，並能加以適當的組合運用；第二、他們都以蒼勁有力的篆隸筆意來繪畫，特別是畫花草木石，所謂「是梅是篆了不問」；第三、他們設色不拘成法，而皆有斑剝層次之感，視覺效果極佳。「金石派」的畫，無論就章法構圖，還是線條筆力，在風格上比揚州八怪任何一家都要來得統一，這大概也是因爲他們在創作的現實生涯中更懂得堅守士人本色吧！（蘇啓明撰）

250. 吳昌碩〈梅花圖〉軸

張大千〈墨荷〉局部　1945年作

原作為長596公分，高386公分的四聯屏，此為其中之一。

國立歷史博物館藏（75-3647）

中華民國

中華民國

公元一九一一年辛亥革命推翻了滿清政權，並建立了民主共和的中華民國。就文化史的意義言，這是半個多世紀來東西文化交會衝擊的結果，也是中華固有傳統文明不斷自我反饋和創新的過程。

儘管中華民國自建立以來，內憂外患不斷，然眾多志士仁人卻從來不曾放棄過在文化建設上的努力，其影響力甚且超過政治上的措施。如發生在一九一九年的「五四運動」，便是導源於民國初年便開始的「新文化運動」；而一九三七年至一九四五年中國軍民堅苦卓絕的抵抗日本侵略戰爭，亦與二○年代至三○年代期間廣大知識份子苦心孤旨的追尋文化更新之道有關。沒有這些深刻且蓬勃的文化活力作後盾，中國不可能適存於現代世界。

民族主義與自由主義是推動中國現代化的兩大動力，民國以來各種文化的表現也大致在這兩大洪流間翻騰。除了學術思想外，在文物傳承和創作方面以繪畫、民間工藝，和各種通俗美術表現得最為凸出。蓋自清末「金石派」興起後，流於程式化的文人畫便告沒落，其後受到東、西洋現代美學思想和創作觀念的影響，寫實主義轉趨盛行，從而展開波瀾壯闊的畫界革命，而傳統水墨畫於無形中又獲得新生命。民間工藝原是傳統農村文化的產物，清末以來由於農村經濟破產，眾多民間工藝轉赴城市發展，其淳厚質樸的創造力遂受到求新求變的藝術界注意，而成為傳統工藝之殿軍。通俗美術則完全為新時代的產物，主要有漫畫、月份牌畫、木刻版畫等，它們與大眾興味相結合，反映著時代環境之脈動，可視為中國現代美術之前驅。晚近以來，突破造形和題材限制的新藝術潮流興起，新一輩的藝術家亦以前所未有的眼界和觀念摸索創作之路，其中以現代陶藝最具實驗性，其承先啟後的地位亦值重視。

中華歷史文化悠久，文物藝術代有更新，不僅豐富中華民族的物質和精神生活，更是世界人類極有意義的遺產，其價值是永恆的。

繼往開來的水墨繪畫

中國的繪畫在世界的美術史上獨樹一格，自成其審美領域，而有其重要的文化地位。然而對西方人來說，由於文化背景和宇宙觀的隔閡，要能真正理解中國畫的精微，則有其相當程度的艱難。同樣地就像中國人要想真正掌握到西方繪畫的精采，也有其在文化觀上的先天限制，無法從表面上的學習即得以深入。這是由於文化傳統不同的關係，倒不是智慧能力的優劣不足。因此文化的融合必須經過時間的醞釀累積，循序漸進地轉化發展，方能有水到渠成的理想結果；如果一昧急切追求中西融合的快速成果，不但欲速則不達，也會造成文化混淆困頓，難以發展的滯礙局面。中國近代為求現代化的發展，可謂是吃足了苦頭。

大致上來說，中國繪畫著重在由「自然間」的現象，來體現宇宙背後的

生命秩序與本質，因此作畫多以觀察自然間山水、花卉、翎毛、走獸為主要之表現題材；而西方傳統則著重在「人世間」的現象，致力追求人生存在的現實意義與背後真相，多表現真實的再現與生命現象的苦難掙扎，因此多以人物畫、群像畫、靜物畫、風景畫為主。前者係表現客觀宇宙自然間的生命感受，這裡所謂「客觀」，是指超越人本身的立場去表達人與自然的親和關係；而西方的繪畫傳統則著重在人本身的主體感受，強調「存在」與「真實」的藝術表現，是一種極為「執著」的人生態度。

其次，繪畫是一種造型藝術，也是一種精粹的「視覺語言」。任何一種語言，必須通過長期的學習、累積與承傳，方能充分掌握，而無法一蹴可及。藝術則是人類文化與智慧的尖端產物，因此藝術家透過造型、聲音、符號來表現思想情感，並傳達時代的精神與訊息；而這種精粹的「語言」，引起了人類的共鳴與感動，同時也構成了人類文明進展的基礎——文化。從藝術的觀察中，我們可以看出文化發展的時代脈絡與變化，而從中國繪畫的觀察中亦可看出時代的精神特徵。例如中國在唐宋以前的繪畫由職業畫家所主導，風格精緻寫實，妍麗工整；元代以後則由文人畫家主導，風格飄逸秀潤，以水墨渲染的筆墨為主；雖然各有其不同的表現風格，但仍以體現前述「觀萬物生意」之文化內涵為最重要的藝術精神表現。

然而中國文化在近一百多年以來，由於遭遇到西方強勢文化的劇烈衝擊與影響，傳統中國社會起了巨大的改變與因應的變化，因此延續了上千年之久的繪畫表現，也起了相當大的改變，而朝向一新的面目發展。這是時代變動下所引發的潮流，也是華夏民族千百年來，在文化發展上無法迴避的宿命。民國以來首先在文化思想上揭起反傳統革新力量的「五四運動」，則是匯集了近代對於傳統文化的激烈質疑，中國文化必須改革創新，以促使中國走向進步與現代化的新方向。另一方面秉持文化道統立場的國學思想人物，則以民族之本位初衷，承繼先聖先賢的慧命責任，來面對時代的挑戰與衝擊。

因此中國近代思想界的知識份子則大致形成兩個發展脈絡：一派學人或留學西方、日本或受西潮洗禮，以推動文化思想的改革創新為己任；另一派或因個人生命才性的契合，或因維護文化道統的正溯，而各自堅守著他們不同的立場。革新派大致上可以陳獨秀（1878-1942）、魯迅（1883-1969）、胡適（1890-1962）等人為主流；傳統派則以熊十力（1884-1968）、梁漱溟（1893-1988）、錢穆（1895-1990）、牟宗三（1909-1995）等人為代表。

因此民國初年以來，中國知識界的思想人物，曾產生了多次互持相對立場的論戰，例如：民國十二年張君勱（1885-1969）與丁文江（1886-1936）「科學觀與人生觀」的論戰；還有胡適與梁漱溟關於「東西文化及其哲學」的論辯。這些思想上的激辯，顯示了中國文化在未來發展的艱辛道路上，有著許多矛盾且困惑的掙扎。即使他們的立論在今日看來，都有其時代的盲點或限制，然而無論如何這些都代表了中國的知識分子對華夏民族以及時代苦難的關心，也呈現了近百年來中國文化在現代發展的概況。藝術代表了一個時代多樣有機的整體文化呈現，因此從繪畫上的觀察也可以同樣的看出新舊兩種不同的藝術風格路線，由此也可以大致了解中國繪畫近百年以來的發展概況。

晚清的繪畫名家

中國近代的繪畫發展在清末民初這段期間，在時代的變動與衝擊下，一方面承繼傳統人文畫學的發展上，出現了許多了不起的大家，另一方面則可說是受到西風潮流的廣泛影響，使國畫有了相當大的變革，而呈現了豐富多姿的面貌。

晚清最重要的人物花鳥大家，當推任伯年（1839-95）。任頤，字伯年，浙江紹興人。早年家貧，做造名家任熊（1823-57）的作品於滬上乞售，而巧爲任熊所識，遂親授筆法，山水、人物、花鳥、走獸無一不精。他的畫風技法工緻精準，色澤明艷，較爲接近中國職業畫家的畫風傳統，因此在近代推崇文人水墨放逸趣味的

審美標準下，不免有些貶抑；甚至有些評論，認爲他在繪畫上的境界與成就，反在吳昌碩（1844-1927）之下，這個觀點實頗待商榷。他的特殊成就有二：一是他的線條勾勒，遠師陳洪綬（1598-1652），近宗任熊，下筆遒勁有力，流暢多變，一掃清人孅弱之習，雖然不及陳洪綬綿密端穆，但勁利頓挫之變化，眞是古今少見的妙筆。其二是他深遠雅俗共賞的至高境界，經常描繪刻劃的題材，深入民間市井的通俗故事，在畫面上的構圖與設色，更是獨具匠心，色彩鮮麗，非一般俗筆可及。

與任頤同時代的海上畫家虛谷（1823-96）他的畫風則相當具有個人色彩，所畫的蔬果花草、魚藻松鼠，

251. 任伯年〈松鶴〉 ／水墨設色紙本　長137.8公分，高33.6公分，1885年作

252. 任伯年〈焚香禮佛〉　水墨設色紙本，長137.8公分，高33.6公分，1885年作

253. 虛谷〈翠竹松鼠圖〉　水墨設色紙本，長167.6公分，高45.7公分

254. 趙之謙〈秋菊紅葉〉　水墨設色紙本，長176公分，高53公分，1881年作

255. 居廉〈草蟲團扇〉／水墨設色絹本
直徑25公分，1880年作

無不生動而有清趣，一脫前人蹊徑；
所作的山水冊頁，取景特殊，很像西
方的風景畫，但落筆簡潔奇逸；他這
種淡雅清奇的筆調，在清末的畫家中
獨樹一格，在意境上亦十分難得。

此外廣東居巢（1811-65）、居廉
（1828-1904）兄弟的花草蟲鳥，筆緻
工整，設色妍麗，造型特殊而富變
化，對民初的嶺南畫風頗有影響，值
得一提。

民國初年間風行的金石畫派，其
源應上溯至清末的趙之謙（1829-
84），已有神形俱足的呈現。他豐富的
才華，將筆墨溶入金石書法的寫意趣
味，所繪的花卉蔬果酣暢淋漓，構圖
大膽特殊，設色卻能雅艷脫俗，在放
逸的筆墨趣味中，更見其溫潤雅緻之
氣。他開啟了清末金石畫派寫意花卉
的新風格，給予繼起的吳昌碩、齊白
石很大的影響。

民國以來傳統派風格的代表畫家

如前述所言，民國以來的水墨畫
家大致上可分爲兩個系統，一爲革新
派，一爲傳統派。傳統派的畫家中，
有些也頗能感應時代的氣圍，在他們
的畫面中出現了不可忽視的變化，張
大千（1899-1983）和齊白石則是其中

較爲明顯的二家；但另一方面也有較
持保守立場的畫家，例如黃賓虹
（1864-1955）、溥心畬（1887-1963）二
家，這點多少是形成他們成就高下的
關鍵原因。無論如何，他們秉持傳統
中國藝術精神本位，重新肯定中國古
典畫學傳統之內涵技法，而各自具有
不同的重要成就。

齊白石（1864-1957）是民初金石
畫派的代表；清末民初的金石畫派，
一直到要到齊白石出現後，才算有了
嶄新的突破與較圓滿的境地。吳昌碩
承繼趙之謙，以金石書法的筆墨趣味
入畫，欹側取勢的構圖，強烈的色彩
效果，固然給予齊白石很多影響，然
而這種酣快淋漓的畫法，偏重於筆墨
本身的美學趣味與構圖章法變化，多
少缺乏對生意自然的深刻體現。

白石老人早年精擅工筆畫，打下
深厚的繪畫根基，並兼治詩文書法、
金石篆刻，加以他深刻觀察自然，致

256. 吳昌碩〈富貴牡丹〉／水墨設色紙本
長95公分，高179公分，1919年作

257. 齊白石〈風順波清圖〉
水墨設色紙本，1932年作
長39.7公分，高110公分
北京故宮博物院藏

258. 齊白石〈紫藤〉
水墨設色紙本，1930年作
長39.7公分，高136.9公分

259. 齊白石〈不倒翁〉
水墨設色紙本，1925年作
長33.5公分，高137公分

260. 黃賓虹〈山水〉
水墨設色紙本
長39.5公分，高104公分

力寫生，終於在六十歲以後，卓然自立，獨創一家。他畫的花卉草蟲魚蝦，無不神靈生動，以極簡練的筆法呈現出自然間蘊涵之無窮生命力。所創「紅花墨葉」一格的畫法，用色強烈，構圖大膽，皆前人所未見，堪稱一代宗師。

齊白石的山水畫受董其昌影響很大，但卻能一變其意，在形式樸拙的筆墨趣味中，流露出真山實水的生動效果。同時他的人物畫與眾多特殊題材，都能深切地反映出他周遭生活的現實觀點，甚至於提出對官僚政治腐敗的嚴厲批判；就這點意義來說，齊白石又具有二十世紀相當前衛的藝術理念——社會主義寫實的批判精神。

因此齊白石的藝術風格不但承繼了傳統，也深具感應新時代的創發精神。

黃賓虹（1864-1955）可說是吳派山水畫家的最後絕響，他是標準的文人畫家，同時又兼教師，對畫學鑑賞深有研究。他性好旅遊，極重寫生，遍遊國內的名山大川，透過親身的觀察與體驗，作成記錄與手稿，特能表現出自然中受光影變化的厚實與質感。他的畫面層層用筆墨皴擦漬染，筆法在率意奔放間，有一種生拙的趣味；近看模糊幾不見物象，遠看則能表現山的虛實掩映，十分生動。這種實中見虛的真實感，是其特有的風格。

黃氏對於用墨有獨到的境地，墨

韻深厚華滋，意境深邃，耐於細觀；但也因喜用宿墨，有時不免顯得畫作墨澤有些混濁。此外，他工詩文書法，兼治金石文字篆刻，更有許多畫學方面的著作，也可謂一藝術史家。不過，他所留下的大量畫蹟與手稿，有時只是他臨場一時的印象與感受，也常出現一些墨澤欠佳，筆法疏略的畫作，多少影響了他整體藝術成就的品質。

　　張大千（1899-1983）的畫風乃建立在他深厚的「復古」基礎上。他的天資卓絕，用功更勤，鑑賞之精，堪稱古今少有。他的繪畫題材無所不精，表現範疇極為深廣，形成了他集古今歷代各家派畫風技法大成之特殊路線，在職業畫家與文人畫家二派的畫風調和上，達到了前人未及之境地。他的創作特質在於「裝飾」與「形式」的強烈運用，這是他深受敦煌佛教藝術之影響；同時他恢復了中國在唐宋以前用重色重彩的傳統，在色彩方面有獨到的創見與發展。寫人物畫之高古醇雅可媲美唐人，非明清人可夢見。

　　他性好旅遊，足跡遍佈世界各地的名山勝水，親身體察自然的變化，因此在畫面上有一種雄渾磅礡的氣勢。盛年時旅居西方（公元1952至1975年間），因受時代氛圍引發，更創出潑墨潑彩的水墨新風格，對中國水墨畫的現代發展有極大的成就。此外他的潑墨荷花亦有獨到的成就，兼重寫意與寫生，同時注入擬人的氣質，突破了前人的表現範圍。其晚年尺幅碩大的山水畫〈長江萬里圖〉與〈廬山圖〉二作，潑寫兼施，氣象萬千，具有深厚的歷史人文情感，可為其畢生藝術成就之代表作。

　　張大千擅於製作尺幅巨大的畫作，是近代中國畫家無人能及的本領；而他最重要的藝術成就乃在於他總結（統合整理）了中國上千年以來的繪畫傳統，並為傳統中國繪畫在現代轉化的重大開創意義上，樹立了時代的典範。然而他的一生始終未脫離

261. 張大千〈墨荷〉／水墨設色紙本
　　長207.6公分，高148.5公分，1965年作。
　　國立歷史博物館藏（75-3648）

262. 張大千〈青綠潑墨山水〉
　　水墨設色紙本，長42.6公分，高84公分，
　　1965年作。
　　國立歷史博物館藏（75-3559）

過中國傳統之精神本位，因此他的過世（公元1983年），可視為一個傳統時代的消逝。

　　溥心畬（1887-1963）是清皇室的後裔，由於他的出身背景，其畫學內涵全出於古典中國文化傳統的薰習所養成。他的繪畫風格承繼北宗李唐（約公元1066至1150年）、馬夏（約1200年前後）一路南宋的山水風格，以挺拔剛健的筆法寫出法度嚴謹，秀麗出塵的文人氣息。這種稱得上是「鐵畫銀鉤」的線條用筆，以及淡雅細麗的設色，形成他潔淨典雅的特殊藝術格調；他又善畫花木竹石，鬼怪神趣等各類題材。

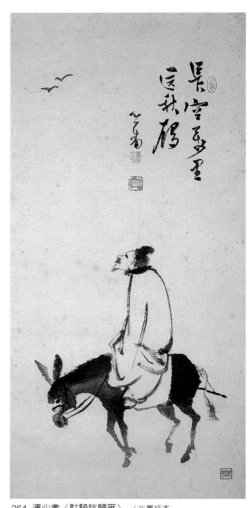

264. 溥心畬〈駐騎眺歸雁〉　/ 水墨紙本
長29.3公分，高60.8公分，國立歷史博物館藏（35746）

263. 溥心畬〈雨中蕭寺〉　/ 水墨紙本
長30公分，高76公分，國立歷史博物館藏（35753）

　　溥心畬藝術創作的生命力主要來自於他的個人氣質與人文內涵，這是文化經過長期累積與提煉的結果。他雖然遠傳宋人衣缽，但卻也過度謹守傳統中國書畫精神之本位，而拒絕進入現代世界做相互溝通的可能；這不免自隔於時代之外，於感應時代的創發力方面有所不足。然而他的書畫作品並未落於古典形式的僵化，而有其生命內涵的真實與精采，這是其藝術創作仍能令人激賞的原因。

　　今人往往汲汲於藝術外表形式的新舊，而忽略了生命內在的真實感動方是藝術創作的基礎。因此溥心畬的書畫藝術有其不可忽視的重要性，在時代上的意義而言，他保存了一個傳

統文化的精粹典範，這使得傳統中國畫風得以在現代世界中延續發展。假如沒有掌握這深厚的文化根源，文化創新進步的發展勢將無法實現。

民國以來受西風影響的創新表現畫家

由於受到西方文化的影響，民國以來中國繪畫產生了很大的變革。這些觀念與風氣的興盛，主要是許多早年赴國外（西方、日本）留學後歸國的學人所倡導，徐悲鴻、林風眠、傳抱石則是其中影響最大的三位。

民國初年赴西方留學，對西方傳統藝術所下功夫最深，同時在中國近代畫壇影響最大的畫家，首推徐悲鴻（1895-1953）。徐氏自幼家貧，但由於家學教養，傳統的人文素養很深，年輕時也曾在鄉村的中小學任教。他眼見國畫的末流因襲僵化，表現疲弊，力圖振興改革，乃留學法國八年，備嘗辛苦，受到嚴格的西方學院派之古典繪畫訓練，打下了深厚的素描與油畫基礎。他在法國時雖節衣縮食，但對於畫片資料與圖書的搜集不遺餘力，亟思於改革中國美術教育為己任。

回國後，他主持國立中央大學藝術系，大力推展藝術教育，提倡寫實寫生的西方技法，創導了水墨人物畫等各類題材的表現，匯成巨流，使得大陸美術學院的繪畫風格，直到現在仍籠罩在他的影響力之下。

由於他的寫實功力強，使得他畫的山水人物、鞍馬、走獸、花鳥等題材，皆強化西方的素描觀念，不落前人窠臼。他的水墨畫特重「面」的表現，立體明暗光影的效果很強，與中國畫固有的「線性」(線條)表現大異其趣，帶給傳統繪畫很大的衝擊，在中西藝術的融合與現代化開展上，有其相當的創見與成果，歷史群像畫是其

265. 徐悲鴻〈馬〉／水墨紙本
長52.7公分，高99.2公分，1935年作

266. 徐悲鴻〈鍾馗〉／水墨紙本
長62公分，高101.6公分，1938年作

特殊的成就，其代表作品有〈愚公移山〉、〈田橫五百士〉、〈奚我後〉、〈馬〉等。

大體而言，徐悲鴻的新繪畫風格是以中國的水墨媒材技法，來表現西方人描寫物像的「寫實」觀念。這在中國繪畫於面對時代的變更，而企圖尋找出新出路的意義上，原是無可厚非的嘗試，也頗能一新時人耳目。因此徐悲鴻在中國近代美術的開創與教育上，有其相當程度的貢獻，也啟發了後人在改革發展上的省思。

然而不同的文化有不同的宇宙觀與文化內涵，也發展出各自不同的表現形式與工具材質，來作最恰應的表現。因此，徐悲鴻以中國畫的工具媒材與形式效果，來表現原本是由西方油畫素描所專擅的寫實畫風精神，在長遠來看，恐怕是很難達到中國現代水墨畫風的理想境地。臺海兩岸迄今數十年來，仍可經常看到這一類的水墨寫實畫風，足見其在後世所造成影響力之大。徐悲鴻的藝術成就與貢獻

267. 林風眠〈山村〉　／水墨設色紙本
長67公分，高67公分，約1985年作。

268. 林風眠〈鷺絲〉（局部）　／水墨設色紙本
長152公分，高84公分。國立歷史博物館藏（78-984）

有其時代的意義，不容抹煞；但就今
日而言，其藝術創作之理念方向則有
待商榷與修正的餘地。

　　林風眠（1900-1991）亦是中國畫
改良的先驅者之一，他也留學法國接
觸西方藝術達七年之久，回國後主持
國立杭州藝專，推廣藝術教育，不遺
餘力。然而他的畫家不像徐悲鴻偏重
於西方傳統的寫實表現，而吸收了能
融合於中國畫的西方技法理念，他畫
的山光水色與飛鳥，深富光影變化的
質感，畫面不落長款也不留白，有一
種圖案化卻具生動清新的趣味，頗見
詩意，是十分抒情的畫風。他的筆墨
線條並非由傳統嚴謹的法度走出，主
要是從簡化寫生的觀念蛻變而來，同
時水墨暈染的技法趣味獨樹一格，因
此，對中國現代的水墨畫風頗有影
響，大陸上的水墨名家李可染（1907-
1989），以及台灣的水彩畫家席德進
（1923-1981）等人，在中國水墨畫風
的表現上，應該都有受到他的影響。

　　他晚年避居香港潛心作畫，在經
過多年的政治變格與動亂後，他的作
品出現了許多帶有抽象意味與表現生

命苦難印象的畫作，這使他脫離了以
往較唯美抒情的的繪畫表現，而接近
西方「表現派」的風格，是他晚年重
要而誠懇的突破。

　　傅抱石（1904-1965）早年留學日
本，受過西洋繪畫技巧的訓練，回國
後致力於國畫的創新改革工作，並致
力於美術史的整理著述。他在中國畫
學上的造詣精深，在傳統的繪畫思想
及技法中，注入了新的生命力，以現
代人的生活體驗著手，揚棄陳腔濫
調，並能消融他所承受的外來影響。
因此他的創新改革比較能具有傳統中
國繪畫的精神氣韻。他的山水作品成
就頗高，在墨韻淋漓蒼茫之中，有一
種荒寒孤峭的氣氛；山石皴法非常特
別，似亂非亂，在奔放中卻極有法
度。另外他的人物畫線條飄逸挺秀，
神情古雅生動，格調極為特殊，脫出
前人蹊徑，可謂近代中國人物畫中少
數能出新意的一家。

　　傅抱石對當今大陸畫壇的畫風影
響很大，其孤高深邃，風姿冷逸的藝
術境界十分難得，不過晚年可能受到
政治因素干擾，進益不多，後期有些

山水畫風轉變成描寫視覺意像的風景畫，內涵幽深蒼渺的意境減弱了許多，殊為可惜。

　　黃君璧（1898-1991）雖然未曾赴國外留學，但由於他生長在中國對西方最早開放的門戶——廣州，因此自幼即頗受西學之薰陶，學過素描、水彩等西畫技法。稍長亦致力於傳統中國書畫之筆墨風格，所下功夫頗深；筆墨雄健厚重，黑白分明，能自成一格。一九四九年以後，他渡海來台，在國立台灣師範大學主持美術教育，提倡國畫寫生，著重光影明暗的寫景技法，生動有力，為傳統中國畫灌注了新的表現效果，對台灣水墨畫藝壇

產生了很大的影響。

　　黃君璧的筆墨風格在後期的表現有很大的改變，他所畫的瀑布松石，其造景格局已不自覺地呈現出西方宇宙觀面對世界所呈現的風景畫角度。然而他與徐悲鴻最大的不同在於，他仍是以傳統中國的筆墨技法（皴法、點景等）來表現視覺再現的寫生效果，而非素描方式的水墨畫。在藝術的發展上來說，這仍可視為是傳統中國畫在新時代轉化過程中所嘗試努力的途徑之一，而有其相當的意義。

今日中國水墨畫壇之發展概勢
　　民國以來畫壇的人才輩出，實非

269. 李可染〈崇山煙嵐〉局部
水墨設色紙本，長67.8公分，
高129公分，1983年作。

短文所能含盡，例如北方的于非厂（1887-1959）遠傳院派工筆花鳥畫的風格，設色妍麗，用筆精緻，裝飾性的格調頗高；還有嶺南的高劍父（1879-1951）、高奇峰（1889-1933）、陳樹人（1883-1948）等人，也在國畫中引進新的技法與活力，頗能一新時人耳目；其餘尚有海上畫派、金石畫派等名家多位，例如早年筆法清逸的吳湖帆（1984-1968）、用筆鈍拙的陳半丁（1925-96）等皆各有特色，無法一一列舉。

今日臺海兩岸的畫家，亦可謂人才濟濟不減當年。大半生居台灣的江兆申（1925-96）由唐寅（1470-1523）、溥心畬一脈出，將北宗清剛挺健的筆法融入南宗清潤蒼茫的畫風表現，形成一種典雅秀逸，又筆墨奔放的新水墨風格。就其筆墨意境所達到之深度而言，可謂達到了同輩畫家無人能企及的境地。其書畫藝術成就不但維繫了文人的精粹傳統於不墜，亦

271. 傅抱石〈策杖尋幽〉／水墨設色紙本
長43.2公分，高145.4公分，1944年作

可謂中國古典文人書畫的「現代中興」；其於近年的消逝，庶幾為這個系統典範劃下了最後之句點。台灣水墨前輩畫家林玉山（1907-）早年曾留學日本，擅花卉翎毛，在膠彩工筆畫方面基礎深厚，得宋畫遺韻，尤擅畫虎，比之民國以來的畫虎名家張善子（1882-1940），實有過之而無不及；晚年畫風改變，畫明暗光影之山景變化，頗見新意與氣象。另外傅狷夫

270. 傅抱石〈松蔭高士〉／水墨設色紙本
長61公分，高105公分，1944年作，台北鴻禧美術館藏。

272. 黃君璧〈雨後溪聲〉　／水墨設色紙本
　　　　長74公分，高47公分。國立歷史博物館藏（37163）

273. 江兆申〈隔江煙艇〉　／水墨設色紙本
　　　　長90公分，高180公分，1985年作。

274. 于非厂〈芍藥蜜蜂〉　／水墨設色紙本
　　　　長32公分，高68.5公分，1948年作。

275. 潘天壽〈雄視〉　／水墨設色紙本
　　　　長143公分，高347.3公分，1950年作。

（1910-）以水墨技巧描寫台灣海岸雲水浪花等諸多變化之景緻，亦頗具特色與功力。

面目較新的表現則有陳其寬（1921-），他以出身建築專業的背景，提出了觀察人間世界的特殊角度，畫面具有中國人文情感的趣味，也兼具西方光影變化與抽象性的視覺效果。不過他大幅省略了中國畫學傳統中深厚的古典內涵，畫面不免顯得有些輕巧。雖然如此，也算是為中國水墨畫在現代的表現發展，開啟了一項清新特殊的水墨風格。鄭善禧（1932-）後起力追，講求樸拙率真，濃厚民俗趣味之筆調，不避色彩之俗艷，致力開拓題材範疇之包容廣度，頗有其可觀之處，可謂代表了台灣本土水墨畫風之形成；然而有時過度標榜其率性恣意的風格取向，則很可能形成他更上層樓的限制。

大陸方面，前輩畫家潘天壽（1898-1971）承繼吳昌碩的風格，以大寫意筆法畫花卉鷹鷲，筆勢奔放，

277. 傅狷夫〈大里濤聲〉 ／水墨設色紙本
長30公分，高60公分，1994年作。國立歷史博物館藏

特重結構佈局，與擅長畫花鳥、繼齊白石而起的李苦禪（1898-1983）皆為金石畫派豎立了新的筆墨表現形式。李可染（1907-1989）的山水畫，於傳統國畫意境中融入光影渲染的筆墨變化，呈現一種秀潤迷濛的新意與深度，較諸傳統派大家未稍多讓，得自成一家，評價頗高。另外吳作人（1908-97）以簡筆畫禽魚走獸，造型簡化而深具筆墨趣味；還有各具筆墨個性與趣味的陸儼少（1909-93）、黃秋園（1914-79）、崔子范（1915-）等人亦皆有可觀之處。近年來吳冠中（1919-）崛起，以特殊的技法變化應用水墨線條，營造出一種流動性極強的抽象山水風格，在當代頗受國際間矚目，有其獨到之處。不過就整體而

276. 林玉山〈虎〉 ／水墨紙本
長38.8公分，高54.2公分，約1974年作。
國立歷史博物館藏（32481）

278. 鄭善禧〈大溪陵寢〉　/水墨設色紙本
長68公分，高164公分，1988年作。
國立歷史博物館藏（79-257）

言，其畫作品質高下相差甚大：他的
油畫風格接近插圖畫法，與西方的油
畫內涵頗有差距，能在西方得享大名
實屬異事。吳冠中的水墨畫雖然趣味
性之效果頗佳，但有時也顯得粗糙，
因此意境的深度恐猶待提昇。

　　另外尚有多位書畫名家，包括旅
居西方、國外，以及更多的畫壇後起
之秀，他們於中國水墨畫在現代的開
創發展上，都付出了相當的心力，而
有其一定的貢獻與成就，只是他們在
美術史上的定位恐怕有待後人來界
定，無法在本文中詳細的釐清。國立
歷史博物館歷年來頗著重於當代中國
之書畫蒐集，現任館長黃光男（1944-）
出身專業背景，尤致力於此：除原本
張大千、溥心畬、黃君璧、林玉山、
劉延濤（1908-98）、李奇茂（1931-）、
歐豪年（1935-）等多位居台以及後起
畫家之重要基礎外，又陸續充實相關
收藏：近年來更接獲多批書畫捐贈，
如傅狷夫、王昌杰（1910-99）、金勤
伯（1911-98），書法方面更有于右任

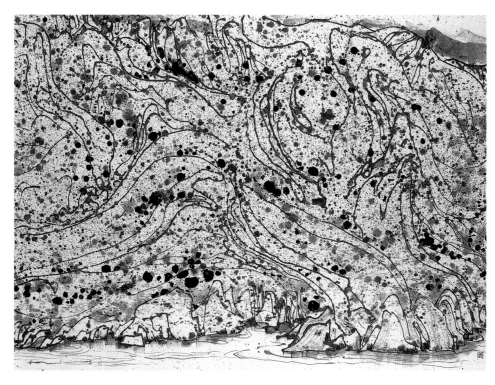

279. 吳冠中〈巫峽魂〉　/水墨設色紙本
長375公分，高182公分。
國立歷史博物館藏（78-984）

（1878-1964）、台靜農（1902-90）、王壯爲（1909-98），可謂爲研究近代中國書畫保存了許多重要的收藏與記錄。

大體而言，一九四九年以後台灣有不少優秀的書畫家從大陸渡海而來，並結合本土水墨畫家的發展，帶動了台灣國畫畫壇的藝文興盛，也培養了不少人才。反觀大陸由於文化大革命的政治動亂（ca.1964-74）使文化發展重挫，發生嚴重斷層；台灣以一島之隔，其書畫藝術之發展水準而足以過之。八〇年代以後大陸漸漸改革開放，由於地廣人多，基礎深厚，文

藝風氣崛起；至九〇年代已具突飛猛進之勢，後起之秀輩出，兩岸之藝術風格可說是各有千秋。不過大致說來，各個畫風的表現範疇皆很難脫離本文所述「傳統」與「創新」兩種路線，而兩者間的藝術創作發展與內涵實有其互動聯繫的關係，並非是絕然排斥的相對立場。透過上述的概略性說明，庶幾能對中國近代的水墨畫發展概況有一脈絡性之掌握。

我們知道藝術創造的可能，除了創作能力的修養與技巧外，首先須建立內在的眞誠性，才能有所感動。在當今台海兩岸急速發展與變動的中國社會裏，藝術創作難免遭遇到商業與功利取向的嚴厲考驗。如何維持藝術創作的誠懇性，有賴於一個藝術家的眼光與其對自我的期許，以及自覺意識的反省能力。一個能感應時代精神的偉大畫家，不但在他的作品中表現出相當的「深度」，也同時兼具備包容性強的「廣度」，倘若終其一生只是在玩弄一些熟練的筆墨趣味，或是侷限在一些狹隘的題材意識上出花樣，則終將是畫壇上的曇花一現而不能有所作爲；這有待於藝壇人士共同的努力，來突破現代中國近百年來的繪畫（文化）困境。（巴東撰）

280. 吳作人〈金魚〉／水墨設色紙本
長44.8公分，高100.4公分，1978年作。

西洋繪畫的開拓與發展

油畫傳入中國雖然可上溯到明萬曆年間（16世紀中葉），但一直要到清朝的康熙、雍正、乾隆三朝，才因清廷採取較爲開放的態度，接納耶穌會傳教士而受到正視，其中義大利人郎世寧不僅受到侍奉禮遇，且身兼宮廷畫家，以西方透視技巧、明暗寫實之法創作，留傳作品有《駿馬圖》等。這些傳教士也曾在清宮的如意館訓徒授畫，但活動範圍僅限於紫禁城內，並未擴及社會與民眾，因此無法影響中國傳統文人繪畫。

一八九八年中國有感於西方船堅砲利，極力學習西方科學技術，提出「合中西成新體」，在變法維新的浪潮中，有志青年紛紛出國求學，其中李鐵夫赴美師事J.S.薩金特學習油畫，李叔同留日於東京美術學校從師黑田清輝，回國後率先采取風景與人體寫生，他們是近代中國最早專門從事西洋繪畫的創作者。

一九一九年中國知識份子領導的五四新文化運動，高喊「民主」、「科學」的口號，其中蔡元培在運動中提出「以美育代替宗教」，並極力主張學習西洋藝術，他不僅是中國第一位提倡美育的教育家，並促使油畫成爲一門美術學科，在中國的土地上生根發芽。這段期間是中國油畫的教育發展期。劉海粟在一九一二年創辦上海圖畫美術院，後改制爲上海美術專科學校，主張發展東方固有藝術，並研究西方藝術的蘊奧，個人畫風不僅變化多樣，且思想開明、兼容並包。林風眠曾擔任國立杭州美術專科學校教授，以「介紹西方藝術，整理中國藝術，調和中西藝術，創造時代藝術」爲宗旨，並接納不同風格的繪畫表現，如吳大羽、方幹民等，都在校中任教。林風眠本身的藝術呈現正如其調和作風，是中西合併的折衷藝術，結合水墨書法與明暗透視的觀察。在國立中央大學系統則以徐悲鴻的寫實主義爲發展主幹，承襲法國學院傳統、重視素描，代表作品如《田橫五百壯士》、《愚公移山》等，並進一步形成以呂斯百、黃顯之、韋啓美等爲骨幹的教學流派。

281. 常玉〈四裸女像〉／油畫
長141.5公分，高123公分。
國立歷史博物館藏（26911）

282. 常玉〈菊〉 / 油畫
長69公分，高126公分。
國立歷史博物館藏（26904）

　　不在教育行列之內或短暫回國貢獻畫藝者，尚有常玉與潘玉良這兩位獨樹一格的畫家。常玉以簡單純淨的線條與塊面，描繪出壯碩豐滿的裸女形像，如《四女裸像》；靜物畫亦有特色，如《菊》。莫測高深的漫長法國生活，雖然使得他幾乎與國內失去聯繫，但其單純的視覺力量、奔放活潑的筆觸，就像一記閃亮耀眼的符號，為常玉謎般的一生劃下嘆息的問號。另一位中國女性畫家潘玉良，在她筆下看似形態豐健、沛然陽剛的人體，卻隱隱地蘊含著撼人心魄的愁緒，如《裸女》、《人體素描》，以中國水墨的線條勾勒出女體的輪廓，雖在構圖、色彩、形體的處理上運用西畫方法，但整體感覺已突破西畫傳統的表現形式；另一九四五年的《自畫像》，畫家以正視觀者的角度，堅毅的神情，訴說一種無奈不甘卻又勇然抗拒的心情，寫下對未來與自我的追尋，其畫風獨立在具象與寫意之間，以中國筆法統御萬象，以不懈實驗精神展現中西融合的理念，她不僅展現中國現代

283. 潘玉良〈裸女〉 / 水彩畫
長15公分，高20公分。
國立歷史博物館藏（75-03720）

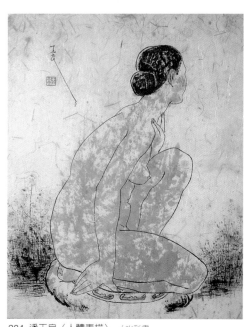

284. 潘玉良〈人體素描〉 / 水彩畫
長25公分，高32公分。
國立歷史博物館藏（75-03716）

新女性的精神，也為中西藝術結合貢獻出非凡心力。

一九四五年日本戰敗，台灣光復。經歷殖民時期的漫長統治，台灣的西畫發展完全與中國本土大異逕庭，呈現單一觀點的藝術審美系統，即來自石川欽一郎與鹽月桃甫的印象派、野獸派傳衍，他們所指導的學生多數成為現今台灣著名前輩西畫家：而當時由日本殖民政府支持舉辦的帝展、台展、府展，則成為畫家出人頭地的惟一途徑，此種窄化單向的美術進展流程，是日本殖民者的文化統治手段，雖然專制，卻對台灣西洋美術的奠基與發展產生莫大的影響。這個階段培養出的畫家有：

倪蔣懷 台灣第一位水彩畫家，與石川欽一郎名為師生，卻情同父子，畫風淡雅雋永，深得石川欽一郎真傳，後將精力從深造美術轉移至成立台灣繪畫研究所，成為第一位藝術贊助者。

陳澄波 國語學校師範科畢業後，入東京美術學校，曾赴上海任教，後定居台灣，其畫風細膩、色調溫柔，後在二二八事件中喪生。

郭柏川 留日東京美術學校畢業後，赴北京師大、北平藝專任教，台灣光復後，回台南定居，其畫風近梅原龍三郎，有野獸派狂放平塗之傾向，色彩斑爛醇厚，深具中西融合理念與實驗精神。

李梅樹 入國語學校自修油畫，後赴日入川端畫學校與東美西洋畫科。早期畫風傾向自然寫實學院傳統，以《三美圖》為代表，晚期漸漸發展成照相寫實風格，清晰地刻劃出台灣人的形象，如《小憩之女》、《清溪浣衣》等，另外由於成長於台北三峽的地緣關係，祖師廟重建工程成為他後半生重要的責任，其廟體現獨特的審美觀與對宇宙生命的沉思，成為李梅樹與三峽不可分割的代表。

廖繼春 同為赴日留學歸國之青年才俊，畫風從學院寫實至後期印象派、野獸派，色彩如冷靜的火燄，跳脫出輪廓的限制，如《廟》、《割麥》等。

藍蔭鼎 在前輩畫家中惟一非師範體系出身，卻受教於石川欽一郎，其水彩造詣也憑藉著自身的才華與努力，超越其師格局，獨樹一幟，代表作有《養鴨人家》、《舞龍》等。

285. 廖繼春〈廟〉 ／油畫
　　 長115.5公分，高90公分。國立歷史博物館藏（27313）

286. 廖繼春〈割麥〉 ／油畫
　　 長115公分，高89公分。國立歷史博物館藏（79-24）

287. 藍蔭鼎〈舞龍〉／水彩畫
長76公分，高55公分。國立歷史博物館藏（27175）

顏水龍　留學日、法兩國的特殊經驗，成就顏水龍對台灣美術的進展持抱異於他人的觀點與看法，清楚的發現台灣可愛迷人之處，乃在於獨特的文化屬性，因此一方面從事繪畫，一方面投注工藝美術的設計，將藝術帶進生活、擁抱群眾。

楊三郎　私自偷渡日本入京都工藝學校與關西美術學校，也曾赴法留學，作品充滿異國風味的浪漫情調，使得筆下台灣風景予人一種疏離感，如《老屋》等。

何德來　大半生都在日本渡過，畫風變化多端，結合東洋與中華文化兩種特質，融匯成個人別具風味的色彩。但因幾乎未曾長住台灣，因此對台灣美術的發展沒有太大的影響。

李澤藩　台北師範學校畢業，靠著自己對藝術的熱愛與毅力，選擇不透明水彩畫法作為一生奮鬥的目標，其畫風悠遠深邃，深刻表現屬於台灣特有的景觀元素，如《青草湖》、《台

北龍山寺》等；晚年更發展出如史詩般壯闊的地景式繪畫，如《新竹教堂》。

陳慧坤　早期留日，畫風寧靜充滿印象派風格，之後任教師大作育無數英才。

李石樵　早期以印象派風格為主，五〇年代開始轉變為抽象風格，逐漸擺脫日治時期流傳下來的固有窠臼，代表作品有《山路》等。

以上所述畫家多遵循著帝（台、府）展的升遷管道前進或以參與台陽美協為主要活動。除此之外，尚有一些具獨特藝術理念之藝術家，成立「Mouve美術集團」，成員有張萬傳、洪瑞麟、黃清呈、陳德旺、陳春德、許聲基等，以自由創作、不限風格為宗旨，為當時環境注入一股清新風氣。

綜上所述，大陸的西洋美術是透過新式美術教育的推廣，以銜接源遠流長的歷史；而台灣的美術運動，則

是安排在政府操作的展覽制度下進行。惋惜的是國民政府遷台後，隨同來台的畫家並非從事新文化運動的一群，反而是保守堅持中原正統權威的人士，為保有既有地位不墜，遂透過政治與教育管道強化其正統標竿。另一方面，日據時期逐漸形成氣候的本島藝術，在失去日本美術體制支撐的榮譽與光環，喪失依據背景的台籍畫家，必需重新適應邅變的生態困境，這種種不利的因素為台灣美術環境帶來了空前的危機。

　　光復後台灣與日本交流完全斷絕，美國文化取而代之，因此六〇年代的藝術發展以引進西方新思潮為主，當時畫壇只有省展與台陽展獨霸一方，藝術生態顯得死氣沉沉、墨守成規，極待嶄新美術風氣的帶領。此時，李仲生在安東街成立「安東街畫室」，以新穎前衛的教學法，吸引許多青年學子就教請益。這股新潮現代的

思想，如淘淘江浪導引出「東方畫會」（一九五六年成立），成員有歐陽文苑、蕭勤、霍剛、吳昊、夏陽、蕭明賢、李元佳、陳道明，強調吸收新觀念，不固守舊有形式，以創新中國繪畫。日後進一步與「五月畫會」（一九五七年成立，以師大學生為班底）共同投入現代繪畫運動，逐漸走向以抽象畫風為主的現代潮流，如劉國松

288. 楊三郎〈老屋〉　／油畫
長43公分，高35公分。國立歷史博物館藏（75-04099）

289. 李澤藩〈台北龍山寺〉　／水彩畫
長101公分，高79公分。國立歷史博物館藏（34638）

290. 李石樵〈山路〉 ／油畫
　　　長52公分，高44分。
　　　國立歷史博物館藏（27315）

291. 趙無極〈抽象油畫〉 ／油畫
　　　長55公分，高83公分。
　　　國立歷史博物館藏（27315）

293. 席德進〈街景〉 ／水彩畫
　　　長46公分，高64公分。
　　　國立歷史博物館藏（75-04089）

292. 席德進〈日本風景〉 ／水彩畫
　　　長40公分，高31公分。
　　　國立歷史博物館藏（75-04090）

具東方哲思的繪畫內涵，馮鍾睿、趙無極的《抽象繪畫》、莊喆的《風景第五號》的水墨抽象表現等。

七〇年代發生保釣運動、退出聯合國之外交挫折等事件，促使同胞在向外取經之際，反求重視自己的土地與文化，走入鄉間、深入基層，此波鄉土運動率先從文學界發起並延燒至美術界，企圖從民間傳統的圖像語彙，尋找到自我的根源。如素人畫家洪通以充滿想像豔麗的色彩、稚純簡樸的筆觸記錄在南鯤身的生活，童眞的表現鄉間俗人的日常。雕刻家朱銘從民間崛起竄紅於國際的傳奇，成為家喻戶曉的讚揚。而席德進也在流浪異國多年後，在鄉土民俗的慰藉中安穩腳步，開創自己畫藝的第二高峰，此時期的重要創作有《日本風景》、《街景》等。

八〇年代後的台灣美術發展，如百花齊放般地繽紛盛開，與國際的腳步愈來愈近，呈現等比級數的追趕，已非昔時的保守禁錮。若干畫家在反思本土美術的發展歷程與學習歐美炫麗非常的現代藝術創作精神後，亦能結合傳統的養份和現代世界的眼光，積極溶入當代流行藝術的前列，且取得一定的成績，循至九〇年代的台灣也興起不少與世界潮流同步的「實驗性」創作。反觀大陸，則受社會主義意識型態之限制，導致現代美術中的西畫創作部份長期停頓不前。回首來時路，台灣美術的發展是在荊棘遍野中辛勤墾栽所開創出的美好繁榮，讓我們珍惜現有，並展望未來能在世界美術中佔一席之地。（韋心澄撰）

潛力無窮的民間工藝

年畫

「年畫」是中國民間流行的一種繪畫體裁，它的產生和中國雕版印刷術的發展有關。它始於唐宋，到了明代中晚期臻於成熟，至清代乾嘉年間達至高峰。

年畫因主要用於新春節日，在一年的開始張貼，遂得其名。它主要反映當時人民的生活習俗，並具備濃郁的鄉土氣息和節日的喜慶色彩，故能贏得廣大人民群眾的喜愛，在民間廣泛流行。

民國時期的木版年畫工藝就整個中國民間年畫發展史而言，不論在題材、印製工藝、藝術風格等方面，仍繼承清末餘緒，惟稍可稱特色者，是當時有不少著名年畫產銷中心之作坊不時印製反映這個時期重要的政治變革、軍事戰爭、科技新知等事件的木版年畫，亦足以達成啓迪民智，發揮歷史時事教育的功用。

民間年畫的題材十分廣泛，為其他畫種所不及。據目前所見中國南北各地著名年畫作坊在清代各時期產銷的年畫，加以統計，共有近二千種不同的題材類型。惟就各作坊的年畫內容再歸納之，亦有其共通的題材，以天津楊柳青年畫為例，大致可分為：歷史故事、文學典故、民間神話傳說、戲劇人物、風俗民情、時事新聞新趣、肖像、格言勸戒、祈福禳災求壽、仕女兒童、花鳥蟲魚、風景名勝等。其中有不少作品反映了當時人們的生活、生產狀況和民俗習慣；反映了當時人民對未來幸福生活的祈求和願望。

此外，民間年畫也流行藉著動物、植物或器物的音義，組成象徵未來生活美好、福善、嘉慶的題材。一般言之，這種祥瑞題材的表現內容有

294. 清代年畫〈麻姑上壽〉
／長102公分寬 59.6公分
蘇州桃花塢繪印

十二類：幸福類、愛情類、和睦類、喜慶類、平安類、長壽類、學優類、多子類、升官類、發財類、豐足類、美好類。至於表現手法計有六類：(1)象徵，取象示意；(2)寓意，借物托意；(3)心擬，擬人擬物；(4)表號，標記標志；(5)文字，直書明示；(6)諧音，字音相合。

一張木版年畫通常須經過繪、刻、印三道工序來完成。繪是最重要的第一道手藝，年畫的繪製先由畫師根據題材草稿畫樣，俟作坊主人認可後，畫師用薄棉紙重描一遍。其次，由刻工將畫稿反貼在刨平的楸木或梨木版上，然後依畫稿刻出線版及應套印之色版（三至五塊）；最後則由刷工將全套畫版按先印墨線，繼印黃、綠、藍、紅等色版，一一刷印出成品，即可交工出售。自然，南北各地作坊中，亦間擁有獨特的印製技法，如作為北方年畫產銷中心之一的天津楊柳青鎮，該地稱作坊裏刷印完的年畫叫「坯子」，屬半成品，還需要開臉點唇，用人工填色重繪，這道工序大部分交給該鎮居民及周圍三十多個村莊的農民以副業的性質來完成。真可謂「家家都會點染，戶戶都善丹青」。也就是說楊柳青年畫的印製是採用木板套印同人工彩繪相結合的方法，形成了既有遒勁工麗的木刻韻味，又不失民族傳統的繪畫風味。又如西南的四川綿竹，該地作坊印製的年畫是以墨線版印出輪廓後，不用顏色版套印，而是以手工開臉著色來完成。又該地至今還有木版拓印年畫形式之一種，這種拓印的年畫版較大，製版和刷印技法與墨線版相反，它是用陰刻法雕版，變一般畫版刻出的凸線為凹線。印製時，拓印年畫的原版上不刷墨色，而是將白紙打入畫版凹處，然後用「拓包」（一種用布裹絲綿的工具）蘸墨或朱紅顏料捶打素紙，畫版凹處

之線紋即呈白色顯像出來。這類拓本年畫的內容都是象徵吉祥瑞慶之題材如「南極星輝」、「福壽無極」等，經過加工裝裱，嘗被當作祝壽賀喜之禮品，古樸高雅，頗具民族傳統藝術之特色。

民國以來，全國南北各地較知名之民間年畫作坊及畫店除了仍利用昔日保存完好的年畫刻版，繼續印製各類民間傳統題材的年畫外，其中有些作坊（如北方的陝西鳳翔世興畫店、天津楊柳青、山東平度及河北武強；南方的安徽蕉湖、上海舊校場及福建漳州等）並以這段期間在國內、外相繼發生的重要政治變革及軍事戰爭為焦點，從中擷取與各事件相關的人物、對陣場面等作為主要情節，由作坊主人依據前述傳統木版年畫的印製工序刷印出成品，除備城鄉民眾欣賞，選購，並可對資訊較閉塞的廣大農村民眾起著「歷史教育作用」，成為一種傳播文化知識的工具。此外，反

295. 清代年畫〈蓮年有餘〉 ／長37公分 寬58公分
清末天津楊柳青版，民初重印。

296. 民初年畫〈推燈紀念〉 ／高42公分 寬68公分
天津楊柳青繪印，「推燈」即元宵弄燈，
此處則陸寓「推登」，即推倒袁世凱登帝位的意思。
是一幅反映民初史事和民意的年畫。

297. 民初年畫〈女子求學〉 ／ 長34.5公分　寬66公分
天津楊柳青繪印，從題字中可看出民國初年提倡女子教育者用心之切。
是一幅反映時代思潮的作品。

298. 民初年畫〈湖北軍事圖〉 ／ 長32公分　寬50.2公分
山東平度繪印，描寫辛亥年武昌首義的場面

映軍閥混戰的年畫尺幅都較大，這是為了供「拉洋片」的說唱藝人取作片景演唱，也豐富了城鄉廟會中的民俗活動。（陳鴻琦撰）

紫砂陶藝

　　作為中國民間傳統工藝之一的紫砂陶器主要係指江蘇宜興丁蜀鎮產製者，它自北宋時期開始燒造，盛行於明代中、晚期，以迄清代，民國時期仍持續不衰。由於紫砂陶器的造型千態萬狀，層出不窮，實用及觀賞性兼具，向為中外人士所喜好，進而極力收藏之。

　　製造紫砂器的陶泥，主要產於丁蜀鎮的丁山及蜀山，丁山多產黃砂

泥，蜀山多產紫砂泥。陶泥自地層很深處掘取出來後，還要進行多次加工，捶碎、磨細、篩選、注水、攪拌、沈澱、晾曬。其泥質細著，品質高，價亦高，適用於製壺；其泥質粗者，品質差，價賤，只能用於製造缸、盆等日常用品。

紫砂器用各色陶泥製成坯體，經

299. 鑲銅龍紋紫砂圓壺 ／高12公分
清末宜興製作，專供外銷：國立歷史博物館藏(7225)

300. 黑衣刻花鳥銘方壺 ／高15.5公分
宜興吳德盛公司1922年的產品，由著名陶藝師胡耀庭製作，花鳥則為吳漢文繪刻。

301. 紫砂掇球壺 ／高13.5公分
程壽珍製作，整體造型渾圓穩重，高雅脫俗。曾參加巴拿馬世界展覽會，獲優等獎。

1200℃左右的高溫，在氧化氣氛中素燒而成，胎體堅實，呈赤褐、淡黃或紫黑色；其器物表面雖不施釉，但經燒成後會有自然的光澤，永不褪色，經多年撫摸後，顏色加深，更見瑩潤。由於陶泥是製作紫砂器的最關鍵點，必有其特性，此即為「團粒結構」。據大陸上海硅酸鹽研究所所作的現代顯微結構分析法表明：「宜興紫砂陶的礦物組成屬含鐵的粘土－石英－雲母系。鐵質主要以赤鐵礦形式存在。主要物相是石英、莫來石和雲母殘骸，尺寸細小均勻。陶泥的原始顆粒的顯微結構特徵屬團粒結構，這種特點在試樣中形成了雙重氣孔：團粒內的小氣孔和團粒間的斷續鏈狀氣孔。這種氣孔結構特徵使紫砂器的氣孔率高、透氣性能好。」

紫砂陶泥原料柔韌，可塑性高，對於各類紫砂器如茶壺、茶具、文房雅玩及雕塑品的製作，皆可採手工成形技法，匠師藝人可隨心所欲，仔細加工，能做到「綜古今而合度，極變化以從心。」各類紫砂器之坯體造型大方、簡潔、單純，具有抽象特徵和理性的審美情趣。以茶壺為例，其製作技法就有：(1)鑲身筒：此法適用於製造方形或其他幾何平面的紫砂器。它的工序基本上與陶板接合法相同，但是其中有很多細緻的步驟是宜興陶藝所特有，這些額外的工序確保了用此法做成的方形器具均正平直。(2)打身筒：此法用於紫砂器中的圓形器物。以這方法製成的圓壺，其圓正度與輪製的圓器無異。(3)手捏法：此法用於製造樹癭壺。相傳明代供春捏成此壺後，上印有其指紋，其後的宜興陶工便特別設計一件工具以造出壺身獨特的紋理。

其次，論及紫砂器的表面裝飾技去則以雕刻為主，刻時講究刀法，注意刀的浮沈利鈍、深淺寬窄，刀勢的

氣脈連貫，以顯示跡外傳神的格調。雕刻後尚需用紫砂色料著色。要言之，紫砂雕刻集書法、繪畫、篆刻於一體。書法有眞、草、篆、魏碑、漢瓦等；繪畫則有花鳥、蟲草、山水、人物等白描圖案；篆刻則以印章款識相配。故一件精美的紫砂鐫刻儼如一幅完美的國畫，再配以清新醒目的造型，展現了紫砂器獨特的藝術風貌。

民國時期紫砂陶藝的興起與新式企業的經營有關。如上海就有一些具備財力、擅長於商品進出口貿易的實業家競出資金（甚者，某些店東負責人本身亦具備設計及刻劃紫砂器的才能），聘雇有若干紫砂器藝人，並在宜興、上海、無錫、杭州、天津等城市設立專售紫砂器的公司或店鋪，有計畫地拓展紫砂器在國內外市場的銷售。這種經營型態遂成爲民國時期宜興紫砂器發展上的特色。

此時期能夠大力推廣並將宜興紫砂器銷售至國內及歐美、東南亞、日本等國際市場的企業公司中，較重要者有鐵畫軒、陳鼎和、利用公司、吳德盛等數家。其中鐵畫軒係設在上海的一家公司，創辦人戴國寶，一八七○年代出生於南京，曾是職業的刻瓷名手。他以鐵針刻畫花紋在瓷器上，故其公司取名鐵畫軒。民國初期，他由刻瓷轉向宜興陶器，其法是在宜興買陶坯，並在自己工場加以紋飾。公司的印記有陽文篆書的圓印、方印各一，其產品如茶壺、花瓶及文玩用品等。這時期與鐵畫軒合作並供應素坯的陶工有蔣燕亭、范大生、陳光明、程壽珍、汪寶根、吳雲根、王寅春等，均爲著名的紫砂藝人。陳鼎和公司設在宜興，經理人是陳元明。公司出品的紫砂器有茶壺、茶具、花瓶、筆洗等；器物的紋飾是典型的民國初期風格，有各體書法及山水、花卉、翎毛等刻繪。利用公司的總店設在宜

興，亦擁有一批陶工如范大生。該公司產品有各式茶壺，曾提供參加一九一五年巴拿馬世界展覽會。一九二○年代，利永公司接管了利用公司，產品繼續在一九二六年美國費城及一九三○年法國巴黎的展覽會參賽並獲獎。吳德盛公司的店東是吳漢文，其產品有茶壺、茶具及其他器皿。紋飾繪畫和書法兼具，亦屬民國初期風格。該公司旗下的製壺名工有兪國良、胡耀庭、岩如等。（陳鴻琦撰）

雕塑

傳統的中國雕塑主要有三類：一是象徵皇權的各種建築、墓葬雕刻；二是宗教上的石刻泥塑等；三即是民間雕塑。宗教性的雕刻早在宋元以後就逐漸式微；而象徵皇權的各種雕刻藝術亦隨著辛亥革命爆發而成爲歷史。因此民國以來只剩下作爲社會經濟活動之一的民間雕塑仍活躍著。

在民國三十八年以前，在中國境內享有盛名並確有藝術價值能反映時代特色的民間雕塑主要是天津和無錫的泥塑、浙江的木雕、江蘇嘉定的竹雕，和福建的石雕。

天津的泥塑以「泥人張」爲代表，其創立者爲清末的張明山，此後

302. 張玉亭泥塑　紅樓夢人物群像—〈惜春作畫〉

歷經第二代傳人張玉亭及第三代傳人張景祜的發揚，在民國二、三○年代達於頂盛期。張玉亭的創作以古代仕女及當時社會上的下層市民生活最有特色，凡人物表情、言談舉止、衣冠服飾等，無不捏塑得微妙微肖、令人嘆為觀止。張玉亭一生創作作品不下二萬件，除了根據戲曲小說想像的古裝人物外，也如實捏塑了很多寫實的時裝人物及各行各業情態；他不只塑單件作品，更擅長製作群像，如作於年一九二三年的〈鍾馗嫁妹〉，便是一套構圖複雜、人物繁多的群像代表作，除了主題人物外，還加上一隊二

303. 布袋戲偶 ／高27公分 寬18公分
民國・江加走刻。國立歷史博物館藏

十多人組成的儀仗隊伍，一路吹吹打打，神氣活現的樣子，就像現實世界裡仗勢凌人前倨後恭的勢利鬼！這是一件有內涵的作品。張景祜比較擅長捏塑小說戲曲古裝人物，其在人物面部表情及服裝紋飾等細節處理上較乃父更勝一籌，代表作品有〈惜春作畫〉等《紅樓夢》人物系列。

江蘇無錫惠山的泥塑風格與天津「泥人張」有些不同，係以捏塑玩具為主，其特點是繪塑合一，有「繪七塑三」之稱，色彩濃重、對比強烈，造型簡括。惟受崑曲影響，有些藝人也作戲文人物，如丁阿金所作便很能掌握戲曲情節，甚受時人喜愛。二○年代，中國社會經常發生抵制日貨情形，惠山泥塑玩具一度取代市場上的日本玩具而暢銷全國，作坊達四、五十家，並有行會組織。有名的〈大阿福〉胖娃娃便是惠山泥塑玩具的標記。

木石雕刻方面以南方最有特色，除了材料因素外，南方勞力密集、經濟條件比北方好也是重要因素。其中木雕藝術早期以浙江東陽最有名，選材考究、雕鏤精緻，影響及於海內外；民國初年便有許多外商於滬杭設置作坊，聘用東陽藝術師為其生產的家具作雕刻。興起於二、三○年代的福建泉州木刻則後來居上，多作神龕及戲偶；著名工藝師有江加走，他刻的布袋戲偶富有內在精神，無論是帝王將相還是凡夫俗子，均傳神洗練，自是得力於深刻的社會閱歷和長期的技藝研求。

竹雕藝術的興起與明清時期的文士清玩有關，如江蘇嘉定的朱纓、朱三松、秦一爵，和南京的濮仲謙並稱兩派，享譽三百餘年。民國以後則以嘉定特盛，產品從竹筷到神像，乃至裝潢用的像框、鏡屏、煙匣等有一百多種。刻字、作畫、塗染均有分工，

絕不相混。民國時期有五個主要作坊，以晴翠齋最有規模，其著名藝師為時沄和潘行庸。時沄是晚清刻竹名家時大徑的兒子，一門數代均以刻竹聞名，他晚年中風臥榻仍刻竹不怠，有「臥牛」之號；所作筆筒、臂擱等為海內外爭相購藏。

石刻藝術以浙江青田和福建壽山最擅名。兩地所產石材本來就是明清以來篆刻最主要的材料，清代以後更發展出玲瓏富麗的擺件石雕工藝。特別是福建壽山的石雕，其石質溫潤多彩，藝師發揮的空間很大，他們根據石材的形狀和石質硬度紋理色澤，因材施工，分別雕刻印紐、文具、山水、人物擺件等，甚至以之鑲嵌在其他日用品及裝飾品上。據方宗珪《壽

304. 清末竹雕〈人物筆筒〉 ／高14.5公分 徑10公分

山石誌》考述，清康熙年間有楊璇、周彬兩人雕藝超群，作品均為地方封疆大吏購為進貢朝廷的「秘藏」；嗣後有董滄門、妙蒼鑒等則以擅刻印鈕聞名於世；至同、光年間有潘玉茂、林謙培兩人承楊、周遺法，各自發揮，遂分出體系來。潘氏一派傳於福州西郊鳳尾鄉，稱「西門流派」，以刻製各式印鈕為主，亦擅長薄意，極受文人青睞，民國時期的代表藝師有林清卿、陳金水等。林氏一派盛於福州東門後嶼鄉一帶，稱「東門流派」，雕刻題材範圍較廣，以各種人物、動物擺件最著，代表藝師有鄭仁蛟、林友清等，將壽山石雕工藝推於極至。

福建除了壽山石雕外，青石雕刻亦很著名，主要集中在惠安和泉州兩地，多製作墓碑、石獅、華表、龍柱等；著名藝師有蔣源成，南京中山陵的華表、青石古鼎，及國父墓前的石獅便是他的傑作。（蘇啟明撰）

305. 民國石雕〈蘇武牧羊〉／高30公分
青田石質。國立歷史博物館藏（76-16）

反映時代的通俗美術

清末，社會經濟環境快速變遷，帶有商品性質的美術創作逐漸在城市裡頭出現，它們以滿足一般人的消費心理為主，不以純粹的藝術創作和欣賞為目的，內容有高尚、有庸俗，表現形式有新、有舊，其發展傳播有一定的市場關係，我們稱這類美術為通俗美術。

時事畫報

時事畫報是最早出現的一種通俗美術。一八八四年五月八日創刊的《點石齋畫報》首肇其端，它前後發行十五年，共刊出四千多幅美術作品，以民主求實的精神，反映十九世紀末葉列強侵華史實，和中國社會各面向。在表現形式上，它繼承中國明清以來的木刻版畫特點，同時採納西洋繪畫中的合理技法。由於形式內容新穎活潑，時代氣息強，很受社會歡迎。主編吳友如本身便是一位新聞畫家，擅長人物素描，對帝國主義勢力籠罩下的上海大都市中的病態現象描繪尤為淋漓盡致，他塑造的惡鴇虐妓及流氓拆梢等人物形象十分深遠，幾乎成了一種典範，廣為後來繼起的時事漫畫所模仿，以致成為國人對上海十里洋場中下層人物固定不移的印象。

繼《點石齋畫報》後，影響較大的石印畫報還有《圖畫新報》、《飛影閣畫報》、《白話圖畫畫報》、《飛雲閣畫報》、《圖畫演說報》、《啟蒙畫報》、《北京畫報》、《當日畫報》、《民呼畫報》、《醒世畫報》等。這些畫報皆刊有大量的諷刺畫、時事漫畫，和宣傳畫，無論形式或內容都炯異於傳統的繪畫，為民國以後風起雲湧的漫畫、連環畫，及年畫之嚆矢。

畫報的流行，不啻為美術工作者

提供了施展才華的新天地。如創刊於一九一二年的《眞相畫報》，即爲嶺南畫派的大師高奇峰主編，高氏爲老同盟會員，參加過辛亥革命，民國建立後致力於社會教育工作，他所主編的《眞相畫報》宣稱「以監督共和政治，調查民生狀態，獎進社會主義，輸入世界知識爲宗旨。」其內容廣載時事消息，兼評民生社會情態；爲提倡進步的美術，更常介紹國內外繪畫精品，是民國初年少數具備藝術性和政治性的重要畫報，影響極大。

二○年代是畫報的鼎盛時代，惟在流行之際藝術價值卻漸趨庸俗，不少上海、北京刊行的畫報，其內容都以登載裸女或色情爲主，編務完全以迎合大衆情欲口味爲尚，名妓名伶變成大家最愛看的題材。而此時一些正常的報紙或雜誌也發行附屬的畫刊，於是原來富有批判現實意義的時事畫報功能就爲它們取代了。

漫畫

漫畫是脫胎於時事畫報而後一枝獨秀發展起來的新畫種。它比任何繪畫都更能有力的傳達時代感，其表現手法在清末便已出現。一九○九年上海《時事畫報》編輯出版的近八十頁的《寓意畫》，可能是迄今發現最早的漫畫專輯，裡面收錄了許多諷刺清王朝的圖畫，如一幅題爲〈對內對外兩種面目〉的作品，畫一人頭，對外是一張笑臉，對內爲怒容，形象的揭示了清廷的統治面目。

諷刺時政、批判現狀自始即是漫畫的主要內容，因此清末民初一些報紙便常開闢漫畫專欄以圖象來表達他們的言論立場，如果能將清末以來散刊於各種報章雜誌中的漫畫蒐集起來研究，定然是一部很有意思的時政批評史。繼滿清政府後，最常爲漫畫家諷刺的政府爲袁世凱及北洋軍閥。如國民黨討袁期間，《民國日報》便連續登載錢病鶴所畫的作品〈老猿百態〉一百餘幅，以連環畫方式把袁世凱醜化成一隻詭計多端、惡行惡狀的猿猴。一九一七年張勳復辟失敗後逃匿於荷蘭使館，漫畫家馬星馳便畫了一個汽水瓶，瓶中蹲著一個翎頂朝服的漢子，一條大辮拖出瓶外，雖不著一字，然因那時候汽水稱爲荷蘭水，所以時人一看便知是張勳。

五四運動前後，隨者新文化運動展開，湧現了許多知名漫畫家，其中以沈伯塵、黃文農、豐子愷等最有影響性。沈伯塵與其弟於一九一八年九月在上海創辦《上海潑克》，又名《伯塵滑稽畫報》，中英文兼備，每月發行一次，是中國第一份漫畫專刊。據《申報》報導說，《上海潑克》在長江流域傳播很廣，它每月銷行約一萬多冊，致往來長江的渡輪上幾乎是人手一冊。沈氏兄弟愛國心十分強烈，其作品刻意用中英文兼刊，目的是要「使歐美人士盡知我中國人立國之精神，未嘗稍遜於彼」。他們畫了很多批判軍閥竊國亂政的時事畫，如〈十年老女猶畫娥眉〉諷刺徐世昌甘爲軍閥利用；如〈工農商打倒曹陸章〉直接聲援五四學生愛國運動。沈伯塵筆下的軍閥人物造型同吳友如筆下的妓女流氓造型一樣，都變成了一種典範，廣爲當時及後來的畫家所採用。他不但在自辦的刊物上創作，也爲許多報刊創作，如《晶報》、《大共和報》、《神州報》、《時事新報》等都可見到他的作品。

黃文農的作品也很有鬥爭性，一九二四年他在《東方雜誌》上發表〈最大之勝利〉，淋漓盡致的揭露帝國主義迫害中國人民的暴行，竟引起上海租界當局抗議，要求逮捕黃文農並查封刊登其作品的報章雜誌，造成轟動一時的東方漫畫事件。他後來出版

了兩本作品專輯，《文農諷刺畫集》是他的政治漫畫集；《初一之畫集》則輯錄了他反映都市社會生活的作品，頗富小市民情趣。

豐子愷是後來居上的大漫畫家。「漫畫」一辭便是由他首先採用，而後成為此一畫種的通行名詞。他早年從李叔同學繪畫和音樂，後赴日本專習油畫。一九二四年首次發表作品於《文學周報》上，即引起注意。是年底

306. 豐子愷漫畫〈某種教育〉

307. 豐子愷漫畫〈小弟弟的出殯〉

《文學周報》特別為他出版《子愷漫畫》專輯，從此開始了他的漫畫專業生涯。由於他具有深厚的文學修養，對現代藝術亦有專門的認識，所以他的漫畫內涵十分豐富；他不求誇張繁複，但能掌握一時湧現的靈感情思，信手拈來即妙趣橫生。他不專繪時事畫，更常舖敘日常生活中的人情世故，有詩意、有諧趣，有悲天憫人的情懷，也有警世勸世的哲理，使人彷彿置身其間悲不自勝，但又能悠然物外，其對世事的洞悉及敏銳確有獨到之處。子愷創作豐富，自一九二五年到一九三五年間，相繼出版了《子愷漫畫》、《學生漫畫》、《兒童漫畫》、《兒童生活漫畫》、《雲霓》、《人間相》、《都會之音》，以及《護生畫初集》等，足見受歡迎的程度。他是集漫畫家、文學家、教育家、書法家、翻譯家於一身的多才多藝之士。

隨著漫畫的流行，創作者漸多，刊行的作品也愈來愈普遍，畫家的專業自主意識也逐漸抬頭。一九二七年上海便出現了由張光宇、丁悚、黃文農、魯少飛、葉淺予等人組織的「漫畫會」；翌年並創辦《上海漫畫》周刊。在他們的推動下，全國出版業界也興起了一股漫畫熱，僅上海一地便出版了十七種漫畫期刊，其中以魯少飛主編的《時代漫畫》，和黃士英、黃鼎主編的《漫畫生活》最具代表性。前者刊於一九三四年九月至一九三七年六月，網羅了當時全國最重要的漫畫家參與工作，前後達一百餘位。魯少飛本人更親身投入國民革命行列，在北伐軍中任職。後者是一份結合文學創作的嚴肅刊物，魯迅、鄭振鐸、老舍、茅盾、胡愈之、巴金、胡風等許多文學家都常在刊物中發表文章，張光宇貢獻極多，他是第一個將漫畫和文學結合起來的藝術實踐家。

一九三六年前後，漫畫發展到空

前繁榮的時期，作品之多，作家之多難以計數。一九三六年十一月漫畫界因此在上海舉行了全國首屆漫畫展覽會，隨後並至南京、蘇州、杭州作巡迴展。這次參展作品有兩千多件，參展作家不僅有專業畫家，還有工人、店員、學生等許多「業餘人士」，說明漫畫流傳的層面實相當廣泛。一九三七年，全國漫畫家協會在上海正式成立，不久抗日戰爭爆發，許多漫畫家投入抗戰文藝行列，繼續發揮為民喉舌、針砭時弊的創作使命。

月份牌畫

　　在時事畫報、漫畫盛行之際，有一種比較軟性的大眾美術也隨著城市商業的轉型而發展起來，那就是月份牌。它實際上是為推銷商品所作的廣

308. 杭稚英繪的月份牌畫
　　1996年國立歷史博物館「流金歲月－懷舊老月份牌廣告畫展」展出。

告宣傳畫，表現形式則是從中國傳統畫中的節氣表、日曆表牌演變而來。一八九六年，上海鴻福來票行發行的《滬景開彩圖》是目前所知最早的月份牌畫。月份牌畫主要是一種絹印畫，最初在華洋商為推銷商品，多以複製的西洋風景畫片做廣告，隨商品贈送；後來為吸引更多中國買主，乃聘中國畫師仿中國年畫製作更精美的年曆畫，由於效果很好，中國商人也自行設計繪製，於是成為一種正式商品並流行起來。它的內容除了傳統故事外，以風景、仕女最多。由於事關商品銷售，各家無不精心考究，因此技術手法日新。一九一四年專門繪製月份牌畫的鄭曼陀首創擦筆水彩畫法，即先用炭粉揉擦線條陰影，再以半透明水彩暈染，這樣畫出來的畫立體感十足，表現時裝美女的肌膚表情特別生動傳神，於是很快為其他畫師仿行，而成了月份牌畫獨特的技法。

繼鄭曼陀之後著名的畫師有杭稚英、李慕白等。杭稚英進一步把月份牌畫用於商品的包裝上，並且獲得很大成功。一九二三年起，他更開設工作室授徒分工，李慕白即參與其間，於是月份牌畫趨向於集體創作的形式，可以大量生產。攝影術普遍用在商品廣告畫以後，依賴手工繪製原圖的月份牌畫才逐漸消失，但它那種獨特的流金歲月之美卻很為人們懷念，直到今日仍有人珍藏。

木刻版畫

民國時期木刻版畫的興起與傳統年畫有很大的關係。傳統年畫的內容和風格離不開喜慶節日的熱鬧民俗和道德教化的寓意，其圖樣造形多根據傳統戲劇或小說的想像模式。

清末，康有為、梁啟超等維新之士，鼓吹開通民智，曾大力提倡改良年畫，試圖用辦學堂、講女權等新政內容取代福祿壽考的吉祥圖畫內容，雖不成功，但卻開啟了後來新興木刻版畫的先河。

民國時期盛極一時的木刻版畫，在技巧上雖然可以追溯到傳統年畫的木刻雕版工藝，但精神卻完全不同。木刻版畫的興起與二○年代滋長的社會主義或共產主義運動有關。由於歐洲社會主義的傳播曾成功的依賴木刻版畫作媒介，致使中國的社會主義運動者也極力提倡現代木刻版畫。他們認為木刻版畫的藝術形式本是不識字的平民所熟悉的，而用刻刀所刻出來的線條有一種力量感，拓印出來的畫面效果呈黑白對比，氣味十分符合社會主義的訴求。

文學家魯迅便是木刻版畫的愛好者和提倡者，他在一九三四年間曾編了《引玉集》和《木刻紀程》等專門介紹版畫的書，認為版畫最自然，它有深厚的社會群眾基礎，值得有志從事現代藝術創作的青年全力以赴。一九三一年上海「一八藝社」在他的指導下特別成立木刻部，從此專事現代木刻版畫的青年益多。至一九三四年乃有廣州市立美術學校教師李樺等發起組織現代創作版畫研究會，潛心於木刻版畫的創作和推廣。他們有系統的習作，並定期舉辦展覽，創作題材多具煽動性，特別喜歡刻繪群眾運動，影響力逐漸由城市擴及到農村。

一九三七年抗日戰爭爆發後，木刻版畫不像其他畫種受到材料取得不易的影響，可以就地取材創作，因而一枝獨秀的發展起來。全國各地幾乎每年都有團體舉辦各種不同的抗戰木刻展，並出版木刻專集，報章雜誌也常刊載木刻作品。統計抗戰時期全國出版的木刻刊物達四千種以上，木刻版畫無論在前後方都成了最主要的抗日救國宣傳利器。一九三八年六月，中華全國木刻界抗敵協會在武漢正式

成立，編選出版《全國木刻選》，先後在成都、延安、昆明、湖南、西安、浙江、廣東、香港等地建立分支機構或訓練班。李樺、陳煙橋、馬達、野夫等人是活躍份子，他們不僅從事創作工作，還培養後進，組織地方畫會，參加國際性的畫展，遂使中國現代版畫完全脫離傳統的年畫形式。一九四二年一月木刻界又在重慶成立中國木刻研究會，推展木刻尤力，於一九四二年至一九四四年間，一連三屆在全國十七個地區同時舉辦大型的木刻展覽會，並與蘇聯、英、法、美、印度等國的木刻界進行交流，他們選輯的作品隨著各式各樣的印刷品傳播到世界各地，為中國人民堅苦卓絕的抗戰作了有力的國際宣傳。（蘇啟明撰）

309. 鄭野夫木刻版畫〈博鬥〉

310. 江豐木刻版畫〈東北義勇軍〉

現代陶藝在台灣的發展

台灣的製陶歷史源遠流長，新石器時代的大岔坑遺址中就出土了許多陶片，證明台灣早在六、七千年前就有陶器的製作，之後的圓山文化、植物園文化、卑南文化、十三行文化，以及其他各地的眾多遺址中，陶器都是最重要的出土文物，甚至原住民也有特殊的燒陶技術及製作陶器的記錄，足見陶器與台灣先民生活之密切。

台灣現代的製陶技術首先是由大陸漢人引進的。十七世紀，荷蘭人登陸台灣時，因興建城堡與教堂所需，曾經僱用大陸工匠來台製造石灰磚瓦，這是台灣製作磚瓦之始。根據連橫《台灣通史》的記載：「鄭氏之時，諮議參事陳永華始教民燒瓦。」這說明台灣在明鄭之時已開始燒陶，迄今有三百多年的歷史。清朝嘉慶年間的南投窯場及鶯歌窯場開始製造帶釉陶器，大概到道光年間台灣的製陶業才漸漸普及。由於這時期的製陶技術是隨著閩粵移民帶進台灣的，所以作品充滿南方文化的色彩，主要的陶器為日常生活所需的粗笨陶瓷器皿，如水缸、陶甕等。

日據時期的陶瓷發展，一方面是由於日本有心的企業家看中台灣的陶瓷資源與市場，並在日本當局的支持下投入了台灣的製陶產業；另一方面則是台灣與日本之間的陶藝文化交流。日本投資者不但引進日本的製陶技術與較細緻的陶瓷品種，甚至有計劃地從日本派遣技術人員來台訓練台灣陶匠；相對地，本土的企業家也派員赴日學習，這種雙方面影響促使台灣的陶藝有了東洋陶瓷與中原陶瓷的互存關係；爾後又斷斷續續地學習到歐美的技術，融合了新文化因子，使

台灣的陶藝有了不一樣的風貌。

　　民國三十四年台灣光復，百廢待舉，在資金、原料、技術匱乏的情形下，製陶產業一片蕭條；直到民國三十八年國民政府撤退來台後，由於海峽兩岸隔絕，陶瓷工業又是重要的民生產業，終於市場的需求刺激了它的發展生機，才使台灣的陶藝生態有了另一次的變革。新移民投入陶業者的背景與以前的陶匠大不相同；他們有許多為受過高等教育的知識份子，而早期的陶匠卻大多是從傳統的民間窯場出身。早期的陶匠憑著經驗製陶，雖然製作出的陶器也有精粗之別，但

311. 現代陶藝〈大地之晨〉 ／長90公分　寬46公分
吳進風作，1988年。釉色迷朦，頗有山水畫意境，
獲選為「第二屆中華民國陶藝雙年展」銀牌獎。
作品現藏國立歷史博物館（77-712）

構不上造型設計與審美藝術；然而，新移民人士卻把台灣陶瓷的發展引導至科學管理與學理研究之路。後來，又有從大陸來台藝術家的參與，像席德進、廖末林等畫家，利用花瓶為媒材，在上面從事繪畫創作，給陶瓷注入「藝術」的元素。另外，歐美現代陶瓷文化的介入，也都左右了台灣陶藝的發展之路。

　　光復後迄今，大致上陶瓷業有兩項重要的發展：其一為在兼顧了實用價值與美觀的情形下，陶瓷品的製造由工廠純量產的方式演變成與藝術家合作；另一為受到國際趨勢的影響，藝術家開始自闢工作室，這個現象約從民國五十年代開始醞釀；陶藝家塑造出具有個人風格的現代陶藝創作，再經過媒體的大力報導、展覽與競賽的舉辦，帶動了參與的人潮，使現代陶藝呈現了熱鬧非凡的景象。光復後的台灣經歷了多年的努力，經濟起飛，人民生活水準提高，教育普及化、國際資訊互通有無、文化交流與日俱增，雖然有大批青年才俊離鄉背井赴國外深造，帶回了最新的製陶技術和藝術造型觀念；但另一方面，本土民族藝術的高漲，也使得陶藝創作又逐漸產生本土化的自覺和要求。

　　現代陶藝的興起是從第二次世界大戰之後才開始的，迄今約莫五十餘年的發展歷史。英國陶藝家伯納・李奇（Bernard Leach, 1887-1979）和美國陶藝家彼德・弗谷斯（Peter Voulkos, 1924- ）是開創現代陶藝發展過程中的二位關鍵性人物，他們促使現代陶藝脫離工廠量產方式及打破表現傳統瓶罐器皿造型的拘束；他們二人對現代陶瓷創作及理論都有著重大而深遠的影響。伯納・李奇熱愛東方藝術，有感於當時傳統製造陶瓷產業日趨痿靡，品質降低，便極力提倡回歸傳統手工的生產方式；他的作品平易近

人，展現自然、純樸的味道。另外，彼德‧弗谷斯受到當時抽象表現繪畫的啓發，促使他將傳統陶藝一成不變的造型作了突破；他的作品率直、奔放，可算是將陶瓷創作帶入了純粹藝術的領域。

大體而言，現代陶藝的創作可分爲實用陶器的製作與純粹造型表現的陶器二大類。實用型的陶器除了具備可以實際使用的機能外，在造型與用色上則呈現創作者的自我風格；換句話說，創作者雖然循著傳統的陶瓷器造型與釉色從事創作，但在彼此的微妙變化上眞實地強調個人獨特風格。而純粹造型的陶器製作，就像繪畫或雕刻，在講究造型、釉色、質感之外，作者的情感表達成了最重要的課題。因此，現代陶藝可說是一種技術與藝術的產物；就造型上看，它具有雕塑的特點，是一種立體藝術；就內涵言，則表達了創作者的思想和意念。

台灣的現代陶藝，萌芽於民國五十年代；約一九七○年代時期，陶藝發展達到了另一高峰，讓台灣的陶瓷步向藝術化。現代陶藝突飛猛進的表現，國立歷史博物館扮演著舉足輕重的角色。當然，陶藝家的努力、媒體的鼓吹、私人藝廊的支持、政府機構的重視、陶瓷教育的宣導及其他美術的提倡等都造就了台灣現代陶藝的順利發展。陶瓷現在已被用來作爲藝術創作的媒材，而且作品本身還帶有審美觀與創作思維。

民國七十年元月由日華交流協會主辦，國立歷史博物館協辦「中日現代陶藝家作品聯展」，中日現代陶藝家的作品水準呈現出相當大的落差，這個展覽無疑是中華民國現代陶藝的轉捩點，給了本國現代陶藝家猛烈的一擊，激發了國內陶藝家奮發圖強的決心，使現代陶藝有了欣欣向榮的面貌。隨後自民國七十五年起，國立歷史博物館舉辦了首屆「中華民國陶藝雙年展」，此項兼具比賽及展覽的活動一推出便受到各地的好評與熱烈的迴響，直至今日仍不衰。無可厚非地，國立歷史博物館對現代陶藝的收藏其中有一部份便是來自每一屆陶藝雙年展的參展作品，從地域上來看，當然少不了國內具有名氣的現代陶藝家的作品；外來作品方面，舉凡美國、英國、加拿大、義大利、南非、德國、比利時、法國、西班牙、韓國、日本、菲律賓、香港等都有收藏，達到了對陶藝兼容並蓄的收藏要求，使國內陶藝家也有了觀摩砌磋的機會。爲了宏揚光大現代陶藝，國立歷史博物館又積極舉辦各項邀請展、學術研討會等，使得歷史博物館不但單單只是一個蒐集作品之處，也提昇了對現代陶藝研究的水準。除了國立歷史博物館、台北市立美術館、台灣省立美術館（現今爲國立台灣美術館）及各地的文化中心也都相繼舉辦過陶藝展；另外，中華民國陶藝協會、中華民國現代陶瓷藝術學會、台灣省陶藝學會等陶藝團體紛紛成立，還有邱和成文教基金會、鶯歌陶瓷工會等民間團體的參與等，這些現象都顯現了台灣現代陶藝的興旺。

受到科技知識的洗禮，台灣的現代陶藝發展幾乎與世界前衛藝術思潮同步進行，不論在媒材的選擇、個人的創作理念或表現的題材上都獲得充分的尊重、解放與自由。現代的陶藝家經常運用複合媒材來創作，在試驗了陶瓷、石材、木料、玻璃、沙、金屬、纖維等材料的結合之後，現代陶藝作品已被賦予新的創作語彙與生命，甚至走向觀念藝術或裝置藝術等表現，與其他藝術之間的隔閡幾乎完全消失。現代陶藝作品也力求傳達對內探討人類心靈深處的眞實，對外批

312. 現代陶藝〈傳統與現代〉 ／長61公分 寬51公分 厚21公分
沈東寧作，1988年。獲「第二屆中華民國陶藝雙年展」金牌獎。
國立歷史博物館藏（83-82）

判人生及社會的現實面，將藝術理念
發揮得淋漓盡致。只是近年來，受到
勞工與環保意識抬頭的影響，經濟條
件改變，陶瓷經營開始面臨困難，業
者紛紛出走，產業從蓬勃發展轉為低
迷。

　　宋龍飛先生曾經在「中華民國第
二屆陶藝雙年展」目錄的〈總評〉一
文中寫了一段評語，他說：「從本屆
陶展觀察，尤其是年輕一輩的陶藝工
作者，對大環境的適應力，不僅非常
的強勁；同時對國際資訊的接受也十

分快速，創作者皆有勇於接受新知的
創作態度。在參選的作品中，我們發
現多數的作品，是在嘗試著進行各式
各樣的實驗；亦即是所謂的多媒體的
組合表現，將陶藝與其他的金屬、石
材、玻璃、木料，以及顏色塗料混合
組成在一起，並積極的把作品的份量
從實用性走向處理平面和表現觀念的
途徑。這種熱衷於材質的處理態度，
充分地反映在大多數的入選作品上；
因此，使陶展趨向於觀念和雕塑的方
向以及對造型的敏銳探討。從表面上

看，本屆陶展這種求新求變的觀念和現象，可能都是優點；但作品為創新而創新，全然背離了我國陶瓷優良的傳統，也為今後陶展種下了莫大的隱憂與危機。」這段話點出了台灣現代陶藝發展的生態。即使現代陶器製作的目的、動機都與古代大不相同，現代的陶藝家對作品造型力求變化，再加上不同創作者不一樣的情感意念傳遞，都豐富了現代陶藝的面貌；同時也培養了欣賞現代陶藝者必須以開放、自由且多元化的角度來品味與接納。但無論如何，傳統與歷史就像一面鏡子，陶器的發展是繼往開來的，傳統的器皿造型或技術仍可以提供很多現代陶藝創作者靈感的泉源。在逐步邁向所謂現代化與國際化之時，不要盲目地「為觀念而觀念」、「為表現而表現」，應該秉持著發揚及充實固有文化傳統的使命感，將台灣的陶藝地位提昇。（郭暉妙撰）

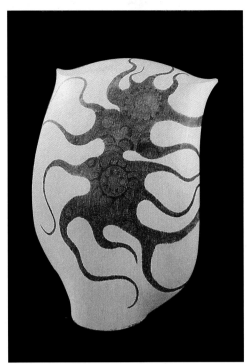

313. 現代陶藝〈啓示〉　／長58公分
宮重文作，1991年。獲「第四屆中華民國陶藝雙年展」
金牌獎。國立歷史博物館藏（83-48）

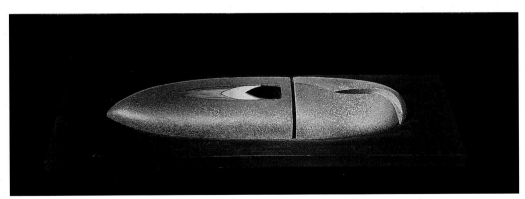

314. 現代陶藝〈自省〉　／長84公分　寬26公分
郭雅眉作，1993年。一分為二的造形象徵現實世界中的二元對立規律及其
可能的平衡點。獲「第五屆中華民國陶藝雙年展」金牌獎。
國立歷史博物館藏（82-453）

中華文物通史大事年紀

新石器石代

公元前

6000　裴李崗文化誕生，遺址在今河南北部。

5100　紅山文化誕生，遺址遍佈遼河流域北部。

5000　仰韶文化、北辛文化、河姆渡文化相繼誕生，遺址分布於黃河流域及長江下游。

4500　馬家浜文化誕生，遺址在長江三角洲。

4000　大汶口文化、大溪文化相繼誕生，遺址分布於黃河下游及長江中游。

3800　馬家窯文化誕生，遺址在今甘肅境內。

3000　屈家嶺文化、石峽文化誕生，遺址分別在今湖北及廣東境內。

2600　龍山文化誕生，遺址遍佈於黃河流域；中國古史傳說的黃帝時代開始。

2500　良渚文化誕生，遺址在今浙江及江蘇南部境內。

2100　齊家文化誕生，遺址在今甘肅及青海境內。

夏商周

公元前

2140　禹受舜禪位，是夏王朝之始。今河南二里頭及王城崗遺址推斷即為夏文化遺跡；兩處遺址均發現原始青銅器，因此中國青銅器時代從此開始。

1763　湯伐桀，建立商朝。河南鄭州曾發現商代中期城址，有青銅器、骨器和原始瓷器。

1324　盤庚遷都於殷（今河南省安陽縣）。出土資料表明商的青銅文化至此時期已發展成熟，如鹿鼎、司母戊鼎、左方盉等，皆是代表文物；此外，還有甲骨文，說明此時中華文明已高度發展。

1098　周武王伐紂滅商，建立周朝。利簋銘文記載武王伐紂之役在是年二月甲子日。

1059　周公營建東都（今洛陽），是為成周。何尊記其事。

1058　周公制禮作樂，相傳《周禮》一書即周公所作。

985　昭王南征荊楚。史牆盤、宗周鐘均記其事，說明周文化積極向南發展。

964　穆王得名馬，造父御車西遊。據出土的駒尊看，此時已有馬政。

841　厲王暴虐被逐，周有「共和」之治，為中國歷史有明確紀年之始。

827　宣王伐玁狁、西戎及淮夷。虢季子白盤、兮甲盤均記其事。

722　周平王避犬戎之禍遷都至雒邑，東周之春秋時代開始。重要文物有秦公簋、獸獵紋鑑、蓮鶴方壺、鑲嵌宴樂攻戰紋壺、越王勾踐劍等；說明此時期禮崩樂壞的情形，及古代宗教神權逐步向人文世俗演變之跡。又出土實物證明此時已用鐵器。

679　齊桓公用管仲為相，提出「尊王攘夷」號召，並稱霸諸候。

606　楚莊王至雒，問鼎中原；顯示南方楚文化的蓬勃發展。

551　孔子生於魯國。孔子一生誨人不倦、有教無類，首揭仁、義、禮道德學說，強調人的自覺性，為儒家開創者，被尊為「至聖先師」。

536　鄭國執政子產鑄刑鼎，反映時代社會已面臨劇烈變化。是為中國有成文法典之始。

403　韓趙魏三家分晉，戰國時期開始。重要文物有鑲嵌龍鳳方案、曾侯編鐘、錯金銀有流鼎、鑲嵌雲紋犀尊等。此時期社會、經濟變化愈劇烈，諸子百家學說競相發展。傳統貴族消亡，新興的諸侯紛紛藉變法脫胎換骨，並競逐於天下。

359　秦孝公用商鞅為相，實行變法。

307　趙武靈王實行胡服騎射改革，引進北方草原文化。

278　屈原卒，傳世作品有《離騷》、《天問》等二十九篇。

256　秦昭襄王滅周，周亡。

秦漢魏晉南北朝

公元前

221　秦始皇統一天下。收民間兵器銷以為鍾鐻和金人，又劃一度量衡、定幣制。

219　始皇東巡，封禪於泰山，立石刻，統一教化。

214　秦取南越及河南（今河套地區）地；並增築長城，營建驪山陵。

212　興建阿房宮；焚書坑儒。

200　漢定都長安，長樂宮築成，並續修未央宮。叔孫通制漢儀；張蒼、耿壽昌著《九章算術》。

195　漢築蘭台，以御史中丞掌之，為最早的皇家圖書館。

191　漢惠帝除秦挾書之律，廣徵先秦遺書。

172　伏生傳授《尚書》，開西漢今文經學之緒。

164	漢文帝使博士諸生採六經文作王制。
138	漢武帝起造上林苑；派張騫出使西域。
134	漢武帝採董仲舒議，罷黜百家，獨尊儒術。
130	張湯、趙禹定漢律。
118	始鑄五銖錢，再度統一幣制。
115	漢武帝起造柏梁台，以銅作承露盤，高二十丈，自此大興土木。
112	漢武帝西巡，立泰畤於甘泉；作郊祀之樂。
111	武帝平南越國及西南夷，擴大中華文化圈。
104	漢武帝東巡；作建章宮；造太初曆；易服色、定官名及宗廟朝儀。
99	太史公司馬遷發憤作《史記》。
93	漢發孔子舊宅，得古文尚書、禮記、論語、孝經等古籍，古文經學大為發展。
89	趙過發明代田法（即輪種）及二牛三人的耦犁法，改進農耕技術。
81	御史大夫桑弘羊與群儒舉行鹽鐵專賣政策辯論，集中反映了漢代兩種經濟思想，後輯為《鹽鐵論》傳世。
51	漢宣帝於石渠閣召集諸儒講論五經異同，又命畫功臣像於麒麟閣。
26	劉向受命校理群書，又完成《列女傳》、《新序》、《說苑》等著作。

公元

9	王莽代漢；旋進行多項改制，文物典章多有更易，錢制尤繁。
25	劉秀起兵稱帝，都洛陽，是為東漢；此時讖緯之學甚為流行，迷信思想充斥於經學之中。
57	倭奴國遣使朝漢，光武帝賜以「漢委奴國王」金印。
60	漢明帝圖畫中興功臣於南宮雲台。
67	漢明帝遣蔡愔赴西域求佛經回，天竺僧人攝摩騰、竺法蘭同來，漢廷建白馬寺，佛教正式傳入中國。
79	漢章帝詔諸儒於白虎觀，議五經異同，成《白虎議奏》，今文經學確定主流地位。
97	王充卒，著有《論衡》八十五篇，極力攻擊讖緯迷信思想。
105	蔡倫發明造紙。
110	漢廷詔劉珍等校訂東觀五經、諸子、傳記、百家、藝術。 大月氏王於罽賓召開佛教大會，議訂佛典並大興佛造像及寺廟，北派佛教從此大盛。
121	許慎著成《說文解字》，為中國最早字書。
132	張衡作候風地動儀。

141　　張陵在鶴鳴山創五斗米道，為道教創立之始。

175　　漢廷詔諸儒校正五經文字，命蔡邕以漢隸書寫，並刻於石上，共刻尚書、周易、春秋、公羊、儀禮、魯詩、論語等七經碑石十六方立於太學門外，是為熹平石經。

186　　漢靈帝修南宮玉堂，鑄銅人、黃鐘；又鑄天祿、蝦蟆，吐水轉之八宮；又作翻車、渴鳥，用灑南北郊路，極漢代宮室建築之盛。

200　　鄭玄卒。玄遍注五經，集兩漢今古文經學之大成。

208　　赤壁之戰，三國分立局面形成。

210　　曹操造銅雀台於鄴，高十丈，殿宇百餘所。

212　　孫權營建建業城（今南京）。

219　　醫學家張仲景卒。景首創六經分證與八綱辨證原理，著有《傷寒雜病論》，被尊為「醫聖」。

226　　王弼生；玄學大盛。弼所注《老子》力闢讖緯之說，開一代義理之學。

235　　魏築洛陽城宮。
　　　　馬鈞作司南車及水轉百戲，又改進紡織綾機。

241　　魏刻石刊立儒家經典，用古文、小篆、漢隸三種書體，稱「三體石經」，亦稱「正始石經」。

251　　青瓷出現於福建。

260　　魏僧人朱士行往西域求經，為中國僧人西行求法第一人。

263　　嵇康、阮籍卒。兩氏為「竹林七賢」著名人物，領導一代風尚。

317　　葛洪著《抱朴子》，闡發道教思想。

318　　「五胡之亂」起，西晉亡；司馬睿即位於建康，是為東晉。

321　　書聖王羲之生；傳世墨跡有〈蘭亭集序〉、〈快雪時晴帖〉等。

345　　顧愷之生；傳世畫跡有〈女史箴圖卷〉和〈洛神賦圖卷〉。

366　　敦煌石窟開鑿。

385　　前秦高僧道安卒。道安生前整理群經，確立僧團制度，對佛教發展影響極大。

398　　北魏遷都平城（今山西大同）。

399　　晉僧法顯西行求法。

402　　慧遠結「白蓮社」於廬山，中國士人逐漸接受佛教。

420　　劉裕弒晉帝，建宋，南朝開始。
　　　　西秦開鑿炳靈寺石窟。

438　　宋立玄、史、文、儒四學。

439　　北魏滅北涼，統一華北，北朝開始。

442　北魏以道教為國教。

446　北魏太武帝禁佛毀寺，歷時五年餘，佛教遭受空前浩劫。

460　北魏開鑿雲崗石窟，由曇曜主持。

472　地理學家酈道元卒。道元撰《水經注》，詳論中國境內水道一千多條沿革，內容
　　　豐富，文筆生動，影響後世地理遊記文學極大。

493　北魏孝文帝遷都洛陽，全面進行漢化。次年開鑿龍門石窟。

500　北魏開鑿天龍山及麥積山石窟。
　　　齊謝赫著《古畫品錄》首提六法之說，影響極大。
　　　科學家祖沖之卒；沖之首創圓周率，又改進曆法，創「大明曆」。

502　梁劉勰著《文心雕龍》五十篇。

522　梁蕭統召文學之士編《文選》（世稱《昭明文選》），為中國最早的詩文選集。

534　北魏分裂，高歡與宇文泰相抗，後分別建立北齊和北周，北魏亡。

544　賈思勰著《齊民要術》九卷，總結古代農業生產科技。

574　北周武帝禁佛道二教，繼採漢魏衣冠朝儀，不久滅北齊，再統一華北。

隋唐

581　楊堅篡周，建立隋朝。詔任百姓出家及大造經像，佛教普遍流行於中國。

605　隋煬帝營建東京，大修宮苑，徵奇花異石珍奇寶物；又開運河，造龍舟，廣置離
　　　宮四十餘所。

607　始設進士科，為科舉制度之始。

608　畫家展子虔與董伯仁於長安汾陽宮作壁畫；展子虔有〈游春圖〉傳世，為現存最
　　　古的卷軸山水畫。

610　隋煬帝於東都盛陳百戲以誇示諸蕃酋長。

617　詔天下諸郡上風俗物產地圖，並據以編成《物產土俗記》及《區宇圖志》，開中
　　　國編撰一統志之先河。

618　隋煬帝死，李淵建立唐朝。

621　初行「開元通寶」錢，並訂每十錢重一兩。

626　閻立本畫〈十八學士圖〉。虞世南作〈孔子廟堂碑〉。

629　玄奘西行求佛法。二十年後返國，攜回經典六百餘卷，創唯識宗，並著《大唐西
　　　域記》傳世。

636　景教傳入中國，有碑傳世。

638　慧能生。後創立禪宗南派，有《壇經》傳世。

640　孔穎達撰《五經正義》，總結南北經學家意見。

641　文成公主嫁吐蕃國王，中華文物傳入西藏。
　　　歐陽詢卒，傳世書跡有〈九成宮醴泉銘〉、〈夢奠帖〉等。

643　拜占庭帝國首次遣使來中國。

649　新羅改冠服，仿華制，用唐年號。

652　唐高宗築慈恩寺大雁塔。

653　頒行長孫無忌所修《律疏》，為中國現存最完整的古法典，影響東亞各國極大。

672　武則天助修龍門奉先寺。

694　摩尼教傳入中國。

710　劉知幾撰《史通》成，為中國第一部史學評論著作。

714　唐玄宗置教坊，選樂工教法曲於梨園，自作〈霓裳羽衣舞曲〉。

716　李思訓卒，後世尊他為山水畫北宗祖師。

735　日本僧人吉貝真備在華留學十九年歸，攜去唐禮、曆法、音樂等大批文物；相傳
　　　日本文字片假名亦為他所創製。

751　唐將高仙芝於怛羅斯敗於阿拉伯軍，中國造紙術西傳。

754　唐僧鑒真東渡日本。

758　畫聖吳道子卒，傳世名跡有〈送子天王圖〉。

761　王維卒，傳〈輞川圖〉是他所畫，被尊為山水畫南宗開創者。

762　詩仙李白卒。

770　詩聖杜甫卒。

782　山西五台山南禪寺建成，為中國現存最早木構建築。

785　書法家顏真卿、懷素卒。顏氏名跡有〈祭姪文稿〉，懷氏有〈自敘帖〉。

803　四川樂山大佛經九十年開鑿於是年完成，高七十一公尺，為世界現存最大的石刻
　　　佛像。

806　日本僧空海在華留學三年歸，密教隨之東傳；日本文字平假名亦為他所創。

813　李吉甫撰《元和郡縣志》，為中國第一部地方志。

819　柳宗元卒；韓愈諫迎佛骨。韓、柳倡古文運動，文起八代之衰。

845　唐武宗禁佛，是為「會昌法難」。

860　張義潮在沙州開窟頌功德，繪壁畫多幅，使敦煌藝術達於頂盛。

865　書法家柳公權卒，名跡有〈玄秘塔碑〉、〈金剛經〉等。

880　黃巢兵入據長安，唐朝名存實亡。

五代宋遼金夏元

919　李成生。成擅山水畫，師承荊浩，與關仝、范寬並稱於世，傳世畫跡有〈寒林圖〉。

943　董源任南唐後苑副使。源擅山水，與巨然並稱一派；傳世名跡有〈瀟湘圖〉和〈龍宿郊民圖〉。

953　後蜀相毋昭裔出私財興學，刻版印九經。

963　石恪畫〈二祖調心圖〉，為中國禪畫代表。

975　徐熙卒。熙擅花鳥，創沒骨畫法，與黃筌父子齊名南北。

977　郭忠恕卒。恕擅界畫，傳世名跡有〈雪霽江行圖〉。

978　宋建崇文院以儲圖書；翌年再建太清樓藏御制及四部群書。

979　宋滅北漢，結束藩鎮割據之局。

983　李昉等編《太平御覽》成，為中國第一部百科全書。

992　宋太宗頒制《淳化閣帖》，保存大量古人法書，並使之流傳。

1000　范寬畫〈谿山行旅圖〉。

1004　宋遼訂「澶淵之盟」，此後兩國無大衝突，有助彼此文化發展。

1006　宋昌南鎮以所燒影青瓷入貢，改稱景德鎮，此後成為中國瓷器生產重心。

1007　宋廷命畫工分詣諸道繪山川形勢圖，二年後完成，共一千五百六十六卷。

1015　宋廷下詔修崇文院秘閣藏書目錄，費時二十五年乃成，即《崇文總目》，凡三萬六百六十九卷。

1027　王惟一鑄針灸穴位模型銅人，並著圖經傳世。

1040　曾公亮、丁度主編《武經總要》告成，首次記載火藥配方。

1043　宋立經、史、子、集四門學。

1045　畢昇發明活字版印刷。

1051　程頤入太學講學，理學從此大盛。

1061　崔白畫〈雙喜圖〉。白於熙寧初補為畫院藝學，擅花鳥翎毛，為北宋第一。

1069　王安石開始實行變法。

1072　郭熙畫〈早春圖〉。熙工山水，又著畫論《林泉高致》，提出三遠之法。

1074　沈括提舉司天監，製渾儀、浮漏成；有《夢溪筆談》傳世。

1077　理學家邵雍、張載先後卒於是年。

1082　蘇軾寫〈黃州寒食詩卷〉。
　　　唐慎微著成《經史證類備急本草》，載藥物一千七百四十六種。

1084　司馬光修《資治通鑑》成。

1087　宋置市舶司於泉州，為中國對外貿易重要口岸。

1088　米芾寫〈蜀素帖〉。芾工詩書畫，創米家山水，自成一派。

1100　李誡完成《營造法式》，總結中國古代建築技術知識，並為宋代宮室建築法規大成。

1101　宋徽宗設翰林圖畫院，大修宮觀，令蘇、湖二州採太湖石充實林園造景。

1104　宋徽宗置文繡院；又設書、畫、算三學。

1106　李公麟卒，傳世畫跡有〈免冑圖〉、〈五馬圖〉、〈維摩演教圖〉等。

1126　金陷汴京，擄大批文物北上，是為「靖康之難」。

1130　李唐卒，傳世畫跡有〈萬壑松風圖〉、〈採薇圖〉等，影響南宋院畫發展。

1151　李清照卒。清照為女詞家，善白描，作品號「易安體」。

1175　朱熹與陸九淵會於江西鵝湖寺。

1179　朱熹重建廬山白鹿洞書院，聘陸九淵講學，又訂學規，從此書院復盛，歷元明清三代而不衰。

1192　金定都中都（今北平），築盧溝橋，保存至今。

1200　朱熹卒。熹集兩宋理學大成，所著《四書章句集注》影響尤大。

1210　愛國詩人陸游卒，遺著有《劍南詩鈔》等。

1222　道教全真派教主丘處機至大雪山謁見成吉思汗，從此全真教大行於天下。

1232　蒙古建山西永樂宮，所繪壁畫，空前絕後。

1247　蘇州石刻天文圖立；宋慈著《洗冤錄》五卷，為世界最早的法醫學專著。

1253　蒙古發動第三次西征，建立混一歐亞的大帝國，中華科技文物大量傳入西方。

1269　藏僧八思巴為蒙古創制文字，並被尊為帝師，喇嘛教獲得獨尊地位。

1271　蒙古改國號為元，定都大都，儀文制度，遵用漢法。

1275　義大利商人馬可孛羅至大都，此後在元廷供職十七年。

1280　元頒行郭守敬所製授時曆，沿用至清初；守敬為著名科學家，在天文、水利方面有許多重要成就。

1295　趙孟頫畫〈鵲華秋色圖〉。孟頫為宋宗室，倡以書入畫，為文人畫所宗。

1296　黃道婆在江南推廣棉紡織技術，從此棉布取代麻葛，成為服飾主要材料，間接影響絲織錦繡朝專業化發展。

1297　劇作家關漢卿卒，傳世作品有〈竇娥冤〉、〈拜月亭〉等；與白樸、王實甫、馬致遠同列為元曲四大家。

1307　李衎畫〈四清圖卷〉；衎並著《竹譜》一書傳世。

1350　黃公望畫〈富春山居圖卷〉。公望擅山水，與吳鎮、倪瓚、王蒙並稱元四家，影響明清畫風至鉅。

明清

1368　朱元璋推翻元朝，建立明朝。

1375　詔行鈔法，造大明寶鈔，禁民間以金銀交易。

1381　築山海關長城，奠定今日萬里長城規模。

1382　王履畫〈華山圖冊〉，主張心師造化。

1384　頒科舉定式，所謂「八股文」取士即源於此。

1405　鄭和始下西洋。此後至宣宗時，二十八年間先後七次組織船隊遠航西洋，遍歷東南亞及印度各地。

1407　開始建築北京紫禁城。
　　　《永樂大典》編成。

1409　成祖迎宗喀巴入京傳法；宗喀巴在藏改革喇嘛教，奠定現在西藏政教規模。

1417　頒五經、四書、性理大全於兩京六部、國子監及各府州縣學。

1427　明廷設鑄冶局，製「宣德爐」。

1434　書法家沈度卒。度書以端正婉麗取勝，明廷詔書題冊皆出其手，遂開明清館閣體一派書風。

1439　李童督造北京法海寺壁畫。

1445　邵以正校訂《道藏》五千三百零五卷，為現存惟一官修道教經典總集。

1462　畫家戴進卒，傳世名跡有〈風雨歸舟圖〉等。

1506　王守仁貶謫貴州龍場驛，其「致良知」學說即成於此時。

1509　畫家沈周卒，傳世名跡有〈策杖圖〉等。

1523　畫家唐寅卒，傳世名跡有〈溪山漁隱圖〉等。

1552　畫家仇英卒，傳世名跡有〈漢宮春曉〉、〈秋江待渡圖〉等。

1559　書畫家文徵明卒，傳世名跡有〈千巖競秀圖〉等。

1579　李時珍完成《本草綱目》。

1582　耶穌會教士利瑪竇來華，傳入西洋科學知識。

1593　畫家徐渭卒，傳世名跡有〈雪壓梅竹圖〉等，為野逸派代表。

1602　思想家李贄卒，遺著有《焚書》、《藏書》等。

1603　顧炳刊刻《歷代名公畫譜》。

1616　劇作家湯顯祖卒，傳世作品有《牡丹亭》。

1633　胡正言刊刻《十竹齋畫譜》。
　　　徐光啟卒。光啟曾從利瑪竇習西學，譯《幾何原本》，又著《農政全書》，學貫中西。

1634　宋應星著成《天工開物》，為中國古代農工百藝生產技術的總結性著作。

1636　董其昌卒，著有《畫禪室隨筆》，提出畫有南北宗之說。

1641　達賴喇嘛五世重修布達拉宮，歷五十年始成。

1644　滿清入關，清朝開始。

1679　王概刊刻《芥子園畫傳》初集；其後又續刻三集至嘉慶二十三年全部完成。

1681　始派官員駐景德鎮督造瓷器，此後成為定制；而各官員主管期間所燒亦各有特色。

1682　顧炎武卒，遺著有《日知錄》等，被尊為清代樸學開創者。

1692　王夫之卒，遺著有《讀通鑑論》等。

1695　黃宗羲卒，遺著有《明夷待訪錄》等。

1703　始建承德避暑山莊，歷百年始告成。

1705　王原祁負責纂輯《佩文齋書畫譜》。

1709　始建圓明園，至乾隆年間基本完成，為皇家林園極至；後毀於英法聯軍之役。

1710　下詔修《康熙字典》。

1715　意大利畫師郎世寧入宮，傳世名跡有〈百駿圖〉等。

1719　《皇輿全覽圖》刊成，是書為清廷命在華西洋教士實地測繪，歷時三十年始成。

1725　《古今圖書集成》撰成，共一萬卷，為歷代規模最大的類書。

1743　《醫宗金鑒》編成，為官修醫學典籍之最重要者。

1744　《石渠寶笈》編成，輯錄清宮所藏歷代書畫。

1749　文學家方苞卒。苞疾八股文之弊，力倡古文，為桐城派之祖。

1765　鄭燮卒。燮以畫竹名於世，與羅聘、金農、華喦等並稱「揚州八怪」。

1772　詔修《四庫全書》，以紀昀為總裁，歷十年而成，共收書三千四百六十一種、七萬九千餘卷。

1777　戴震卒。震著有《孟子字義疏證》等，為乾嘉考證學大家。

1791　曹雪芹遺著《紅樓夢》刊行。

1801　史學家章學誠卒。學誠倡六經皆史說，著有《文史通義》。

1805　禁西洋人刻書傳教。

1840　中英鴉片戰爭爆發。

1850　太平天國起事。

1852　魏源著《海國圖志》成，記載世界各國史地知識，主張師夷長技以制夷，影響深遠。

1861　上海徐家匯天主堂在中國建立第一個博物館。

1862　清廷開始實行自強運動。

1868　江南製造局設翻譯館，聘中外學者數十人，前後譯成西洋圖書一百六十餘種，影響中國近代文化思潮甚大。

1887　英長老會傳教士在上海創辦同文書會，發行《萬國公報》，大量介紹世界各國新知，影響極大。

1896　嚴復譯《天演論》，闡釋物競天擇、適者生存學說，對國人影響深遠。

1898　康有為發動變法維新。

1906　南京兩江優級師範學堂創設圖畫手工科，為中國設立美術專科教育之始。

中華民國

1911　辛亥革命，中華民國建立。

1912　劉海粟在上海創辦上海圖畫美術院。

1913　「西泠印社」在杭州成立。

1915　陳獨秀在上海創辦《青年雜誌》（後改名新青年），鼓吹新文化運動。

1917　蔡元培出任北京大學校長，提倡學術自由。
　　　胡適發表＜文學改良芻議＞，首倡白話文運動。

1918　國立北平美術學校成立，為中國第一所公立美術院校。

1919　五四運動爆發。
　　　近代中國第一個畫會「天馬會」成立，並在上海舉辦首屆美展。

1922　連橫《台灣通史》出版。

1923　陳師曾卒。師曾兼擅中西繪畫，為北京畫壇的開拓者。

1925　故宮博物院正式成立並開放。

1927　吳昌碩卒。昌碩書畫印三絕，與趙之謙、任伯年並稱海派三大家。
　　　國學大師王國維卒。國維精通古文學及經史，於商周銅器與甲骨文、宋元戲曲尤有開創性的研究成績，著有《觀堂集林》。
　　　中央研究院成立。

1928　徐悲鴻由歐返國，旋出任北平大學藝術學院院長。
　　　杭州國立藝術學院成立，林風眠出任院長。
　　　中國營造學社成立。
　　　殷墟考古發掘開始。

1929　首屆全國美展在上海揭幕。
　　　中研院地質所在北平房山縣考古，發掘北京猿人遺址。

1933　中央博物院籌備建立。

中國美術會成立。

1934　現代創作版畫研究會成立。

1937　抗日戰爭爆發；故宮、中博等大多數文物機關皆西遷避難。

1939　郎靜山發表集錦攝影。
　　　錢穆《國史大綱》出版。

1940　教育部成立西北藝術文物考察團。
　　　中央圖書館正式成立。

1949　故宮博物院、中央博物院籌備處、中央圖書館、北平圖書館在台灣成立「國立中
　　　央博物院館聯合管理處」，主持運台文物、圖書管理工作。

1955　國立歷史博物館在台北成立，為政府遷台後設置的第一所公立博物館。

圖版索引

內文索引

國家圖書館出版品預行編目資料

中華文物通史 ／ 國立歷史博物館中華文物通史
編纂委員會策劃編輯等撰稿. -- 臺北市 ： 史
博館, 民90
　　面； 公分
含索引
ISBN 957-02-8939-2（精裝）

1. 古物志 - 中國

797　　　　　　　　　　　　　　90013547

中華文物通史

General History of Chinese Cultural Artifacts

發 行 人：黃光男
出 版 者：國立歷史博物館
　　　　　台北市中正區南海路四十九號
　　　　　TEL:886-2-2361-0270
　　　　　FAX:886-2-2361-0171
　　　　　http://www.nmh.gov.tw
策　　劃：國立歷史博物館中華文物通史編纂委員會
主　　編：蘇啓明
審　　稿：蘇啓明、楊式昭、胡懿勳、黃永川
　　　　　林淑心、陳鴻琦（以上依審稿單元次序）
撰 稿 者：巴　東、成耆仁、林淑心、李季育
　　　　　胡懿勳、高玉珍、韋心瀅、陳鴻琦
　　　　　黃永川、黃春秀、郭暉妙、楊式昭
　　　　　蔡耀慶、蘇啓明（以上依姓氏筆劃次序）
執行編輯：高以璇
美術編輯：關月菱、李尚賓
印　　刷：四海彩色製版股份有限公司
出版日期：中華民國九十年八月
統一編號：1009003088
Ｉ Ｓ Ｂ Ｎ：957-02-8939-2（精裝）

行政院新聞局出版事業登記證
局版北市業字第24號